贵州省高等学校教学改革重点项目：适应民族地区地方高师实际的普通话教学改革研究（成果）

普通话实用训练教程

PUTONGHUA SHIYONG XUNLIAN JIAOCHENG

——测试篇

（第二版）

刘婷婷　李　筠　文　静◎编著

西南交通大学出版社
·成　都·

图书在版编目（CIP）数据

普通话实用训练教程. 测试篇 / 刘婷婷，李筠，文静编著. —2 版. —成都：西南交通大学出版社，2022.2

ISBN 978-7-5643-8586-6

Ⅰ. ①普… Ⅱ. ①刘… ②李… ③文… Ⅲ. ①普通话-高等师范院校-教材 Ⅳ. ①H102

中国版本图书馆 CIP 数据核字（2022）第 008615 号

Putonghua Shiyong Xunlian Jiaocheng—Ceshi Pian

普通话实用训练教程——测试篇

（第二版）

刘婷婷　李筠　文静　编著

责任编辑	罗小红
封面设计	墨创文化
出版发行	西南交通大学出版社 （四川省成都市金牛区二环路北一段 111 号 西南交通大学创新大厦 21 楼）
发行部电话	028-87600564　87600533
邮政编码	610031
网址	http: //www.xnjdcbs.com
印刷	成都中永印务有限责任公司
成品尺寸	185 mm×260 mm
印张	15.25
字数	342 千字
版次	2017 年 3 月第 1 版　2022 年 2 月第 2 版
印次	2022 年 2 月第 7 次
书号	ISBN 978-7-5643-8586-6
定价	45.00 元

再版前言

普通话是师范专业的公共基础课。国家明确规定，普通话是教师的职业语言，文科教师普通话水平必须达到二级甲等以上，理科教师普通话水平必须达到二级乙等以上，申报教师资格证普通话水平必须达到二级乙等以上。普通话达到国家规定的等级要求是师范专业学生的基本培养目标。另一方面，随着全国高校毕业生就业形势的变化，有相当比例的非师范专业学生也选择参加普通话水平测试，选择申报教师资格证。由此，高等院校的普通话教学就面临着更为现实、更为多样的培养要求，尤其是在西部少数民族地区的高等师范院校。民族地区高师院校的学生主体来自边远乡镇，部分来自发达地区和省市地区。一般来自北方地区或省市中心地区的学生普通话水平明显高于边远少数民族乡镇地区的学生水平，整体上学生的普通话水平差异较大。因此，民族地区高师院校的普通话教学必须打破传统单一层次的教学模式，转变为兼顾生源实际和学生发展需求的分层教学模式。

本套教材包括《普通话实用训练教程——理论篇》(以下简称《理论篇》)和《普通话实用训练教程——测试篇》(以下简称《测试篇》)两个分册，是为民族地区高等师范学院普通话训练课程编写的教材，符合普通话分层教学模式需求。其中,《理论篇》主要论述普通话语音基础知识、普通话声母、韵母、声调及音变的基本发音方法和难点要点，普通话与汉语方言的辨正，从理论上对普通话的音韵系统进行系统梳理，并兼顾各方言区及民族语言的发音辨正规律;《测试篇》主要从普通话发音训练和普通话测试指导出发，分层次设计普通话声母、韵母、声调及音变的基础训练和提高训练，有针对性地提出普通话单音节、多音节、朗读及说话测试部分的要点和测试技巧，对贵州省普通话测试篇目进行训练指导,是一本具有很强理论性及实操性的实用性教材。

本套教材的一大特点是适应民族地区高师院校学生生源基础和学习需求，坚持以人为本、全面培养的教育理念，在编写内容和体例上突显分层教学的特点。全书内容涵盖普通话语音基础知识介绍，普通话声韵调发音及训练，普通话单音节词语、多音节词语、朗读和说话测试指导及训练，普通话口语运用及训练，汉语方言语音偏误及正音、少数民族语言语音偏误及正音等方面内容，力求综合提高学习者的普通话语音能力、普通话测试技能和普通话口语运用能力。并针对不同层次的学习者分层次设计教学和训练内容，在普通话声韵调发音及训练、音变发音及训练、汉语方言和少数民族语言的辨正、综合语音训练部分都进行了分层设计，既注重加强语音基础较差学生的普通话基本知识和基本技能的培养，又兼顾语音基础较好学生的提高学习和训练需求。教材较合理地处理了普通话语音教学与普通话测试指导、理论讲解与训练指导、低层次学习和高层次学习的关系，能较好地体现因材施教、学练结合的教学思想。教材理论分析全面透彻，训练指导详细明确，训练材料充实丰富，对教师教学和学生自学都可以起到较好的指导作用。

本套教材的另一个特点是立足民族地区高师院校普通话教学实际。教材内容充分体现多民族聚居区普通话教学特点和规律，结合民族地区普通话、汉语方言和少数民族语言等多语言交融发展实际，在普通话难点音分析训练、汉语方言和少数民族语言语音辨正及训练方面有所侧重，分层分类解决民族地区学生学习普通话存在的实际问题和语言障碍，便于不同方言、不同层次学习者进行有针对性的学习和训练。教材结合民族地区学生在学习普通话时常见的困难和障碍，在普通话发音方法和要领、方音辨正、普通话测试应试指导方面都做了详细深入的分析指导。相信这是一本具有很强的实用性和可操作性的好教材。

本套教材的编者都是长期担任高校“现代汉语”“普通话”课程教学，长期承担黔南地区普通话水平测试工作的高校在职教师，具有丰富的普通话教学经验和普通话水平测试经验。教材融汇了各位教师多年的教学心得和教学精髓，吸收了黔南民族师范学院 2009 年来推行的普通话教学改革研究成果,借鉴了普通话和现代汉语研究的前沿信息，从而形成鲜明的编写特色和厚实的学术基础。参加教材编写的共有 10 名教师，文静负责理论篇统稿，刘婷婷负责测试篇统稿。《理论篇》编写人员分工如下：第一章由文静执笔；第二章由郑江义、文静执笔，第三章由李筠执笔，第四章由文静执笔，第五章由文静执笔（其中第三节的“布依语辨正部分”由周艳执笔），第六章由文静、刘婷婷执笔。黔南民族师范学院教师卢玉为教材绘制发音示意图。《测试篇》编写人员分工如下：第一章第一节由刘婷婷、黎妮执笔，第二节由刘婷婷、文静执笔，第三节由刘婷婷、罗树琳执笔，第四节由刘婷婷、余林、罗树琳执笔；第二章第一节由刘婷婷、黎妮执笔，第二节由刘婷婷、文静执笔，第三节由刘婷婷、罗树琳执笔，第四节由刘婷婷、余林、罗树琳执笔；第三章第一节由刘婷婷、黄乾玉执笔，第二节由刘婷婷执笔，第三节由李筠、刘婷婷执笔，第四节由刘婷婷、郑江义执笔；第四章由黄乾玉、刘婷婷执笔。“普通话水平测试朗读作品分析”部分由李筠、吴迪执笔。黔南民族师范学院研究生处辅导员韦林希、外语学院 2013 级本科生邹波参与教材的录入工作。教材编写还得到了黔南民族师范学院院长石云辉教授，分管教学副院长李泽平教授和教务处处长陈均教授的热情关心和大力支持，西南交通大学出版社黄淑文老师为教材出版付出了辛勤的劳动。在此，向鼓励和帮助教材编写、出版的学院领导和出版社的同志们表示衷心的感谢，向为本教材编写付出心血的各位同仁表示诚挚的敬意！

本套教材既是普通话教学改革的成果，也是推进普通话教学改革深入发展、进一步提高民族地区高等院校普通话教学质量水平的根本保证，自 2017 年出版以来，在黔南民族师范学院及全国部分高校广泛应用。

应出版社要求，现进行第二版修订出版，不断丰富和完善，我们诚恳地期望使用本教材的专家学者批评指正。

教材朗读作品部分节选了 45 篇文章供测试训练用，由于各种原因，未能联系到全部作者。如需查询有关稿酬及其他未明事宜的，请通过出版社联系我们。

编　者

2021 年 11 月于都匀

前　言

普通话是师范专业的公共基础课。国家明确规定，普通话是教师的职业语言，文科教师普通话水平必须达到二级甲等以上，理科教师普通话水平必须达到二级乙等以上，申报教师资格证者普通话水平必须达到二级乙等以上。普通话达到国家规定的等级要求是师范专业学生的基本培养目标。同时，随着全国高校毕业生就业形势的变化，有相当比例的非师范专业学生也选择参加普通话水平测试，进而申报教师资格证书。由此，高等院校的普通话教学就面临着更为现实、更为多样的培养要求。西部少数民族地区的高等师范院校尤其如此。民族地区高师院校的学生主体来自边远乡镇，部分来自省市和发达地区。一般来自北方地区或省市中心地区学生的普通话水平高于边远少数民族乡镇地区的学生水平，整体上学生的普通话水平差异较大。因此，民族地区高师院校的普通话教学必须打破单一层次的教学模式，转变为兼顾生源实际和学生发展需求的分层教学模式。

本书是为民族地区高等师范院校普通话训练课程编写的教材，符合普通话分层教学模式需求。教材的一大特点是适应民族地区高师院校学生生源基础和学习需求，坚持以人为本、全面培养的教育理念，在编写内容和体例上突显分层教学的特点。全书内容涵盖普通话语音基础训练，普通话语音提高训练，普通话水平测试训练，普通话水平测试攻略等方面，训练部分之前的“训练提示”一方面明确该部分训练内容的重点，另一方面针对民族地区学生容易出错的地方进行提示。教材针对不同层次的学习者分层次设计教学和训练内容，既注重加强语音基础较差学生的普通话基本知识和基本技能的培养，又兼顾语音基础较好学生的提高学习和训练需求。“普通话水平测试训练”结合测试实际分别从单音节字词、多音节词语、朗读和说话四个方面进行训练；“普通话水平测试攻略”不仅指出测试中容易出现的问题，而且有针对性地进行测试技巧的指导。教材较合理地处理普通话语音教学与普通话测试指导、低层次学习和高层次学习的关系，能较好地体现因材施教、学练结合的教学思想。力求综合提高学习者的普通话语音能力、普通话测试技能。教材训练指导详细明确，训练材料充实丰富，对教师教学和学生自学都可以起到较好的指导作用。

本书的另一个特点是立足民族地区高师院校普通话教学实际。教材内容充分体现多民族聚居区普通话教学特点和规律，结合民族地区普通话、汉语方言和少数民族语言等多语言交融发展实际，在普通话难点音分析训练、汉语方言和少数民族语言语音训练方面有所侧重，分层分类解决民族地区学生学习普通话存在的实际问题和语言障碍，便于不同方言、不同层次学习者进行有针对性的学习和训练。教材结合民族地区学生在学习普通话时常见的困难和障碍，在普通话发音方法和要领、普通话测试应试指导方面都作了详细深入的分析指导。相信这是一本具有很强的实用性和可操作性的好教材。

本书的编者都是长期担任高校“现代汉语”或“普通话”课程教学，长期承担黔南地区普通话水平测试工作的在职教师，具有丰富的普通话教学经验和普通话水平测试经验。教材融汇了各位教师多年的教学心得和教学精髓，吸收了黔南民族师范学院2009年来推行的普通话教学改革研究成果，借鉴了普通话和现代汉语研究的前沿信息，具备了自身的编写特色和一定的学术基础。参加教材编写的共有9名教师，刘婷婷负责全书的统稿。各部分编写人员的分工如下：第一章第一节由刘婷婷、黎妮执笔，第二节由刘婷婷、文静执笔，第三节由刘婷婷、罗树琳执笔，第四节由刘婷婷、余林、罗树琳执笔；第二章第一节由刘婷婷、黎妮执笔，第二节由刘婷婷、文静执笔，第三节由刘婷婷、罗树琳执笔，第四节由刘婷婷、余林、罗树琳执笔；第三章第一节由刘婷婷、黄乾玉执笔，第二节由刘婷婷执笔，第三节由李筠、刘婷婷执笔，第四节由刘婷婷、郑江义执笔；第四章由黄乾玉、刘婷婷执笔。“普通话水平测试朗读作品分析”部分由李筠、吴迪执笔。黔南民族师范学院文学与传媒学院2016级研究生韦林希、外语学院2013级本科生邹波参与文字的录入工作。教材编写还得到了黔南民族师范学院院长石云辉教授、分管教学副院长黄胜教授和教务处处长陈世军教授的热情关心和大力支持，西南交通大学出版社黄淑文老师为教材出版付出了辛勤的劳动。在此，向鼓励和帮助教材编写、出版的学院领导和出版社的同志们表示衷心的感谢，向为本教材编写付出心血的各位同仁表示诚挚的敬意！

本书既是普通话教学改革的成果，也是推进普通话教学改革深入发展，进一步提高民族地区高等院校普通话教学质量水平的重要保证。我们还会在今后的教学实践中不断地去丰富它、完善它，我们诚恳地期望使用本教材的专家学者批评指正。教材朗读作品部分节选了45篇文章供测试训练用，由于各种原因，我们未能联系到全部作者。如需查询有关稿酬及其他未明事宜的，请通过出版社联系我们。

由于教材首次使用，难免出现错漏偏误之处，我们热切盼望读者提出批评和建议。读者来函请寄贵州省黔南民族师范学院文学与传媒学院刘婷婷老师（邮编558000）。

刘婷婷

2017年2月于都匀

教材使用说明

《普通话实用训练教程——测试篇》是以贵州民族地区高等师范院校学生为主要对象，旨在提高师范专业学生的普通话运用能力和普通话水平测试过级率的适用性工具书。本书也可作为社会各行各业人员自学普通话的资料和普通话培训的教材。教材在编写体例和内容上进行了分层教学设计，在使用教材时，应注意根据学生的学习基础和学习需求有所侧重、有所取舍。

一、教学对象的分层设计

本书分层教学设计基本采用贵州省黔南民族师范学院普通话教学改革模式。根据学生的生源地和普通话语音基础，分为两个层次进行教学：第一层次是甲班，由教师对学生进行分班前语音听测，普通话语音基础较好的学生编入甲班，按照较高的培养目标（一般达到二级甲等及以上水平）进行教学；第二层次是乙班，普通话语音基础一般或较差的学生编入乙班，按照基本的培养目标（一般达到二级乙等及以上水平）进行针对性的教学。

二、教材内容的分层设计

本书普通话声母、韵母和声调以及音变的语音训练部分分为基础训练和提高训练两个层次，测试攻略部分分为测试基本要求和应试指导两个层次。

三、教材使用方法

在使用本书时，甲班学生可适当减少语音基础训练部分的学习时间，着重加强测试指导部分、语音提高训练部分的学习；乙班学生可以加强难点音发音和常见问题解析等的学习和训练，根据实际情况可在语音训练部分适宜按照基础训练、提高训练两个层级进行循序渐进的学习，最后完成测试指导训练，这样容易取得较好的学习效果。

四、附录使用方法

（1）“普通话水平测试朗读作品分析”。教材对贵州省普通话水平测试朗读部分的45篇作品都进行了详细地分析，不论哪一个层次的学生都应该认真完成全部内容的学习。在教学时，甲班在继续加强语音标准度训练的基础上，可侧重加强朗读技能的培训；乙班应把重点放在易错词语、难点音、难点句的训练上，先进行分解练习，再进行组合练习，以训练语音标准度为主要学习目标。

（2）“声母韵母拼合表”“普通话常用多音字表”“容易读错的成语”等可以配合学习和训练使用；“计算机辅助普通话水平测试流程”“计算机辅助普通话水平测试考生注意事项”可以在测试前的培训和测前准备时使用。

编　者

目　　录

第一章　普通话语音基础训练

第一节　声母发音基础训练

一、训练提示

通过不同发音部位声母的对比发音，同声母、异声母词语以及单、双音节练习，使发音人正确区分每个声母的发音部位和发音方法，学会正确发音。

（1）翘舌音发音接近z，c，s或发音圆唇等情形都算错误，发音部位靠前或靠后算缺陷。翘舌音的发音部位是舌尖与硬腭前端成阻。用舌尖紧贴着上齿背往后移，找到一个向下隆起的“小鼓包”，这里便是硬腭前端，然后按照单音节→同声母双音节→异声母双音节的顺序进行训练。

（2）掌握鼻边音正确的发音方法，分清鼻边音声母的发音。

（3）注意区分f和h。找准两个声母的发音部位再正确发音，注意辨字。

（4）分清尖团音。注意区分舌面音与舌尖音不同的发音部位。

（5）注意零声母的发音。去除方言中零声母前加的鼻辅音ng，n或l。在发wu音节时，去除前加齿唇浊擦音[v]，在练习时要注意圆唇，上齿不碰下唇。

（6）区分送气音和不送气音。可用一张薄纸放在唇前，然后发b-p，g-k，d-t，j-q，zh-ch，z-c，如果纸片发生倒伏，发的就是送气音；反之，则是不送气音。

二、训练内容

（一）声母对比发音训练

1. 双唇音、唇齿音发音对比

b—p　p—b　b—m　m—b　p—m　m—p

b—f　p—f　m—f　f—m　f—h　h—f

2. 舌尖前音、舌尖后音发音对比

z—c　c—s　s—z　c—z　z—s　s—c

zh—ch　ch—sh　sh—r　zh—r　ch—r　zh—sh

z—zh　c—ch　s—sh　z—zh—z　c—ch—c　s—sh—s

3. 舌尖中音发音对比

d—t	d—n	d—l	t—d	t—n	t—l
n—d	n—t	n—l	l—d	l—t	l—n
n—l—n	l—n—l	na—la	ne—le	nu—lu	ni—li

4. 舌面音发音对比

j—q	j—x	q—j	q—x	x—j	x—q
j—z	j—c	j—s	q—z	q—c	q—s
x—z	z—x	c—x	x—c	x—s	s—x

5. 舌根音发音对比

g—k	g—h	k—g	k—h	h—g	h—k
g—j	k—q	h—x	j—g	q—k	x—h

（二）同声母词语训练

1. b—b

宝贝bǎobèi	白布báibù	卑鄙bēibǐ	褒贬bāobiǎn
败笔bàibǐ	辩驳biànbó	禀报bǐngbào	臂膀bìbǎng

2. p—p

批判pīpàn	琵琶pípa	澎湃péngpài	铺排pūpái
拼盘pīnpán	频谱pínpǔ	爬坡pápō	偏颇piānpō

3. m—m

门楣ménméi	名目míngmù	冒昧màomèi	谩骂mànmà
泯灭mǐnmiè	秘密mìmì	谜面mímiàn	渺茫miǎománg

4. f—f

吩咐fēn · fù	非凡fēifán	夫妇fūfù	纷繁fēnfán
芬芳fēnfāng	犯法fànfǎ	放飞fàngfēi	奋发fènfā

5. d—d

打到dǎdǎo	捣蛋dǎodàn	得到dédào	调度diàodù
导读dǎodú	动荡dòngdàng	对待duìdài	夺得duódé

6. t—t

淘汰táotài	梯田tītián	坍塌tāntā	天体tiāntǐ
通途tōngtú	颓唐tuítáng	拖沓tuōtà	厅堂tīngtáng

7. n—n

牛奶niúnǎi	扭捏niǔnie	奶奶nǎinai	讷讷nènè

袅娜niǎonuó	男女nánnǚ	恼怒nǎonù	女奴nǚnú

8. l—l

拉拢lālǒng	褴褛lánlǚ	沦落lúnluò	来路láilù
劳累láolèi	磊落lěiluò	裸露luǒlù	老辣lǎolà

9. g—g

规格guīgé	改革gǎigé	钢轨gāngguǐ	孤寡gūguǎ
桂冠guìguān	干戈gāngē	公关gōngguān	观感guāngǎn

10. k—k

慷慨kāngkǎi	空壳kōngké	矿坑kuàngkēng	夸口kuākǒu
坎坷kǎnkě	口渴kǒukě	旷课kuàngkè	快看kuàikàn

11. h—h

缓和huǎnhé	黄昏huánghūn	豪华háohuá	后悔hòuhuǐ
红花hónghuā	含混hánhùn	合伙héhuǒ	怀恨huáihèn

12. j—j

解决jiějué	讲究jiǎngjiu	激将jījiàng	倔强juéjiàng
加剧jiājù	计较jìjiào	交界jiāojiè	军舰jūnjiàn

13. q—q

气球qìqiú	弃权qìquán	欠缺qiànquē	乔迁qiáoqiān
千秋qiānqiū	前期qiánqī	亲戚qīn·qi	窃取qièqǔ

14. x—x

欷歔xīxū	详细xiángxì	狭小xiáxiǎo	校训xiàoxùn
消息xiāoxi	嬉笑xīxiào	闲暇xiánxiá	心弦xīnxián

15. zh—zh

执掌zhízhǎng	周折zhōuzhé	辗转zhǎnzhuǎn	助战zhùzhàn
主治zhǔzhì	忠贞zhōngzhēn	蜘蛛zhīzhū	主张zhǔzhāng
专著zhuānzhù	折皱zhézhòu	庄重zhuāngzhòng	追逐zhuīzhú

16. ch—ch

拆穿chāichuān	长处chángchù	传唱chuánchàng	出差chūchāi
铲除chǎnchú	查抄cháchāo	抽搐chōuchù	初创chūchuàng
长虫chángchong	超产chāochǎn	惆怅chóuchàng	车场chēchǎng

17. sh—sh

时事shíshì	首饰shǒushi	熟食shúshí	闪失shǎnshī
手术shǒushù	书社shūshè	戍守shùshǒu	上树shàngshù

收审shōushěn　史诗shǐshī　水蛇shuǐshé　说书shuōshū

18. r—r

饶人ráorén　冉冉rǎnrǎn　融入róngrù　荣任róngrèn
荏苒rěnrǎn　嚷嚷rāngrang　容忍róngrěn　柔软róuruǎn
如若rúruò　濡染rúrǎn　柔润róurùn　溽热rùrè

19. z—z

增租zēngzū　造次zàocì　罪责zuìzé　枣子zǎozi
自在zìzài　贼赃zéizāng　在座zàizuò　走卒zǒuzú

20. c—c

草丛cǎocóng　参差cēncī　此次cǐcì　措辞cuòcí
残草cáncǎo　摧残cuīcán　苍苍cāngcāng　猜测cāicè

21. s—s

琐碎suǒsuì　酸笋suānsǔn　四岁sìsuì　素色sùsè
搜索sōusuǒ　三思sānsī　随俗suísú　思索sīsuǒ

（三）异声母词语训练

标配biāopèi　北坡běipō　爆破bàopò　背弃bèiqì
疲惫píbèi　抛却pāoquè　旁观pángguān　配乐pèiyuè
冒犯màofàn　美德měidé　面粉miànfěn　没趣méiqù
粉笔fěnbǐ　番茄fānqié　佛门fómén　发配fāpèi
代替dàitì　歹徒dǎitú　当天dàngtiān　倒退dàotuì
特点tèdiǎn　剃刀tìdāo　铁道tiědào　徒弟tú · dì
牛栏niúlán　难道nándào　农妇nóngfù　闹剧nàojù
老年lǎonián　留念liúniàn　领条lǐngtiáo　礼服lǐfú
感触gǎnchù　感激gǎnjī　改变gǎibiàn　蛊惑gǔhuò
困扰kùnrǎo　勘测kāncè　快捷kuàijié　哭泣kūqì
合法héfǎ　豪迈háomài　海滨hǎibīn　贺电hèdiàn
击败jībài　假冒jiǎmào　简朴jiǎnpǔ　介绍jièshào
桥孔qiáokǒng　劝阻quànzǔ　憔悴qiáocuì　奇观qíguān
降服xiángfú　雄壮xióngzhuàng　迅速xùnsù　选区xuǎnqū
侦查zhēnchá　扎手zhāshǒu　值日zhírì　展出zhǎnchū
传统chuántǒng　愁思chóusī　窗户chuānghu　超过chāoguò
实在shí · zài　使者shǐzhě　沙滩shātān　伸展shēnzhǎn
热潮rècháo　如实rúshí　燃烧ránshāo　榕树róngshù
造反zàofǎn　再版zàibǎn　字体zìtǐ　足够zúgòu
词典cídiǎn　菜谱càipǔ　仓库cāngkù　参观cānguān

扫荡sǎodàng	司法sīfǎ	索取suǒqǔ	色调sèdiào

（四）零声母词语训练

阿姨 āyí	安稳 ānwěn	云雾yúnwù	影印yǐngyìn
恶意 èyì	耳闻 ěrwén	应验yìngyàn	余额yú'é
扼要 èyào	蜿蜒wānyán	野营yěyíng	云霭yún'ǎi
压迫yāpò	唁电yàndiàn	雅座yǎzuò	夭折yāozhé
哑谜yǎmí	耳背 ěrbèi	宜人yírén	王储wángchǔ
围裙wéiqún	永恒yǒnghéng	遥测yáocè	眼眶yǎnkuàng
依附yīfù	余悸yújì	物色wùsè	妖怪yāoguài

（五）音节对比训练

1. 单音节对比训练

（1）n—l

那—辣	年—联	拿—拉	你—里	娘—良	虐—略
耐—赖	挠—劳	内—类	鸟—了	宁—零	挪—锣
南—兰	农—龙	脑—老	牛—流	奴—路	尿—料
馁—磊	诺—落	能—棱	您—林	女—旅	讷—乐

（2）zh—z

战—暂	照—灶	赵—造	争—增	寨—在	支—资
纸—紫	钟—宗	站—赞	逐—足	张—脏	竹—卒
债—再	皱—奏	宙—揍	坠—最	枕—怎	制—自
哲—责	闸—杂	缀—醉	专—钻	摘—栽	珠—租

（3）ch—c

插—擦	程—层	柴—才	戳—撮	陈—岑	吃—疵
拆—猜	迟—词	臭—凑	串—窜	吵—草	超—糙
抄—操	充—匆	产—惨	春—村	川—蹿	缠—残
彻—策	出—粗	常—藏	虫—从	吹—催	成—曾

（4）sh—s

傻—洒	深—森	收—搜	是—四	生—僧	诗—斯
山—三	栓—酸	说—缩	少—扫	睡—岁	筛—腮
射—色	湿—丝	杀—撒	商—桑	吮—损	烧—骚
式—肆	上—丧	赏—嗓	谁—随	使—死	税—碎

（5）f—h

发—哈	福—胡	飞—灰	府—虎	翻—欢	分—昏
凡—还	方—荒	烦—寒	坟—浑	逢—红	夫—呼
费—会	幅—弧	发—花	奋—混	伐—滑	饭—换

（6）b—p

爸—怕　白—排　班—攀　包—抛　背—佩　奔—喷

棒—胖　蹦—碰　绊—畔　鄙—痞　掰—拍　辫—骗

（7）d—t

打—塔　道—套　带—太　当—汤　颠—天　爹—贴

顶—挺　东—通　导—讨　堤—梯　跌—铁　读—图

（8）g—k

哥—科　改—凯　故—库　瓜—夸　干—看　刚—康

告—靠　耕—坑　搁—客　箍—枯　搞—考　怪—快

（9）j—q

基—欺　架—恰　街—切　见—歉　江—腔　精—清

捐—圈　具—去　旧—求　辑—脐　举—娶　歼—千

（10）zh—ch

扎—差　摘—拆　这—撤　战—颤　追—吹　涨—厂

轴—愁　蒸—撑　宅—柴　帐—唱　转—喘　珠—出

（11）z—c

咱—残　字—次　糟—操　再—菜　脏—仓　租—粗

宗—匆　罪—脆　遭—糙　族—促　仄—策　早—草

2. 双音节对比训练

（1）n—l

恼怒—老路　呢子—梨子　男鞋—蓝鞋　新娘—新粮　浓重—隆重

眼内—眼泪　无奈—无赖　南宁—兰陵　油腻—游历　留念—留恋

鸟雀—了却　闹灾—涝灾　水牛—水流　女客—旅客　男女—褴褛

门内—门类　年代—连带　难住—拦住　年节—廉洁　允诺—陨落

（2）zh—z

支援—资源　正品—赠品　嘱咐—祖父　战时—暂时　志愿—自愿

肿胀—总账　终止—宗旨　照旧—造就　主力—阻力　征兵—增兵

摘桃—栽桃　砖洞—钻洞　棉纸—棉籽　竹子—卒子　制作—自作

（3）z—zh

早到—找到　物资—物质　仿造—依照　姿势—知识　栽花—摘花

杂志—炸制　杂技—札记　增订—征订　租子—珠子　仿造—仿照

（4）ch—c

持续—词序　重来—从来　常输—藏书　触动—促动　初步—粗布

推迟—推辞　吹动—催动　不成—不曾　鱼翅—鱼刺　出操—粗糙

（5）c—ch

村庄—春装　擦好—插好　蚕丝—禅师　残品—产品　侧身—撤身

木材—木柴　凑钱—臭钱　操纵—超重　辞呈—驰骋　粗布—初步

（6）sh—s

商数—桑树	失事—私事	熟语—俗语	闪光—散光	输油—酥油
申述—申诉	山脚—三角	实数—食宿	师法—司法	诗人—私人

（7）s—sh

肃立—树立	私语—施与	意思—意识	诉讼—输送	近似—近视
撕去—失去	搜集—收集	僧人—生人	五岁—午睡	四十—事实

（8）f—h

犯病—患病	飞尘—灰尘	白发—白话	幅度—弧度	分钱—婚前
防空—航空	翻阅—欢悦	废话—绘画	发展—花展	富丽—互利

（9）b—p

发白—发牌	掰手—拍手	饱了—跑了	崩裂—碰裂	真棒—真胖
被服—佩服	分贝—分配	辫子—骗子	奔放—喷放	败兵—派兵

（10）d—t

读书—图书	调动—跳动	兑换—退换	堆土—推土	导论—讨论
弹头—探头	毒手—徒手	刻骨—刻苦	当面—汤面	肚子—兔子

（11）g—k

搞好—考好	关心—宽心	挂钩—跨沟	刚健—康健	龟甲—盔甲
该打—开打	告吹—靠吹	怪事—快事	孤树—枯树	滚紧—捆紧

（12）j—q

吉利—奇丽	建议—歉意	精明—清明	急事—歧视	游击—油漆
接口—切口	叫门—窍门	敬贺—庆贺	积压—欺压	净利—庆历

（13）zh—ch

摘除—拆除	账本—唱本	招生—超生	助长—处长	大专—大川
侄子—池子	主人—楚人	助力—矗立	阵势—趁势	阐释—展示

（14）z—c

澡堂—草堂	座位—错位	在场—菜场	最绿—翠绿	一字——次
大早—大草	子时—此时	自立—次立	枣木—草木	最早—脆枣

第二节　韵母发音基础训练

一、训练提示

通过韵母对比发音、韵母的辨读及韵母组合训练，要求发音人正确掌握每个韵母的发音方法，并能较准确地应用到朗读和说话中。

（1）韵母对比发音要特别注意每个韵母发音时的唇形、舌位，并注意归音到位，发音力求符合规范。

（2）单韵母训练时，要注意保持开口度、唇形、舌位始终不变。

（3）复韵母发音一定要有动程，否则发音会单元音化。

（4）鼻韵母发音要注意前、后鼻韵母的区分。

二、训练内容

（一）韵母对比发音训练

o—uo—o	uo—o—uo	o—uo—o	uo—o—uo
e—o—e	o—e—o	e—o—e	o—e—o
ê—e—ê	e—ê—e	ê—e—ê	e—ê—e
i—ü—i	ü—i—ü	i—ü—i	ü—i—ü
e—er—e	er—e—er	e—er—e	er—e—er
üe—ie—üe	ie—üe—ie	üe—ie—üe	ie—üe—ie
üe—ü—üe	ü—üe—ü	üe—ü—üe	ü—üe—ü
uei—ei—uei	ei—uei—ei	uei—ei—uei	ei—uei—ei
uo—ou—uo	ou—uo—ou	uo—ou—uo	ou—uo—ou
ia—ai—ia	ai—ia—ai	ia—ai—ia	ai—ia—ai
ao—ua—ao	ua—ao—ua	ao—ua—ao	ua—ao—ua
iao—uai—iao	uai—iao—uai	iao—uai—iao	uai—iao—uai
i—ie—i	ie—i—ie	i—ie—i	ie—i—ie
ian—üan—ian	üan—ian—üan	ian—üan—ian	üan—ian—üan
ün—in—ün	in—ün—in	ün—in—ün	in—ün—in
ian—ie—ian	ie—ian—ie	ian—ie—ian	ie—ian—ie
uan—uen—uan	uen—uan—uen	uan—uen—uan	uen—uan—uen
eng—en—eng	en—eng—en	eng—en—eng	en—eng—en
in—ing—in	ing—in—ing	in—ing—in	ing—in—ing

ong—ueng—ong	ueng—ong—ueng	ong—ueng—ong
ueng—ong—ueng	in—ian—iang	iang—in—ian
in—ian—iang	iang—in—ian	iong—ün—uen
ün—uen—iong	ün—iong—uen	uen—üu—iong
üe—üan—ie	ie—üe—üan	ue—üan—ie
uang—ang—an	ang—an—uang	an—ang—uang

（二）韵母分类发音训练

1. 单韵母辨读训练

a

大坝dàbà　　哪怕nǎpà　　砝码fǎmǎ　　扒拉bāla　　爸爸bàba

妈妈māma	打骂dǎmà	拉萨 Lāsà	沙发shāfā	打蜡dǎlà
大法dàfǎ	眨巴zhǎba	哈达hǎdá	拉杂lāzá	马达mǎdá

o

摸佛mōfó	摩托mótuo	婆娑pósuō	剥夺bōduó	伯伯bóbo
簸箩bǒluo	摸索mōsuǒ	泼墨pōmò	饽饽 bōbo	薄弱bóruò

e

特赦tèshè	折合zhéhé	隔阂géhé	客车kèchē	塞责sèzé
苛责kēzé	车辙chēzhé	可贺kěhè	设色shèsè	乐得lèdé
和乐hélè	苛刻kēkè	可可kěkě	色泽sèzé	这么zhème

i

积极jījí	奇异qíyì	体例tǐlì	提议tíyì	秘籍mìjí
技艺jìyì	匿迹nìjì	意义yìyì	迷你mínǐ	机密jīmì
礼仪lǐyí	霹雳pīlì	比拟bǐnǐ	题记tíjì	洗衣xǐyī

u

富足fùzú	目录mùlù	木屋mùwū	触怒chùnù	木柱mùzhù
突出tūchū	古墓gǔmù	粗疏cūshū	数目shùmù	苦竹kǔzhú
辜负gūfù	初伏chūfú	露珠lùzhū	幕府mùfǔ	熟路shúlù

ü

居于jūyú	徐徐xúxú	须臾xūyú	曲剧qǔjù	语序yǔxù
迂曲yūqū	语句yǔjù	趣语qùyǔ	屈居qūjū	局域júyù
蓄须xùxū	区域qūyù	女婿nǚxu	预取yùqǔ	渔具yújù

-i[ɿ]

孜孜zīzī	恣肆zìsì	刺丝cìsī	四次sìcì	次子cìzǐ
自此zìcǐ	刺字cìzì	次次cìcì	赐死cìsǐ	私自sīzì

-i[ʅ]

志士zhìshì	时日shírì	值日zhírì	市尺shìchǐ	迟滞chízhì
失事shīshì	知识zhīshi	吃食chīshí	直至zhízhì	智齿zhìchǐ
指使zhǐshǐ	失职shīzhí	逝世shìshì	湿纸shīzhǐ	日志rìzhì

er

然而rán'ér	儿女 érnǚ	耳机 ěrjī	喜儿xǐ'ér	鱼饵yú'ěr
儿戏 érxì	而是 érshì	海尔hǎi'ěr	二线 èrxiàn	贰心 èrxīn

2. 单韵母组合训练

爬坡pápō	沙漠shāmò	刹车shāchē	法则fǎzé	法医fǎyī
摸底mōdǐ	摩擦mócā	大意dà · yì	布帛bùbó	薄荷bòhe
刻薄kèbó	激发jīfā	基础jīchǔ	拘束jūshù	局促júcù
合法héfǎ	河谷hégǔ	核计héjì	客气kèqi	克服kèfú
入耳rù'ěr	取乐qǔlè	娶妻qǔqī	顾惜gùxī	耳目ěrmù

主席zhǔxí　师资shīzī　辞职cízhí　丝织sīzhī　芝麻zhīma
舞女wǔnǚ　戏法xìfǎ　预科yùkē　末伏 mòfú　主持zhǔchí
末日mòrì　预测yùcè　赤字chìzì　朱砂zhūshā　纳福nàfú
撒施sǎshī　舍得shěde　涉及shèjí　设置shèzhì　诗句shījù
职责zhízé　余额 yúé　欺诈qīzhà　齐楚qíchǔ　凄恻qīcè

3. 复韵母辨读训练

ai

百代bǎidài　开卖kāimài　奶白nǎibái　窄带zhǎidài　摘牌zhāipái
买来 mǎilái　彩带cǎidài　摆拍bǎipāi　白来báilái　开采kāicǎi
海苔hǎitái　彩排cǎipái　卖呆màidāi　开斋kāizhāi　灾害zāihài

ei

黑煤hēiméi　美眉měiméi　北碚 Běibèi　菲菲fēifēi　配备pèibèi
背煤bēiméi　贝类bèilèi　每每měiměi　肥美féiměi　培肥péiféi
废垒fèilěi　北美běiměi　非得fēiděi　磊磊lěilěi　美背měibèi

ao

早操 zǎocāo　报道bàodào　毛糙máocao　跑道pǎodào　高招gāozhāo
宝岛bǎodǎo　高傲gāo'ào　号召hàozhào　讨好tǎohǎo　操劳cāoláo
报告bàogào　号啕háotáo　高考gāokǎo　套牢tàoláo　号炮hàopào

ou

抽手 chōushǒu　收购shōugòu　瘦猴shòuhóu　叩首kòushǒu　漏斗lòudǒu
绸缪chóumóu　走兽zǒushòu　收口shōukǒu　后手hòushǒu　抖擞dǒusǒu
欧洲 Ōuzhōu　喉头hóutóu　臭豆chòudòu　豆蔻dòukòu　走漏zǒulòu

ia

家鸭jiāyā　下家xiàjiā　压价yājià　下压xiàyā　假牙jiǎyá
下架xiàjià　家家jiājiā　下牙xiàyá　贾家jiǎjiā　加压jiāyā

ie

歇业xiēyè　铁屑tiěxiè　斜切xiéqiē　野猎yěliè　结节jiéjié
泄泻xièxiè　斜眼xiéyǎn　结业jiéyè　乜斜miēxie　接界jiējiè

iao

缥缈piāomiǎo　妙药miàoyào　秒表miǎobiǎo　调笑tiáoxiào
飘摇piāoyáo　杳渺yáomiǎo　巧笑qiǎoxiào　悄悄qiāoqiāo
笑料xiàoliào　调教tiáojiào　小鸟xiǎoniǎo　教条jiàotiáo
窈窕yǎotiǎo　遥遥yáoyáo　萧条xiāotiáo　脚镣jiǎoliào

iou

秋游qiūyóu　琉球liúqiú　优秀yōuxiù　悠游yōuyóu　有救yǒujiù
球友qiúyǒu　舅舅jiùjiu　绣球xiùqiú　流油liúyóu　秋柳qiūliǔ

ua

刮花guāhuā　耍滑shuǎhuá　花袜huāwà　画瓜huàguā　呱呱guāguā
挂画guàhuà　挖垮wākuǎ　画画huàhuà　抓蛙zhuāwā　挂花guàhuā

uo

堕落duòluò　过错 guòcuò　懦弱nuòruò　阔绰kuòchuò　多国duōguó
夺过duóguò　火锅huǒguō　国货guóhuò　蹉跎cuōtuó　错落 cuòluò
过活guòhuó　咄咄duōduō　活捉huózhuō

uai

拽歪zhuàiwāi　怀揣huáichuāi　外快wàikuài　开怀kāihuái　卖乖màiguāi
外踝wàihuái　快拽kuàizhuài　鬼怪guǐguài　乖乖guāiguāi　外拐wàiguǎi

uei

回归huíguī　会徽huìhuī　悔罪huǐzuì　溃退kuìtuì　醉鬼zuìguǐ
汇兑huìduì　嘴碎zuǐsuì　吹灰chuīhuī　归队guīduì　惠水 Huìshuǐ
回队huíduì　恢恢huīhuī　追随zhuīsuí　回水huíshuǐ　推回tuīhuí

üe

绝学juéxué　略略luèluè　学乐xuéyuè　缺血quēxuè　乐阕yuèquè
决绝 juéjué　雪月xuěyuè　掘穴juéxué　月月yuèyuè　缺略quēlüè

4. 复韵母组合训练

白匪báifěi　悲哀bēi'āi　茅台máotái　胚胎pēitāi　堡垒bǎolěi
百草bǎicǎo　排队páiduì　肥皂féizào　北斗běidǒu　黑白hēibái
手背shǒubèi　稿费gǎofèi　雅座yǎzuò　六月liùyuè　到过dàoguo
埋头máitóu　内债nèizhài　佩戴pèidài　报酬bàochou　购买gòumǎi
够好gòuhǎo　筹备chóubèi　脑袋nǎodai　飞刀fēidāo　再会zàihuì
拜倒bàidǎo　家伙jiāhuo　滑雪huáxuě　缩略suōlüè　削弱xuēruò
假话jiǎhuà　枷锁jiāsuǒ　闲暇xiánxiá　鞋袜xiéwà　下列xiàliè
铁锅tiěguō　火花huǒhuā　挖掘wājué　血液xuèyè　掉价diàojià
话多huàduō　国画guóhuà　借阅jièyuè　戒绝jièjué　标牌biāopái
瓜果guāguǒ　保留bǎoliú　交代jiāodài　牛角niújiǎo　邮票yóupiào
手袖shǒuxiù　校友xiàoyǒu　又要yòuyào　怀抱huáibào　流水liúshuǐ
翠鸟cuìniǎo　摔跤shuāijiāo　挑柴tiāochái　翠柳cuìliǔ　歪斜wāixié
坠毁zhuìhuǐ　油料yóuliào　微妙wēimiào　扫描sǎomiáo　推销tuīxiāo
诱拐yòuguǎi　溃败kuìbài　摆脱bǎituō　萧条xiāotiáo　对话duìhuà

5. 鼻韵母辨读训练

an

漫谈màntán　蹒跚pánshān　惨淡cǎndàn　展览zhánlǎn　散板sǎnbǎn
盘山pánshān　翻盘fānpán　三班sānbān　烂漫lànmàn　懒汉lǎnhàn
反叛fǎnpàn　湛蓝zhànlán　汗衫hànshān　难办nánbàn　斑斓bānlán

en

深沉shēnchén	人们rénmen	审慎shěnshèn	真身zhēnshēn	本分běnfèn
珍本zhēnběn	神人shénrén	根本gēnběn	闷人mènrén	真笨zhēnbèn
沉闷chénmèn	恩人 ēnrén	嫩根nèngēn	分身fēnshēn	妊娠rènshēn

in

频频pínpín	今音jīnyīn	贫民pínmín	尽心 jìnxīn	近亲jìnqīn
薪金xīnjīn	紧邻jǐnlín	亲近qīnjìn	音信yīnxìn	姻亲yīnqīn
亲临qīnlín	殷勤yīnqín	侵秦qīnqín	仅仅jǐnjǐn	彬彬bīnbīn

ün

匀称yún · chèn	均匀jūnyún	云烟yúnyān
菌群jūnqún	芸芸yúnyún	

ian

潋滟liànyàn	电线diànxiàn	变迁biànqiān	连年liánnián
天险tiānxiǎn	便签biànqiān	癫痫diānxián	面点miàndiǎn
变电biàndiàn	检点jiǎndiǎn	连线liánxiàn	垫肩diànjiān
年鉴niánjiàn	偏见piānjiàn	天边tiānbiān	连绵liánmián

uan

玩完wánwán	专断zhuānduàn	换算huànsuàn	转弯zhuǎnwān
管段guǎnduàn	还完huánwán	万贯wànguàn	乱钻luànzuān
弯管wānguǎn	玩转wánzhuàn	官宦guānhuàn	还款huánkuǎn

uen

困顿kùndùn	论文lùnwén	温润wēnrùn	昆仑kūnlún
温存wēncún	滚轮gǔnlún	春困chūnkùn	唇纹chúnwén

üan

渊源yuānyuán	全院quányuàn	玄远xuányuǎn	圆圈yuánquān
选员xuǎnyuán	源泉yuánquán	全选quánxuǎn	源远yuányuǎn

ang

张榜zhāngbǎng	厂房chǎngfáng	长廊chángláng	仓房cāngfáng
肮脏 āngzāng	党章dǎngzhāng	上涨shàngzhǎng	长方chángfāng
昂扬 ángyáng	上场shàngchǎng	长胖zhǎngpàng	沧桑cāngsāng
丧葬sāngzàng	厂商chǎngshāng	上账shàngzhàng	肛肠gāngcháng

eng

风筝fēngzheng	猛增měngzēng	更省gèngshěng	逞能chěngnéng
丰登fēngdēng	更生gēngshēng	风声fēngshēng	奉承fèngchéng
成风chéngfēng	整风zhěngfēng	耿耿gěnggěng	冷风lěngfēng
生成shēngchéng	征程zhēngchéng	能等néngděng	升腾shēngténg

ing

宁静níngjìng	晶莹jīngyíng	行星xíngxīng	命名mìngmíng

清醒qīngxǐng　精英jīngyīng　猩猩xīngxing　情境qíngjìng
精兵jīngbīng　倾听qīngtīng　情景qíngjǐng　定情dìngqíng
英明yīngmíng　庆幸qìngxìng　聆听língtīng　兵丁bīngdīng

ong

农工nónggōng　隆冬lóngdōng　红肿hóngzhǒng　溶洞róngdòng
同种tóngzhǒng　龙洞lóngdòng　洪钟hóngzhōng　动容dòngróng
弄懂nòngdǒng　松茸sōngróng　冲动chōngdòng　通红tōnghóng

iang

两辆liǎngliàng　香江xiāngjiāng　洋姜yángjiāng　粮饷liángxiǎng
酱香jiàngxiāng　强项qiángxiàng　亮相liàngxiàng　想象xiǎngxiàng
良将liángjiàng　养娘yǎngniáng　想讲xiǎngjiǎng　江洋jiāngyáng

uang

撞墙zhuàngqiáng　爽爽shuǎngshuǎng　遑遑huánghuáng
装潢zhuānghuáng　光芒guāngmáng　装框zhuāngkuàng
晃荡huàngdàng　状况zhuàngkuàng　王庄wángzhuāng

ueng

翁翔wēngxiáng　翁昂wēng’áng　老翁lǎowēng
齆鼻wèngbí　翁郎wēngláng　瓮安wèng’ān

iong

炯炯jiǒngjiǒng　芎䓖xiōngqióng　窘况jiǒngkuàng　臃肿yōngzhǒng
汹涌xiōngyǒng　熊熊xióngxióng　汹汹xiōngxiōng　茕茕qióngqióng

6. 鼻韵母组合训练

判断pànduàn　版本bǎnběn　散钱sǎnqián　专门zhuānmén
连环liánhuán　简单jiǎndān　残忍cánrěn　反问fǎnwèn
面粉miànfěn　人民rénmín　文件wénjiàn　锻炼duànliàn
谦逊qiānxùn　千斤qiānjīn　贫贱pínjiàn　慌忙huāngmáng
整场zhěngchǎng　严谨yánjǐn　爽朗shuǎnglǎng　监禁jiānjìn
凤凰fènghuáng　应用yìngyòng　成功chénggōng　蓝鲸lánjīng
厂矿chǎngkuàng　缆绳lǎnshéng　盛产shèngchǎn　森林sēnlín
分房fēnfáng　勇敢yǒnggǎn　瓶胆píngdǎn　品评pǐnpíng
频繁pínfán　引航yǐnháng　精神jīng · shén　韧性rènxìng
战争zhànzhēng　前锋qiánfēng　散场sànchǎng　认证rènzhèng
仁政rénzhèng　伞兵sǎnbīng　桑蚕sāngcán　丧命sàngmìng
嗓音sǎngyīn　申请shēnqǐng　深浅shēnqiǎn　慎重shènzhòng
伸张shēnzhāng　动情dòngqíng　身影shēnyǐng　房间fángjiān
端正duānzhèng　商演shāngyǎn　通信tōngxìn　原谅yuánliàng
阴阳yīnyáng　幻想huànxiǎng　长短chángduǎn　慌神huāngshén

绵羊miányáng　双全shuāngquán　轻闲qīngxián　缅想miǎnxiǎng
黄昏huánghūn　浑圆húnyuán　灵魂línghún　蓬乱péngluàn
全免quánmiǎn　践行jiànxíng　硬板yìngbǎn　浪漫làngmàn
昭彰zhāozhāng　航空hángkōng　光亮guāngliàng　尊严zūnyán
定案dìng'àn　顽症wánzhèng　赶紧gǎnjǐn　荣任róngrèn
关心guānxīn　眼睛yǎnjing　相片xiàngpiàn　曾经céngjīng
成年chéngnián　梦想mèngxiǎng　安宁 ānníng　今天jīntiān
云层yúncéng　远行yuǎnxíng　纷纭fēnyún　恩典 ēndiǎn
问斩wènzhǎn　皇上hángshang　相恋xiāngliàn　捐献juānxiàn
近邻jìnlín　困难kùnnan　蚊虫wénchóng　勋章xūnzhāng

（三）音节对比发音训练

1. 单音节对比发音训练

i—ü

鸡jī—居jū　即jí—橘jú　挤jǐ—举jǔ　记jì—句jù
欺qī—区qū　其qí—渠qú　起qǐ—取qǔ　器qì—趣qù
析xī—需xū　席xí—徐xú　洗xǐ—栩xǔ　系xì—序xù
梨lí—驴lú　理lǐ—旅lǚ　力lì—绿lù　李lǐ—吕lǚ

i—ie

鼻bí—别bié　批pī—瞥piē　觅mì—灭miè　敌dí—叠dié
踢tī—贴tiē　逆nì—孽niè　力lì—列liè　几jǐ—姐jiě
棋qí—茄qié　析xī—歇xiē　异yì—叶yè　击jī—街jiē

ü—üe

菊jú—决jué　屈qū—缺quē　许xǔ—雪xuě　欲yù—月yuè
虚xū—靴xuē　剧jù—倔juè　徐xú—穴xué　局jú—觉jué
须xū—削xuē　煦xù—血xuè　去qù—却què　鞠jū—撅juē

ian—ie

偏piān—瞥piē　扁biǎn—瘪biě　面miàn—灭miè　尖jiān—街jiē
闲xián—鞋xié　言yán—爷yé　编biān—憋biē　篇piān—瞥piē
弦xián—谐xié　简jiǎn—姐jiě　先xiān—些xiē　坚jiān—皆jiē

üan—üe

捐juān—撅juē　玄xuán—学xué　轩xuān—靴xuē　隽juàn—倔juè
劝quàn—却què　选xuǎn—雪xuě　苑yuàn—月yuè　圈quān—阙quē

en—eng

奔bēn—崩bēng　盆pén—彭péng　粉fěn—讽fěng　闷mèn—梦mèng
根gēn—耕gēng　肯kěn—坑kēng　痕hén—横héng　深shēn—声shēng
趁chèn—称chèng　真zhēn—争zhēng　任rén—仍réng　怎zěn—整zhěng

森sēn—生shēng 岑cén—成chéng 嫩nèn—能néng 针zhēn—蒸zhēng

in—ing

寝qǐn—请qǐng 信xìn—幸xìng 彬bīn—兵bīng 贫pín—凭píng
民mín—明míng 饮yǐn—影yǐng 金jīn—惊jīng 紧jǐn—井jǐng
新xīn—星xīng 林lín—零líng 阴yīn—英yīng 临lín—灵líng
巾jīn—京jīng 您nín—宁níng 勤qín—晴qíng 拼pīn—乒pīng

in—ün

引yǐn—允yǔn 进jìn—俊jùn 音yīn—晕yūn 信xìn—讯xùn
欣xīn—熏xūn 亲qīn—逡qūn 禽qín—群qún 心xīn—勋xūn

ian—üan

宴yàn—院yuàn 剪jiǎn—卷juǎn 见jiàn—倦juàn 弦xián—玄xuán
前qián—全quán 千qiān—圈quān 线xiàn—炫xuàn 言yán—圆yuán

ian—in

燕yàn—印yìn 边biān—宾bīn 翩piān—拼pīn 免miǎn—敏mǐn
兼jiān—斤jīn 千qiān—亲qīn 县xiàn—信xìn 连lián—林lín
燕yàn—荫yìn 辨biàn—鬓bìn 骗piàn—聘pìn 剪jiǎn—谨jǐn

ian—iang

坚jiān—江jiāng 掩yǎn—养yǎng 贤xián—祥xiáng 前qián—墙qiáng
联lián—凉liáng 念niàn—酿niàng 兼jiān—将jiāng 牵qiān—腔qiāng
艳yàn—漾yàng 限xiàn—像xiàng 年nián—娘niáng 脸liǎn—两liǎng

an—ang

詹zhān—张zhāng 攀pān—乓pāng 泛fàn—放fàng 山shān—伤shāng
搬bān—帮bāng 毯tǎn—躺tǎng 瞒mán—忙máng 兰lán—狼láng
产chǎn—场chǎng 赞zàn—葬zàng 三sān—桑sāng 但dàn—荡dàng

2. 双音节对比发音训练

i—ü

比翼yì—比喻yù 生意yì—生育yù 名义yì—名誉yù
书籍jí—书局jú 记住jì—居住jū 忌讳jì—聚会jù
大姨yí—大鱼yú 起名qǐ—取名qǔ 适宜yí—适于yú
仪式yí—于是yú 有气qì—有趣qù 意见yì—遇见yù
不急jí—布局jú 议论yì—舆论yú 联系xì—连续xù
美意yì—美誉yù 容易yì—荣誉yù 以及yǐjí—语句yǔjù
姓李lǐ—姓吕lǚ 奇异qíyì—区域qūyù

e—o

没课kè—没墨mò 不喝hē—不摸mō 侠客kè—夏末mò
内阁gé—内膜mó 游客kè—油墨mò 高阁gé—告破pò
大课kè—大漠mò 打嗝gé—打磨mó

i—ie

寂静jì—捷径jié 寄钱jì—借钱jiè 记忆jì—介意jiè 计息jì—解析jiě
习气xí—邪气xié 底气dǐ—迭起dié 数亿yì—树叶yè 挤除jǐ—解除jiě
机器qì—激切qiè 凉席xí—凉鞋xié 诗意yì—失业yè 已是yǐ—也是yě

ie—üe

流泻xiè—流血xuè 缮写xiě—善学xué 业余yè—月余yuè
也好yě—约好yuē 输血xiě—数学xué 侧列liè—策略luè
大写xiě—大雪xuě 进阶jiē—禁绝jué 切实qiè—确实què
竹叶yè—逐月yuè 午夜yè—五月yuè 猎杀liè—掠杀lüè

e—uo

褐色hè—货色huò 客气kè—阔气kuò 大哥gē—大锅guō
饿倒è—卧倒wò 出格gé—出国guó 快乐lè—快落luò
瓜葛gé—瓜果guǒ 课件kè—扩建kuò

ian—in

建军jiàn—禁军jìn 莲叶lián—林业lín 鲜血xiān—心血xīn
仙境xiān—心静xīn 签字qiān—亲自qīn 棉芯mián—民心mín
现任xiàn—信任xìn 眼见yǎn—引荐yǐn 时间jiān—十斤jīn
海边biān—海滨bīn 先苦xiān—辛苦xīn 偏旁piān—拼盘pīn

ian—üan

延绵yán—原棉yuán 限制xiàn—悬置xuán 建议jiàn—倦意juàn
房檐yán—房源yuán 前线qián—全县quán 当前qián—当权quán
庄严yán—庄园yuán 虔诚qián—全程quán 沿用yán—援用yuán

in—ün

真金jīn—真菌jūn 金鑫jīn—军心jūn 工薪xīn—功勋xūn
紧急jǐn—军籍jūn 餐巾jīn—参军jūn 平津jīn—平均jūn
晋级jìn—军级jūn 金银jīn—均匀jūn

an—ang

反问fǎn—访问fǎng 丹心dān—当心dāng 扳手bān—帮手bāng
水干gān—水缸gāng 泛滥làn—放浪làng 涂染rǎn—土壤rǎng
施展zhǎn—师长zhǎng 心烦fán—新房fáng 粘贴zhān—张贴zhāng
开饭fàn—开放fàng 女篮lán—女郎láng 闪光shǎn—赏光shǎng

in—ing

频繁pín—平凡píng 狠劲jìn—很静jìng 辛勤qín—心情qíng
不信xìn—不幸xìng 公民mín—功名míng 信服xìn—幸福xìng
金色jīn—惊色jīng 禁止jìn—静止jìng 人民mín—人名míng
濒临bīn—兵临bīng 很亲qīn—很轻qīng 印花yìn—樱花yīng

en—eng

诊治zhěn—整治zhěng 绅士shēn—生事shēng 深思shēn—生丝shēng

开门mén—开蒙méng	人身shēn—人生shēng	瓜分fēn—刮风fēng
陈旧chén—成就chéng	门牙mén—萌芽méng	根据gēn—耕具gēng
沉闷mèn—成梦mèng	粉刺fěn—讽刺fěng	申明shēn—声明shēng
伸张shēn—声张shēng	长针zhēn—长征zhēng	清真zhēn—清蒸zhēng

第三节　声调发音基础训练

一、训练提示

本节列出普通话单音节和双音节声调训练，在练习过程中要求发音人准确定位普通话四个基本声调的调值，认真体会各个声调的发音特点和发音生理状态，形成良好的普通话语感。

（1）注意克服阴平调值偏低问题，保持阴平调的高平调特征，保持阳平、去声的升调和降调特征。

（2）上声调是普通话四声中调值最长也最容易出错的调。特别要注意上声调单念或在词末时要读完整的[214]调，组合练习时，前面的上声读变调，后面的上声读原调。

（3）注意入声调和普通话四声调的归属关系。

二、训练内容

（一）单音节声调练习

春chūn	雷léi	滚gǔn	动dòng
花huā	团tuán	锦jǐn	簇cù
坚jiān	持chí	努nǔ	力lì
心xīn	明míng	眼yǎn	亮liàng
得dé	心xīn	应yìng	手shǒu
集jí	思sī	广guǎng	益yì
语yǔ	重zhòng	心xīn	长cháng
忠zhōng	言yán	逆nì	耳ěr
百bǎi	炼liàn	成chéng	钢gāng
万wàn	马mǎ	奔bēn	腾téng
姹chà	紫zǐ	嫣yān	红hóng
白bái	费fèi	心xīn	机jī
紧jǐn	密mì	团tuán	结jié
流liú	连lián	忘wàng	返fǎn

鬼guǐ	迷mí	心xīn	窍qiào
美měi	梦mèng	成chéng	真zhēn
城chéng	市shì	乡xiāng	村cūn
黔qián	南nán	师shī	院yuàn

（二）双音节同声调训练

1．阴平

春晖chūnhuī	家书jiāshū	推敲tuīqiāo	欧洲 Ōuzhōu
欢呼huānhū	芬芳fēnfāng	声波shēngbō	坍塌tāntā
薪金xīnjīn	宣称xuānchēng	鸳鸯yuān · yāng	钻心zuānxīn
担当dāndāng	苍山cāngshān	当今dāngjīn	规章guīzhāng
叮咚dīngdōng	多边duōbiān	发出fāchū	丰收fēngshōu
公安gōng'ān	咯吱gēzhī	星光xīngguāng	夸张kuāzhāng

2．阳平

朝廷cháotíng	池塘chítáng	成为chéngwéi	纯洁chúnjié
从而cóng'ér	繁殖fánzhí	芙蕖fúqú	航行hángxíng
衡量héngliáng	极其jíqí	结合jiéhé	觉察juéchá
狂人kuángrén	来临láilín	联盟liánméng	流行liúxíng
萌芽méngyá	棉球miánqiú	明年míngnián	难得nándé
年龄niánlíng	农田nóngtián	赔偿péicháng	其实qíshí

3．上声

耻辱chǐrǔ	导体dǎotǐ	点火diǎnhuǒ	抖擞dǒusǒu
广场guǎngchǎng	国有guǒyǒu	给予jǐyǔ	假使jiǎshǐ
减少jiǎnshǎo	考古kǎogǔ	口语kǒuyǔ	老板lǎobǎn
领土lǐngtǔ	蚂蚁mǎyǐ	敏感mǐngǎn	偶尔 ǒu'ěr
手掌shǒuzhǎng	侮辱wǔrǔ	洗澡xǐzǎo	显眼xiǎnyǎn
选举xuǎnjǔ	以免yǐmiǎn	早已zǎoyǐ	整理zhěnglǐ

4．去声

案件 ànjiàn	被动bèidòng	变量biànliàng	测定cèdìng
大量dàliàng	干练gànliàn	耗费hàofèi	画面huàmiàn
寂静jìjìng	靠近kàojìn	快乐kuàilè	厉害lìhai
另外lìngwài	氯气lùqì	慢性mànxìng	面貌miànmào
命令mìnglìng	没落mòluò	内部nèibù	气味qìwèi
认定rèndìng	上市shàngshì	透露tòulù	旺盛wàngshèng

5. 入声

剥削bōxuē　切割qiēgē　刮削guāxiāo　瞎说xiāshuō
白蝶báidié　国格guógé　熟识shúshí　习俗xísú
铁笔tiěbǐ　甲乙jiǎyǐ　铁塔tiětǎ　百褶bǎizhě
撒谷sǎgǔ　北曲běiqǔ　笔法bǐfǎ　甲角jiǎjiǎo
毕业bìyè　策略cèlüè　霸道bàdào　速率sùlǜ
呃逆 ènì　物质wùzhì　浴室yùshì　魄力pòlì
捏合niēhé　惜别xībié　剥壳bāoké　说服shuōfú
八百bābǎi　摸索mōsuǒ　插曲chāqǔ　剔骨tīgǔ
逼迫bīpò　擦拭cāshì　滴沥dīlì　积蓄jīxù
毒杀dúshā　活捉huózhuō　直说zhíshuō　拔出báchū
拔脚bájiǎo　白雪báixuě　狭窄xiázhǎi　绝笔juébǐ
得法défǎ　额角 éjiǎo　实属shíshǔ　直角zhíjiǎo
跋涉báshè　格律gélǜ　活络huóluò　着陆 zhuólù
给吃gěichī　抹杀mǒshā　嘱托zhǔtuō　只缺zhǐquē
乞食qǐshí　法国 Fǎguó　笔盒bǐhé　朴实pǔshí
法律fǎlǜ　辱没rǔmò　角质jiǎozhì　笔触bǐchù
划拨huàbō　特约tèyuē　窒息zhìxī　扼杀 èshā
蜡烛làzhú　撤职chèzhí　脉搏màibó　确凿quèzáo
乐曲yuèqǔ　蜡笔làbǐ　烙铁làotiě　质朴zhìpǔ

（三）双音节异声调训练

1. 阴阳

诙谐huīxié　央求yāngqiú　修行xiūxíng　知名zhīmíng
辛勤xīnqín　追逐zhuīzhú　心情xīnqíng　锋芒fēngmáng
安排 ānpái　边缘biānyuán　充实chōngshí　发行fāxíng
高级gāojí　光明guāngmíng　欢迎huānyíng　艰难jiānnán
精神jīng · shén　昆虫kūnchóng　凄凉qīliáng　青年qīngnián
扔球rēngqiú　深沉shēnchén　说服shuōfú　天文tiānwén
听觉 tīngjué　温和wēnhé　西南xīnán　纤维xiānwéi
需求xūqiú　阴霾yīnmái　增强zēngqiáng　征求zhēngqiú

2. 阴上

高涨gāozhǎng　瞻仰zhānyǎng　拍板pāibǎn　鲜果xiānguǒ
安稳 ānwěn　包裹bāoguǒ　奔走bēnzǒu　操场cāochǎng
差使chāishǐ　单产dānchǎn　翻滚fāngǔn　分管fēnguǎn
拉手lāshǒu　悠远yōuyuǎn　归隐guīyǐn　喝水hēshuǐ

花草huācǎo	基本jīběn	僵死jiāngsǐ	夸奖kuājiǎng
凄惨qīcǎn	欺侮qīwǔ	伸展shēnzhǎn	失守shīshǒu
说谎shuōhuǎng	天使tiānshǐ	屋脊wūjǐ	相处xiāngchǔ

3. 阴去

搬运bānyùn	英镑yīngbàng	支柱zhīzhù	心绪xīnxù
清澈qīngchè	拼命pīnmìng	抹布mābù	窥探kuītàn
憨厚hānhòu	专著zhuānzhù	都市dūshì	珍重zhēnzhòng
钦佩qīnpèi	开辟kāipì	谦让qiānràng	鞭炮biānpào
非议fēiyì	堆放duīfàng	当下dāngxià	称道chēngdào
安逸 ānyì	八卦bāguà	恩赐 ēncì	藩镇fānzhèn
纷乱fēnluàn	蜂蜜fēngmì	甘愿gānyuàn	轰炸hōngzhà
激荡jīdàng	瞌睡kēshuì	侵害qīnhài	知趣zhīqù

4. 阳阴

合乎héhū	宏观hóngguān	即将jíjiāng	节约jiéyuē
连接liánjiē	邻居línjū	毛巾máojīn	实施shíshī
鼻尖bíjiān	搏击bójī	财经cáijīng	藏身cángshēn
陈规chénguī	得失déshī	独身dúshēn	罚金fájīn
房东fángdōng	恒心héngxīn	节拍jiépāi	狂风kuángfēng
涟漪liányī	茅屋máowū	泥坑níkēng	蜷缩quánsuō
行星xíngxīng	烛光zhúguāng	情操qíngcāo	人间 rénjiān
葵花kuíhuā	石雕shídiāo	台灯táidēng	农村nóngcūn

5. 阳上

同等tóngděng	提醒tíxǐng	国法guófǎ	溶解róngjiě
情感qínggǎn	平坦píngtǎn	农场nóngchǎng	明显míngxiǎn
财产cáichǎn	长远chángyuǎn	成长chéngzhǎng	读者dúzhě
罚款fákuǎn	寒冷hánlěng	节省jiéshěng	来往láiwǎng
结果jiéguǒ	磨损mósǔn	年景niánjǐng	排演páiyǎn
评语píngyǔ	潜水qiánshuǐ	提早tízǎo	盲点mángdiǎn
无理wúlǐ	闲散xiánsǎn	摇摆yáobǎi	原野yuányě

6. 阳去

独创dúchuàng	浮现fúxiàn	值日zhírì	横亘hénggèn
截断jiéduàn	流畅liúchàng	雷电léidiàn	麻痹mábì
合算hésuàn	着落zhuóluò	择菜zháicài	云雾yúnwù
愚昧yúmèi	学制xuézhì	行进xíngjìn	纹饰wénshì
颓废tuífèi	随便suíbiàn	神速shénsù	人命rénmìng
求教qiújiào	凭证píngzhèng	强弱qiángruò	排练páiliàn

谋害móuhài　炉灶lúzào　绝境juéjìng　浑厚húnhòu
国庆guóqìng　缝纫féngrèn　额外 éwài　独创dúchuàng

7. 上阴

反思fǎnsī　改观gǎiguān　吼声hǒushēng　脊椎jǐzhuī
口音kǒuyīn　老鹰lǎoyīng　脑筋nǎojīn　水车shuǐchē
保安bǎo'ān　抹杀mǒshā　普通pǔtōng　板书bǎnshū
跑车pǎochē　野花yěhuā　武功wǔgōng　写真xiězhēn
产销chǎnxiāo　尾声wěishēng　首都shǒudū　悄声qiǎoshēng
统称tǒngchēng　整修zhěngxiū　雪山xuěshān　女装nǚzhuāng
短波duǎnbō　小说xiǎoshuō　警钟jǐngzhōng　写诗xiěshī
嘱托zhǔtuō　匹夫pǐfū　取经qǔjīng　铁桌tiězhuō

8. 上阳

法庭fǎtíng　骨骼gǔgé　假如jiǎrú　老年lǎonián
美元měiyuán　偶然 ǒurán　起源qǐyuán　审查shěnchá
走廊zǒuláng　转移zhuǎnyí　有名yǒumíng　野蛮yěmán
选拔xuǎnbá　稳赢wěnyíng　耳环 ěrhuán　保全bǎoquán
草莓cǎoméi　齿龈chǐyín　胆识dǎnshí　抚摩fǔmó
赶集gǎnjí　管弦guǎnxián　缓刑huǎnxíng　警觉jǐngjué
矩形jǔxíng　口粮kǒuliáng　冷藏lěngcáng　马蹄mǎtí
猛然měngrán　品行pǐnxíng　乳牛rǔniú　水情shuǐqíng

9. 上去

偶遇 ǒuyù　捧腹pěngfù　统帅tǒngshuài　省略shěnglüè
敞亮chǎngliàng　耳坠 ěrzhuì　暑假shǔjià　仰望yǎngwàng
把戏bǎxì　晚辈wǎnbèi　显赫xiǎnhè　引证yǐnzhèng
左面zuǒmiàn　喜庆xǐqìng　奖励jiǎnglì　角质jiǎozhì
辱没rǔmò　武断wǔduàn　宰相 zǎixiàng　展翅zhǎnchì
主将zhǔjiàng　写照xiězhào　稳健wěnjiàn　体态tǐtài
雨季yǔjì　舍弃shěqì　表妹biǎomèi　暖气nuǎnqì
恼怒nǎonù　母校mǔxiào　旅伴lǚbàn　礼拜lǐbài

10. 去阴

墨汁mòzhī　大亨dàhēng　气氛qìfēn　杏花xìnghuā
夜莺yèyīng　治安zhì'ān　绿阴lǜyīn　帽徽màohuī
故乡gùxiāng　乐章yuèzhāng　凤冠fèngguān　爱惜 àixī
畅通chàngtōng　撤销chèxiāo　刺激cìjī　大风dàfēng
放心fàngxīn　更加gèngjiā　化工huàgōng　寄生jìshēng
扩张kuòzhāng　列车lièchē　面积miànjī　晋升jìnshēng

受伤shòushāng　父亲fù · qīn　预先yùxiān　召开zhàokāi
暗中 ànzhōng　笨拙bènzhuō　迸发bèngfā　侧身cèshēn

11. 去阳

愕然 èrán　复合fùhé　过时guòshí　鉴于jiànyú
蔓延mànyán　内情nèiqíng　盛名shèngmíng　制服zhìfú
嫩苗nènmiáo　戏词xìcí　漫谈màntán　诞辰dànchén
撤职chèzhí　脉搏màibó　蜡烛làzhú　确凿quèzáo
二胡 èrhú　奉还fènghuán　住房zhùfáng　血缘xuèyuán
驯服xùnfú　问题wèntí　退还tuìhuán　痛觉tòngjué
顺从shùncóng　俏皮qiàopí　涅槃nièpán　灭绝mièjué
对门duìmén　电流diànliú　伴随bànsuí　画廊huàláng

12. 去上

倜傥tìtǎng　恶果 èguǒ　沸点fèidiǎn　赞赏zànshǎng
寄语jìyǔ　更好gènghǎo　货款huòkuǎn　健脑jiànnǎo
秀美xiùměi　号手 hàoshǒu　庆典qìngdiǎn　锐敏ruìmǐn
翅膀 chìbǎng　密友mìyǒu　蜡笔làbǐ　质朴zhìpǔ
踏脚tàjiǎo　乐曲yuèqǔ　住所zhùsuǒ　信纸xìnzhǐ
物产wùchǎn　拓展tuòzhǎn　数码shùmǎ　赦免shèmiǎn
入股rùgǔ　劝解quànjiě　汽水qìshuǐ　炮火pàohuǒ
内省nèixǐng　牧场mùchǎng　录取 lùqǔ　控股kònggǔ

（四）四声调对比训练

大衣dàyī—大姨dàyí　鼓励gǔlì—孤立gūlì　知识zhīshi—指使zhǐshǐ
夏季xiàjì—下级xiàjí　使节shǐjié—时节shíjié　歌星 gēxīng—个性gèxìng
按时 ànshí—暗示ànshì　接触jiēchù—解除jiěchú　天才 tiāncái—甜菜tiáncài
保卫bǎowèi—包围bāowéi　厨房chúfáng—处方chǔfāng
胜利shènglì—生理shēnglǐ　火车 huǒchē—货车huòchē
时事shíshì—事实shìshí　参与 cānyù—残余cányú

（五）四音节词语训练

1. 阴平—阳平—上声—去声

光明磊落guāngmínglěiluò　中流砥柱zhōngliúdǐzhù
中国伟大zhōngguówěidà　天然宝藏tiānránbǎozàng
资源满地zīyuánmǎndì　千锤百炼qiānchuíbǎiliàn
心明眼亮xīnmíngyǎnliàng　阴晴水旱yīnqíngshuǐhàn

枯藤老树kūténglǎoshù
七侠五义qīxiáwǔyì
三国鼎立sānguódǐnglì
新闻简报xīnwénjiǎnbào
花纹美丽huāwénměilì
生活改善shēnghuógǎishàn
心悬两地xīnxuánliǎngdì
阴阳上去yīnyángshǎngqù
诸如此类zhūrúcǐlèi
发扬友爱fāyángyǒu’ài
多读几遍duōdújǐbiàn
阶级友爱jiējíyǒu’ài
山明水秀shānmíngshuǐxiù
飞禽走兽fēiqínzǒushòu
心怀叵测xīnhuáipǒcè
瓜田李下guātiánlǐxià
优柔寡断yōuróuguǎduàn
花团锦簇huātuánjǐncù
妻离子散qīlízǐsàn
胸无点墨xiōngwúdiǎnmò
身强体壮shēnqiángtǐzhuàng
幡然悔悟fānránhuǐwù

三皇五帝sānhuángwǔdì
开渠引灌kāiqúyǐnguàn
工农子弟gōngnóngzǐdì
丝绸彩缎sīchóucǎiduàn
坚决反对jiānjuéfǎnduì
多承指教duōchéngzhǐjiào
思前想后sīqiánxiǎnghòu
飞檐走壁fēiyánzǒubì
珍藏史料zhēncángshǐliào
非常好念fēichánghǎoniàn
兵强马壮bīngqiángmǎzhuàng
山穷水尽shānqióngshuǐjìn
山盟海誓shānménghǎishì
风调雨顺fēngtiáoyǔshùn
心直口快xīnzhíkǒukuài
妖魔鬼怪yāomóguǐguài
阴谋诡计yīnmóuguǐjì
鸡鸣狗盗jīmínggǒudào
积年累月jīniánlěiyuè
深谋远虑shēnmóuyuǎnlǜ
心明眼亮xīnmíngyǎnliàng

2. 去声—上声—阳平—阴平

大好河山dàhǎohéshān
厚古薄今hòugǔbójīn
细雨和风xìyǔhéfēng
痛改前非tònggǎiqiánfēi
四海为家sìhǎiwéijiā
治理国家zhìlǐguójiā
大有文章dàyǒuwénzhāng
木已成舟mùyǐchéngzhōu
万里长征wànlǐchángzhēng
趁此良机chèncǐliángjī
量体裁衣liàngtǐcáiyī
刻骨铭心kègǔmíngxīn
信以为真xìnyǐwéizhēn
兔死狐悲tùsǐhúbēi

跃马扬鞭yuèmǎyángbiān
调虎离山diàohǔlíshān
万里晴空wànlǐqíngkōng
妙手回春miàoshǒuhuíchūn
热火朝天rèhuǒcháotiān
寿比南山shòubǐnánshān
过眼云烟guòyǎnyúnyān
驷马难追sìmǎnánzhuī
戏曲研究xìqǔyánjiū
确保平安quèbǎopíng’ān
万古长青 wàngǔchángqīng
异曲同工yìqǔtónggōng
碧草如茵 bìcǎorúyīn
爱我国家 àiwǒguójiā

聚少成多jùshǎochéngduō
逆水行舟nìshuǐxíngzhōu
遍体鳞伤biàntǐlínshāng
地广人稀dìguǎngrénxī
奋起直追fènqǐzhízhuī
救死扶伤jiùsǐfúshāng
墨守成规mòshǒuchéngguī
暮鼓晨钟mùgǔchénzhōng
万马齐喑 wànmǎqíyīn
下笔成章xiàbǐchéngzhāng
异口同声 yìkǒutóngshēng
倒影回声 dàoyǐnghuíshēng
袖手旁观 xiùshǒupángguān
耀武扬威yàowǔyángwēi
背井离乡bèijǐnglíxiāng
步履维艰bùlǚwéijiān
破釜沉舟pòfǔchénzhōu
叫苦连天jiàokǔliántiān
具体而微jùtǐ'érwēi
视死如归 shìsǐrúguī
弄假成真nòngjiǎchéngzhēn
弄巧成拙nòngqiǎochéngzhuō
必有提高 bìyǒutígāo
探索原因tànsuǒyuányīn
忘我无私wàngwǒwúsī
刻苦研究kèkǔyánjiū

第四节　音变发音基础训练

一、变调发音基础训练

（一）训练提示

（1）反复练读，要特别注意词语的节奏，不能字化。

（2）位于词末尾的上声，一定要读原调[214]，而与非上声组合时，一定要按变调规律来读。

（3）变调一律标原调，但在实际练读时必须按变调规律来读。

（4）三个上声相连，变调要根据其结构来定夺。“双单格”结构读成[24]—[24]—[214]；“单双格”结构读成[21]—[24]—[214]。

（二）训练内容

1. 上声＋上声

老板lǎobǎn	偶尔 ǒu'ěr	饱览bǎolǎn	展椅zhǎnyǐ
有点 yǒudiǎn	很想hěnxiǎng	永远yǒngyuǎn	想起xiǎngqǐ
惹恼rěnǎo	有水yǒushuǐ	理想lǐxiǎng	勉强miǎnqiǎng
景点jǐngdiǎn	所以suǒyǐ	美好měihǎo	海水hǎishuǐ

引导 yǐndǎo	满口mǎnkǒu	可以kěyǐ	很久hěnjiǔ
苦恼kǔnǎo	苟且 gǒuqiě	好比hǎobǐ	给我 gěiwǒ
辗转zhǎnzhuǎn	怂恿sǒngyǒng	枉法wǎngfǎ	网点wǎngdiǎn
显眼xiǎnyǎn	整理zhěnglǐ	指点zhǐdiǎn	两角liǎngjiǎo

2. 上声＋非上声

雪花xuěhuā	有的yǒude	感化gǎnhuà	很大hěndà
补偿bǔcháng	只是zhǐshì	醒着xǐngzhe	有钱yǒuqián
怎样zěnyàng	我们wǒmen	以为yǐwéi	旅游lǚyóu
晓得xiǎode	老是lǎoshì	讲课jiǎngkè	肯定kěndìng
打来dǎlái	感谢 gǎnxiè	北平 Běipíng	济南 Jǐnán
响晴xiǎngqíng	褶皱zhězhòu	眼睛yǎnjing	暖和nuǎnhuo

3. 三个上声相连的变调

双单格：

北海美	水草好	理想岛	选举法	虎骨酒	蒙古语
总统府	讲演稿	展览馆	版本老	赶紧写	草稿纸

单双格：

小粉笔	好舞蹈	捕小鸟	守海岛	女导演	有纸伞
买水果	党领导	很古老	纸老虎	小拇指	耍笔杆

4. "一、不"＋非去声

一手yīshǒu	一路yīlù	一从yīcóng	一击yījī
一同yītóng	一瞥yīpiē	一览yīlǎn	一桶yītǒng
一体yītǐ	一本yīběn	一打yīdǎ	一朵yīduǒ
一根yīgēn	一条yītiáo	一斤yījīn	一把yībǎ
不公bùgōng	不服bùfú	不容bùróng	不堪bùkān
不满bùmǎn	不止bùzhǐ	不吭bùkēng	不惜bùxī
不许bùxǔ	不可bùkě	不如bùrú	不久bùjiǔ
不安bù'ān	不曾bùcéng	不平bùpíng	不想bùxiǎng

5. "一、不"＋去声

一件yījiàn	一去yīqù	一坐yīzuò	一下yīxià
一定yīdìng	一项yīxiàng	一并yībìng	一位yīwèi
一律yīlù	一扇yīshàn	一辆yīliàng	一对yīduì
一路yīlù	一致yīzhì	一世yīshì	一日yīrì
不幸bùxìng	不见bùjiàn	不够bùgòu	不顾bùgù
不屑bùxiè	不是bùshì	不信bùbxìn	不料bùliào
不妙bùmiào	不在bùzài	不用bùyòng	不定bùdìng
不当bùdàng	不便 bùbiàn	不去bùqù	不做bùzuò

6. "一、不"夹在词语中间

比一比bǐyibǐ　　算一算suànyisuàn　　听一听tīngyitīng
撑一撑chēngyichēng　　量一量liángyiliáng　　扫一扫sǎoyisǎo
看不看kànbukàn　　说不说shuōbushuō　　能不能néngbunéng
来不及láibují　　错不了cuòbuliǎo　　输不起shūbuqǐ

7. "一、不"词语训练

一模一样yīmúyīyàng　　一前一后yīqiányīhòu
一唱一和yīchàngyīhé　　一板一眼yībǎnyīyǎn
一点一滴yīdiǎnyīdī　　一丝一毫yīsīyīháo
一老一小yīlǎoyīxiǎo　　一左一右yīzǔoyīyòu
一朝一夕yīzhāoyīxī　　不好不坏bùhǎobùhuài
不急不躁bùjíbùzào　　不大不小bùdàbùxiǎo
不输不赢bùshūbùyíng　　不长不短bùchángbùduǎn
不新不旧bùxīnbùjiù　　不胖不瘦bùpàngbùshòu
不声不响bùshēngbùxiǎng　　不三不四bùsānbùsì
不上不下bùshàngbùxià　　不宽不窄bùkuānbùzhǎi
不知不觉bùzhībùjué　　不慌不忙bùhuāngbùmáng
不高不矮bùgāobù'ǎi　　不屑一顾bùxièyīgù
不遗余力bùyíyúlì　　不知所措bùzhīsuǒcuò
不打自招bùdǎzìzhāo　　不计其数bùjìqíshù
不可胜数bùkěshèngshǔ　　不动声色bùdòngshēngsè

8. 形容词AA式变调

簌簌的sùsùde　　默默的mòmòde　　静静的jìngjìngde
慢慢儿的mànmānrde　　好好儿的hǎohāorde　　早早儿的zǎozāorde
圆圆儿的yuányuānrde　　饱饱儿的bǎobāorde　　软软儿的ruǎnruānrde

9. 形容词ABB式变调

黑黝黝hēiyōuyōu　　亮堂堂liàngtāngtāng　　红彤彤hóngtōngtōng
慢腾腾màntēngtēng　　毛茸茸máorōngrōng　　亮晶晶liàngjīngjīng
沉甸甸chéndiāndiān　　蓬松松péngsōngsōng　　软绵绵ruǎnmiānmiān
白晃晃báihuānghuāng　　火辣辣huǒlālā　　黑洞洞hēidōngdōng

10. 形容词AABB式变调

舒舒服服shūshufūfū　　结结实实jiējieshīshī
漂漂亮亮piàopiaoliāngliāng　　马马虎虎mǎmahūhū
认认真真rènrenzhēnzhēn　　唧唧歪歪jījiwāiwāi
踏踏实实tàtashīshī　　曲曲弯弯qūquwānwān

二、轻声发音基础训练

（一）训练提示

（1）通过训练使发音人具有准确读出常用轻声音节的能力，并能较准确地应用到朗读和说话中。

（2）要体会轻声音节长短的特点，练读时可以把一个轻声词看作两拍，前一个音节读音延长，读作一拍半，后面的轻声音节读作半拍。

（3）轻声音节发音时不能把音拖得太长也不能过于短促造成“吃字”，在练习时要注意把握。

（二）训练内容

1. 词语训练

巴掌bāzhang　苍蝇 cāngying　车子 chēzi　告诉gàosu
咳嗽késou　眉毛 méimao　案子 ànzi　扁担 biǎndan
部分 bùfen　窗户 chuānghu　儿子 érzi　功夫gōngfu
房子 fángzi　合同 hétong　家伙 jiāhuo　客气kèqi
困难 kùnnan　萝卜 luóbo　麻烦 máfan　你们 nǐmen
朋友 péngyou　欺负qīfu　热闹rènao　扫帚sàozhou
壮实 zhuàngshi　喜欢 xǐhuan　眼睛 yǎnjing　丈夫zhàngfu

2. 轻重词语对比训练

不分bùfēn—部分bùfen
报仇bàochóu—报酬bàochou
粒子lìzǐ—例子lìzi
文火wénhuǒ—温和wēnhuo
地理dìlǐ—地里dìli
打挺dǎtǐng—打听dǎting
电子diànzǐ—点子diǎnzi
偏移piānyí—便宜piányi
服气fúqì—福气fúqi
轻型qīngxíng—情形qíngxing
加火jiāhuǒ—家伙jiāhuo
牵头qiāntóu—前头qiántou
近来jìnlái—进来jìnlai
收市shōushì—收拾shōushi
莲子liánzǐ—帘子liánzi
束缚shùfù—舒服shūfu
蛇头shétóu—舌头shétou
心理xīnlǐ—心里xīnli
出席chūxí—出息chūxi
备份bèifèn—辈分bèifen

三、儿化发音基础训练

（一）训练提示

本部分训练帮助发音人掌握儿化的语音特点、发音规则，形成儿化意识，具备准确读出儿化音节的能力。

（1）注意在准确发出儿化音节主要韵母时，快速地做卷舌动作。要做到自然、流畅，不能将“er”发成一个独立的音节。

（2）韵母“u”儿化时应保持圆唇动作，否则音色会发生变化。

（3）后鼻韵母儿化时韵腹要鼻化，做到口腔、鼻腔同时共鸣，并且快速卷舌。

（二）训练内容

板擦儿bǎncār	老伴儿lǎobànr	聊天儿 liáotiānr	哥们儿gēmenr
主角儿 zhǔjuér	花瓶儿huāpíngr	号码儿hàomǎr	小孩儿xiǎoháir
包干儿 bāogānr	药方儿yàofāngr	脚步儿jiǎobùr	一点儿yīdiǎnr
花样儿huāyàngr	麻花儿máhuār	蛋黄儿dànhuángr	手绢儿shǒujuànr
刀背儿dāobèir	钢镚儿 gāngbèngr	小树儿xiǎoshùr	老头儿 lǎotóur
一会儿yīhuìr	没准儿méizhǔnr	瓜子儿 guāzǐr	记事儿 jìshìr
玩意儿wányìr	有劲儿 yǒujìnr	人影儿 rényǐngr	小曲儿xiǎoqǔr
挨个儿 āigèr	红包儿 hóngbāor	好玩儿 hǎowánr	豆芽儿dòuyár
线轴儿xiànzhóur	笑话儿xiàohuar	上座儿 shàngzuòr	一下儿yīxiàr
符号儿fúhàor	面条儿miàntiáor	细末儿 xìmòr	大伙儿dàhuǒr

四、语气词“啊”发音基础训练

（一）训练提示

本部分训练旨在帮助发音人在了解语气词“啊”的音变特点、音变规则的基础上，通过量的积累，在语流中能够准确地进行“啊”的音变，以增强朗读、说话的流畅程度，使其具有语气词“啊”的音变能力。根据语感，能自然地将“啊”的音变应用到朗读和说话中。根据语感，能自然地将“啊”的音变应用到朗读和说话中，使朗读、说话更加流畅、自然。在训练过程中要注意：

（1）语气词“啊”的音变一定要自然，只要顺着前一音节的末尾音素归音的口形发出即可，不必特别强调。

（2）因为语气词都一定要读轻声，所以不管“啊”变读成哪一个音，都一律念轻声。

（二）训练内容

1. 词语训练

好大的雪呀hǎodà de xuě ya	怪物啊guàiwù wa	小雪呀xiǎoxuě ya
奖励你呀jiǎnglì nǐ ya	同学呀tóngxué ya	幸福啊xìngfú wa

唱啊唱chàng ŋa chàng	是啊shì ra	一样啊yīyàng ŋa
鲜润啊xiānrùn na	妄想啊wàngxiǎng ŋa	绿啊lǜ ya
桥啊qiáo wa	小心啊xiǎoxīn na	儿啊 ér ra
陶瓷啊táocí za	真丝啊zhēnsī za	老师啊lǎoshī ra

2. 句子训练

（1）咱们这是去哪儿啊？

（2）今天的公交车真挤啊！

（3）真热啊！你没开空调啊！

（4）你快点去啊！晚了可买不到啊！

（5）哪位是播音专业的老师啊？

（6）有什么事啊？你快吃啊！

（7）今天这任务得完成啊！

（8）没事儿在这压马路啊！

3. 片段训练

（1）天啊，地啊，跑啊，跳啊，这些可都很容易分清楚啊！美啊，丑啊，善啊，恶啊，这些也比较容易看出来啊！可是真啊，假啊，还能够分辨，这可真不简单啊！

（2）这里的食品可真多啊！有肉粽啊、汤圆啊、汤包啊，真让人数都数不过来啊！

（3）这些孩子啊，真可爱啊，你看啊，他们多高兴啊，又是作诗啊，又是吟诵啊，又是画图画啊，又是剪纸啊，又是唱啊，又是跳啊……啊！他们多幸福啊！

（4）只是麦收时节，门前摊了麦子，奶奶总是说：这块丑石，多占地面呀，抽空把它搬走吧。……这使我们都很惊奇，这又怪又丑的石头，原来是天上的啊！它补过天，在天上发过热、闪过光，我们的先祖或许仰望过它，它给了他们光明、向往、憧憬；而它落下来了，在污土里，荒草里，一躺就是几百年了！

（5）然而，火光啊……毕竟……毕竟就在前头！

4. 绕口令训练

（1）鸡啊鸭啊猫啊狗啊，一块水里游啊！
牛啊羊啊马啊骡啊，一块进鸡窝啊！
狼啊虫啊虎啊豹啊，一块街上跑啊！
兔啊鹿啊鼠啊孩儿啊，一块上窗台啊！

（2）菜市场的货真丰富啊！
鸡啊鸭啊鱼啊肉啊，油啊盐啊酱啊醋啊，
生抽啊茶叶啊大米啊高粱啊，白菜啊黄瓜啊番茄啊豆角啊，
鸡蛋啊香肠啊花椒啊大料啊……
看得我眼花缭乱。

第二章　普通话语音提高训练

第一节　声母发音提高训练

一、训练提示

本部分通过难读词语，短诗文，绕口令等训练，要求发音人熟练掌握难点音声母的正确发音，在朗读和说话中准确、熟练地发准声母。

（1）难读词语练习要注意同类难点音声母和不同类难点音声母的发音，特别要注意难点音声母转换的发音。

（2）短诗练习应在扫除文字障碍的基础上进行。

（3）绕口令也应先扫除文字障碍，然后慢速练习，在熟练的基础上加快速度反复练习。训练时要快速判断，正确把握，反复练读，达到变换自如的程度。

二、训练内容

（一）难读词语训练

1. 同类难点音声母训练（两个音节是同类难点音声母）

彩色cǎisè	操作cāozuò	阐述chǎnshù	长处chángchù
超出chāochū	传授chuánshòu	垂直chuízhí	词组cízǔ
粗糙cūcāo	摧残cuīcán	存在cúnzài	力量lìliàng
联络liánluò	男女nánnǚ	燃烧ránshāo	入手rùshǒu
嫂子sǎozi	色彩sècǎi	商人shāngrén	少数shǎoshù
师长shīzhǎng	湿润shīrùn	始终shǐzhōng	收入shōurù
收拾shōushi	手术shǒushù	受伤shòushāng	舒适shūshì
输入shūrù	树种shùzhǒng	数值shùzhí	水手shuǐshǒu
顺手shùnshǒu	诉讼sùsòng	塑造sùzào	孙子sūn · zǐ
所在suǒzài	展示zhǎnshì	战场zhànchǎng	知识zhīshi
植株zhízhū	至少zhìshào	制止zhìzhǐ	致使zhìshǐ
中枢zhōngshū	周转zhōuzhuǎn	诸如zhūrú	主张zhǔzhāng
注射zhùshè	注重zhùzhòng	专制zhuānzhì	装饰zhuāngshì

追逐zhuīzhú	子孙zǐsūn	总算zǒngsuàn	猜测cāicè
彩塑cǎisù	参赛cānsài	残存cáncún	惨死cǎnsǐ
仓促cāngcù	沧桑cāngsāng	草丛cǎocóng	插手chāshǒu
茶水cháshuǐ	查找cházhǎo	拆除chāichú	差使chāishǐ
缠绕chánrào	蟾蜍chánchú	长衫chángshān	长寿chángshòu
厂商chǎngshāng	超产chāochǎn	潮水cháoshuǐ	持重chízhòng
耻辱chǐrǔ	冲刷chōngshuā	抽搐chōuchù	仇人chóurén
踌躇chóuchú	出场chūchǎng	触手chùshòu	穿插chuānchuā
传输chuánshū	创始chuàngshǐ	蠢事chǔnshì	戳穿chuōchuān
粗俗cūsú	催促cuīcù	璀璨cuǐcàn	拉拢lālǒng
来历láilì	劳累láolèi	老练lǎoliàn	连累liánlei
嘹亮liáoliàng	料理liàolǐ	留恋liúliàn	流浪liúlàng
陆路lùlù	奶牛nǎiniú	恼怒nǎonù	袅袅niǎoniǎo
饶恕ráoshù	柔顺róushùn	肉食ròushí	如实rúshí
乳汁rǔzhī	入睡rùshuì	丧葬sāngzàng	杀伤shāshāng
霎时shàshí	山川shānchuān	善战shànzhàn	擅长shàncháng
伤势shāngshì	商船shāngchuán	烧伤shāoshāng	尸首shīshǒu
失传shīchuán	施展shīzhǎn	时尚shíshàng	实数shíshù
食指shízhǐ	示众shìzhòng	世人shìrén	收场shōuchǎng
手软shǒuruǎn	首创shǒuchuàng	首饰shǒushi	舒畅shūchàng
熟睡shúshuì	双重shuāngchóng	水产shuǐchǎn	顺势shùnshì
思忖sīcǔn	四散sìsàn	松散sōngsǎn	送葬sòngzàng
赞颂zànsòng	扎实zhāshí	摘除zhāichú	沾染zhānrǎn
展翅zhǎnchì	辗转zhǎnzhuǎn	长者zhǎngzhě	丈人zhàngrén
招手zhāoshǒu	诏书zhàoshū	肇事zhàoshì	直属zhíshǔ
指摘zhǐzhāi	终止zhōngzhǐ	肿胀zhǒngzhàng	重伤zhòngshāng
周折zhōuzhé	骤然zhòurán	主旨zhǔzhǐ	驻守zhùshǒu
著述zhùshù	专长zhuāncháng	转瞬zhuǎnshùn	装束zhuāngshù
壮实zhuàngshi	追查zhuīchá	赘述zhuìshù	准时zhǔnshí
资财zīcái	自尊zìzūn	走私zōusī	遵从zūncóng

2. 不同类难点音声母训练（两个音节各有一个难点音声母，但不属于同一类）

材料cáiliào	灿烂cànlàn	常年chángnián	潮流cháoliú
出路chūlù	储量chǔliàng	串联chuànlián	磁力cílì
从来cónglái	老实lǎoshi	老鼠lǎoshǔ	理智lǐzhì
历史lìshǐ	立场lìchǎng	利润lìrùn	例如lìrú
莲子liánzǐ	粮食liángshi	量子liàngzǐ	列车lièchē
流水liúshuǐ	硫酸liúsuān	笼罩lǒngzhào	路子lùzi
轮船lúnchuán	落实luòshí	纳税nàshuì	乃至nǎizhì
男子nánzǐ	难受nánshòu	脑子nǎozi	内脏nèizàng
扭转niǔzhuǎn	燃料ránliào	扰乱rǎoluàn	容量róngliàng

善良shànliáng 商量shāngliang 少年shàonián 实力shílì
熟练shúliàn 衰老shuāilǎo 水利shuǐlì 水泥shuǐní
顺利shùnlì 思路sīlù 饲料sìliào 灾难zāinàn
照例zhàolì 直立zhílì 治疗zhìliáo 肿瘤zhǒngliú
种类zhǒnglèi 重量zhòngliàng 周年zhōunián 逐年zhúnián
主力zhǔlì 专利zhuānlì 资料zīliào 总理zǒnglǐ
走廊zǒuláng 阻力zǔlì 采纳cǎinà 彩礼cǎilǐ
残留cánliú 苍老cānglǎo 操劳cāoláo 操练cāoliàn
草拟cǎonǐ 常年chángnián 嘲弄cháonòng 吵闹chǎonào
齿轮chǐlún 丑陋chǒulòu 出力chūlì 初恋chūliàn
初年chūnián 矗立chùlì 窗帘chuānglián 垂柳chuíliǔ
锤炼chuíliàn 春雷chūnléi 粗鲁cūnlǔ 存留cúnliú
来世láishì 拦阻lánzǔ 懒散lǎnsǎn 朗诵lǎngsòng
浪潮làngcháo 劳资láozī 老少lǎoshào 老总lǎozǒng
累赘léizhui 泪珠lèizhū 离散lísàn 离职lízhí
礼让lǐràng 理睬lǐcǎi 理事lǐshì 历书lìshū
立志lìzhì 立足lìzú 隶属lìshǔ 砾石lìshí
连累liánlei 连日liánrì 凉爽liángshuǎng 粮仓liángcāng
量词liàngcí 了然liǎorán 料子liàozi 劣势lièshì
劣质lièzhì 猎手lièshǒu 留存liúcún 留守liúshǒu
流速liúsù 流转liúzhuǎn 龙船lóngchuán 隆重lóngzhòng
炉灶lúzào 卤水lǔshuǐ 卤素lǔsù 录制lùzhì
露水lùshui 露珠lùzhū 卵子luán · zǐ 论战lùnzhàn
论著lùnzhù 难产nánchǎn 难处nán · chù 脑髓nǎosuǐ
闹市nàoshì 闹钟nàozhōng 内伤nèishāng 泥塑nísù
逆差nìchā 逆转nìzhuǎn 年岁niánsuì 年终niánzhōng
尿素niàosù 捏造niēzào 镊子nièzi 农事nóngshì
浓重nóngzhòng 奴才núcai 染料rǎnliào 乳牛rǔniú
锐利ruìlì 杀戮shālù 山梁shānliáng 山峦shānluán
上列shàngliè 上路shànglù 失礼shīlǐ 失恋shīliàn
石料shíliào 石榴shíliu 史料shǐliào 事理shìlǐ
适量shìliàng 收敛shōuliǎn 首脑shǒunǎo 受累 shòulěi
受累shòulèi 受理shòulǐ 受难shòunàn 枢纽shūniǔ
梳理shūlǐ 竖立shùlì 爽朗shuǎnglǎng 水力shuǐlì
水鸟shuǐniǎo 水牛shuǐniú 税利shuìlì 私立sīlì
思量sīliang 思念sīniàn 耸立sǒnglì 送礼sònglǐ
素来sùlái 杂粮záliáng 杂乱záluàn 早年zǎonián
栅栏zhàlan 粘连zhānlián 战栗zhànlì 战乱zhànluàn
樟脑zhāngnǎo 丈量zhàngliáng 招徕zhāolái 照料zhàoliào
知了zhīliǎo 指南zhǐnán 滞留zhìliú 中立zhōnglì
终了zhōngliǎo 株连zhūlián 主流zhǔliú 伫立zhùlì

专栏zhuānlán	转脸zhuǎnliǎn	转念zhuǎnniàn	壮丽zhuànglì
壮烈zhuàngliè	壮年zhuàngnián	资历zīlì	自流zìliú
阻拦zǔlán	阻挠zǔnáo	嘴脸zuǐliǎn	罪孽zuìniè

3. 难点音声母转换训练

财产cáichǎn	参数cānshù	参照cānzhào	充足chōngzú
窗子chuāngzi	创造chuàngzào	纯粹chúncuì	辞职cízhí
磁场cíchǎng	次数cìshù	从事cóngshì	从中cóngzhōng
促使cùshǐ	村庄cūnzhuāng	老年lǎonián	哪里nǎ · lǐ
那里nà · lǐ	奴隶núlì	努力nǔlì	染色rǎnsè
日子rìzi	如此rúcǐ	丧失sàngshī	上诉shàngsù
识字shízì	实在shí · zài	氏族shìzú	收缩shōusuō
输送shūsòng	蔬菜shūcài	数字shùzì	思潮sīcháo
四肢sìzhī	四周sìzhōu	素质sùzhì	虽说suīshuō
随时suíshí	损伤sǔnshāng	损失sǔnshī	所属suǒshǔ
杂志zázhì	在场zàichǎng	赞成zànchéng	遭受zāoshòu
早日zǎorì	早上zǎoshang	指责zhǐzé	至此zhìcǐ
制造zhìzào	质子zhìzǐ	种子zhǒngzi	种族zhǒngzú
贮藏chǔcáng	贮存chǔcún	姿势zīshì	资产zīchǎn
自治zìzhì	自主zìzhǔ	自转zìzhuàn	宗旨zōngzhǐ
总数zǒngshù	总之zǒngzhī	阻止zǔzhǐ	嘴唇zuǐchún
最初zuìchū	最终zuìzhōng	尊重zūnzhòng	遵守zūnshǒu
擦拭cāshì	才智cáizhì	财主cáizhu	采摘cǎizhāi
菜蔬càishū	参展cānzhǎn	残忍cánrěn	残杀cánshā
蚕食cánshí	惨重cǎnzhòng	藏身cángshēn	藏书cángshū
操场cāochǎng	草率cǎoshuài	插嘴chāzuǐ	禅宗chánzōng
长足chángzú	肠子chángzi	厂子chǎngzi	唱词chàngcí
吵嘴chǎozuǐ	池子 chízi	迟早chízǎo	尺寸chǐ · cùn
尺子chǐzi	充塞 chōngsè	虫子chóngzi	抽穗chōusuì
绸子chóuzi	筹措chóucuò	出资chūzī	出走chūzǒu
处死chǔsǐ	储藏chǔcáng	处所chùsuǒ	揣测chuǎicè
穿刺chuāncì	传送chuánsòng	船舱chuáncāng	吹奏chuīzòu
垂死chuísǐ	锤子chuízi	瓷砖cízhuān	雌蕊círuǐ
次日cìrì	刺杀cìshā	从容cóngróng	从属cóngshǔ
粗壮cūzhuàng	脆弱cuìruò	村寨cūnzhài	存储cúnchǔ
来年láinián	烂泥lànní	历年lìnián	利尿lìniào
连年liánnián	耐力nàilì	脑力nǎolì	内陆nèilù
内乱nèiluàn	尼龙nílóng	逆流nìliú	年轮niánlún
农历nónglì	浓烈nóngliè	暖流nuǎnliú	融资róngzī
褥子rùzi	赛场sàichǎng	散场sànchǎng	丧事sāngshì
骚扰sāorǎo	扫除sǎochú	扫帚sàozhou	傻子shǎzi

山村shāncūn	扇子shànzi	赏赐shǎngcì	上司shàngsi
勺子sháozi	失散shīsàn	失踪shīzōng	师资shīzī
虱子shīzi	十足shízú	世俗shìsú	侍从shìcóng
收藏shōucáng	手足shǒuzú	受灾shòuzāi	梳子shūzi
疏散shūsàn	疏松shūsōng	赎罪shúzuì	树丛shùcóng
水草shuǐcǎo	水灾shuǐzāi	顺从shùncóng	丝绸sīchóu
丝绒sīróng	私产sīchǎn	私塾sīshú	厮杀sīshā
死伤sǐshāng	死守sǐshǒu	四时sìshí	松软sōngruǎn
松手sōngshǒu	搜查sōuchá	速成sùchéng	算术suànshù
算账suànzhàng	随处suíchù	随身suíshēn	岁数suìshù
杂事záshì	栽植zāizhí	栽种zāizhòng	在职zàizhí
赞赏zànshǎng	赞助zànzhù	早春zǎochūn	早熟zǎoshú
渣滓zhā · zǐ	摘菜zháicài	寨子zhàizi	沼泽zhǎozé
侄子zhízi	致死zhìsǐ	仲裁zhòngcái	周岁zhōusuì
珠子zhūzi	竹笋zhúsǔn	主次zhǔcì	主宰zhǔzǎi
住宿zhùsù	住所zhùsuǒ	注册zhùcè	柱子zhùzi
铸造zhùzào	爪子zhuǎzi	庄子zhuāngzi	追溯zhuīsù
追踪zhuīzōng	锥子zhuīzi	自助zìzhù	滋润zīrùn
滋长zīzhǎng	自首zìshǒu	宗室zōngshì	纵然zòngrán
纵容zòngróng	奏章zòuzhāng	诅咒zǔzhòu	组装zǔzhuāng
祖传zǔchuán	钻石zuànshí	罪状zuìzhuàng	遵照zūnzhào

三、诗文训练

1.《采桑谣》

春日起每早，采桑惊啼鸟；
风过扑鼻香，花开落，知多少。

2.《游子吟》（孟郊）

慈母手中线，游子身上衣。
临行密密缝，意恐迟迟归。
谁言寸草心，报得三春晖。

3.《无题》（李商隐）

相见时难别亦难，东风无力百花残。
春蚕到死丝方尽，蜡炬成灰泪始干。
晓镜但愁云鬓改，夜吟应觉月光寒。
蓬山此去无多路，青鸟殷勤为探看！

4.《忆江南》(白居易)

忆江南，
风景旧曾谙。
日出江花红胜火，
春来江水绿如蓝。
能不忆江南？

5.《雪花》

你来了，袅袅娜娜，悄然无声，仿佛是九天仙子降落凡尘。你玉骨冰肌，晶莹圣洁，莫不是美的精灵？

你姿态潇洒，胸襟博大，把万物包容。需要荡涤就去荡涤；需要滋润的，就去滋润……哦，你原是善的化身！

你没有一丝伪饰，没有半点欺蒙，你表里如一，通体透明，这就是你最可贵的品质——洒满人间的真诚。

雪花，我赞美你，你是真善美的化身。

四、绕口令训练

1. 双唇音

八百标兵奔北坡，北坡炮兵并排跑，炮兵怕把标兵碰，标兵怕碰炮兵炮。

班干部让班干部管班干部，班干部管班干部。班干部不让班干部管班干部，班干部就不管班干部。

2. 唇齿音

会糊我的粉红佛花，糊我的粉红佛花。不会糊我的粉红佛花，别糊坏了我的粉红佛花。

我们要学理化，他们要学理发。理化理发要分清。学会理化却不会理发，学会理发也不懂理化。

3. 舌尖前音

三哥三嫂子，请借给我三斗三升酸枣子，等我明年树上摘了新枣子，再把借的这三斗三升酸枣子，如数还您三哥三嫂子。

一株松树上有一只松鼠，一株棕树下有一只棕兔。棕兔想跳上松树捉松鼠，松鼠想跳过棕树躲棕兔。

4. 舌尖中音

老农戏老龙，老龙恼怒闹老农。老农恼，老龙怒，龙恼农怒龙更怒，龙怒农恼龙怕农。

路东住着刘小柳，路南住着牛小妞。刘小柳抱着大皮球，牛小妞拿着大石榴。刘小柳把大皮球送给牛小妞，牛小妞把大石榴送给刘小柳。牛小妞乐得脸儿像个大皮球。刘小柳笑得脸儿像开花的红石榴。

调到敌岛打大盗，大盗太刁投短刀。挡推顶打短刀掉，踏盗得刀盗打倒。

5. 舌尖后音

石狮寺前石狮子，柿子枝头涩柿子。四十三个石狮子，三十四个涩柿子。四十三不是三十四，石狮子也不是涩柿子。

铜勺舀热油，铁勺舀凉油。铜勺舀了热油舀凉油，铁勺舀了凉油舀热油。

6. 舌面音

稀奇稀奇真稀奇，麻雀踩死老母鸡，喜鹊身长七尺七，九十九岁的小姐躺在摇篮里。

两个棋迷，一个姓米，一个姓齐。米棋迷齐棋迷，一起下棋。米棋迷要吃齐棋迷的车，齐棋迷不让米棋迷吃车。早起就下棋，下到日偏西，不知米棋迷下过齐棋迷，还是齐棋迷胜过米棋迷。

7. 舌根音

哥跨瓜筐过宽沟，赶快过沟看怪狗，光看怪狗瓜筐扣，瓜滚筐空哥怪狗。

一只大红花海碗，画了个大胖活娃娃；大红花海碗下，扣了只大花活河蛤蟆。大花活河蛤蟆，服了大红花海碗上的大胖活娃娃。

8. f—h 擦音

丰丰和芳芳，上街买混纺。红混纺，粉混纺，黄混纺，灰混纺。红花混纺做裙子，粉花混纺做衣裳。红、粉、灰、黄花样多，五颜六色好混纺。

黄凤凰，灰凤凰，粉黄墙上画凤凰。凤凰黄，凤凰灰，粉黄墙上凤凰飞。

第二节　韵母发音提高训练

一、训练提示

通过难读词语、常用词语、易错词语训练，以及短诗文、绕口令等的训练，要求发音人熟练掌握各个韵母特别是难点音韵母的发音，并能准确、熟练地应用到朗读和说话中。

（1）发音人可以根据自己的语音基础，有选择地进行难读词语训练，以便能快速、准确地掌握难点韵母的发音。

（2）常用词语和易错词语的训练应该反复进行，以便收到强化记忆的效果。

（3）短诗文、绕口令都应先扫除文字障碍，然后慢速练习，在熟练的基础上加快速度反复练习。训练时要快速判断，正确把握，反复练读，达到变换自如的效果。

二、训练内容

（一）难读词语训练

1. 同类难点音韵母训练（两个音节是同类难点音韵母）

病情bìngqíng　定型dìngxíng　风景fēngjǐng　根本gēnběn
恒星héngxīng　经营jīngyíng　惊醒jīngxǐng　命名mìngmíng
平等píngděng　平衡pínghéng　平静píngjìng　平行píngxíng
倾听qīngtīng　清醒qīngxǐng　情景qíngjǐng　情境qíngjìng
情形qíngxing　文人wénrén　辛勤xīnqín　新人xīnrén
信心xìnxīn　星星xīngxing　行星xíngxīng　性能xìngnéng
性情xìngqíng　姓名xìngmíng　引进yǐnjìn　本分běnfèn
冰晶bīngjīng　兵营 bīngyíng　并行bìngxíng　顶峰dǐngfēng
定名dìngmíng　定性dìngxìng　恩人ēnrén　愤恨fènhèn
风情fēngqíng　风筝fēngzheng　奉命fèngmìng　奉行fèngxíng
合伙héhuǒ　恒定héngdìng　横行héngxíng　活捉huózhuō
火热huǒrè　尽心jìnxīn　近亲jìnqīn　晶莹jīngyíng
精明jīngmíng　精英jīngyīng　聚居jùjū　苛刻kēkè
梦境mèngjìng　民心mínxīn　明净míngjìng　明星míngxīng
拼音pīnyīn　贫民pínmín　平定píngdìng　屏风píngfēng
亲近qīnjìn　亲信qīnxìn　勤奋qínfèn　轻盈qīngyíng
清风qīngfēng　清明qīngmíng　蜻蜓qīngtíng　庆幸qìngxìng
温馨wēnxīn　文本wénběn　新近xīnjìn　猩猩xīngxing
行径xíngjìng　性病xìngbìng　性命xìngmìng　须臾xūyú
序曲xùqǔ　殷勤yīnqín　引申yǐnshēn　英明yīngmíng
迎风yíngfēng　荧屏yíngpíng　硬性yìngxìng　寓于yùyú

2. 不同类难点音韵母训练（两个音节各有一个难点音韵母，但不属于同一类）

剥夺bōduó　薄弱bóruò　等于děngyú　订货dìnghuò
定额dìng’é　风格fēnggé　风雨fēngyǔ　歌剧gējù
歌曲gēqǔ　革命gémìng　革新géxīn　个性gèxìng
根据gēnjù　国民guómín　国情guóqíng　国营guóyíng
过分guòfèn　过去guò · qù　过于guòyú　合并hébìng
合格hégé　合金héjīn　何等héděng　和平hépíng
核心héxīn　火星 huǒxīng　或许huòxǔ　获得huòdé
获取huòqǔ　金额 jīn’é　进而jìn’ér　进取jìnqǔ
进去jìn · qù　京剧jīngjù　经过jīngguò　居于jūyú
举行jǔxíng　民歌míngē　民国 mínguó　苹果píngguǒ
情趣qíngqù　情绪qíngxù　区分qūfēn　取得qǔdé

特性tèxìng　听取tīngqǔ　兴趣xìngqù　性格xìnggé
许多xǔduō　许可xǔkě　因而yīn'ér　因果yīnguǒ
婴儿yīng'ér　语音yǔyīn　预定 yùdìng　战略zhànlüè
本科běnkē　宾客bīnkè　宾语bīnyǔ　濒于bīnyú
并举bìngjǔ　得分défēn　灯火dēnghuǒ　定居dìngjū
定语dìngyǔ　惰性duòxìng　额定 édìng　恶果 èguǒ
恶性 èxìng　儿科 érkē　而今 érjīn　耳鸣 ěrmíng
耳语 ěryǔ　分隔fēngé　分居fēnjū　份额fèn'é
丰腴fēngyú　风趣fēngqù　烽火fēnghuǒ　蜂窝fēngwō
缝合fénghé　国语guóyǔ　果品guǒpǐn　过境guòjìng
过敏guòmǐn　过瘾guòyǐn　过硬guòyìng　合营héyíng
合影héyǐng　核定hédìng　活命huómìng　火坑huǒkēng
金鱼jīnyú　进货jìnhuò　惊愕jīng'è　巨额 jù'é
巨星jùxīng　剧情jùqíng　聚合jùhé　可恨kěhèn
可取kěqǔ　可行kěxíng　课余kèyú　盟国méngguó
名额míng'é　名誉míngyù　品格pǐngé　评语píngyǔ
青稞qīngkē　情欲qíngyù　顷刻qǐngkè　庆贺qìnghè
取经qǔjīng　特区tèqū　特许tèxǔ　心得xīndé
心绪xīnxù　新居xīnjū　信托xìntuō　信誉xìnyù
幸而xìng'ér　虚心xūxīn　阴雨yīnyǔ　阴郁yīnyù
银河yínhé　隐居yǐnjū　迎合yínghé　盈余 yíngyú
余额yú'é　渔民yúmín　郁闷yùmèn　愈合yùhé

3. 难点音韵母转换训练

安定 āndìng　半径bànjìng　本性běnxìng　辨别biànbié
病人bìngrén　分明fēnmíng　进行jìnxíng　惊人jīngrén
精神jīng · shén　精心jīngxīn　刊登 kāndēng　肯定kěndìng
民兵mínbīng　拼命pīnmìng　平分píngfēn　平民píngmín
文明wénmíng　稳定wěndìng　心情xīnqíng　新兴xīnxīng
新型xīnxíng　新颖xīnyǐng　兴奋xīngfèn　阴影yīnyǐng
奔腾bēnténg　并进bìngjìn　病根bìnggēn　病因bìngyīn
登门dēngmén　恩情 ēnqíng　分清fēnqīng　缝纫féngrèn
恒心héngxīn　横亘hénggèn　金星jīnxīng　尽情jìnqíng
精品jīngpǐn　廉洁liánjié　凌晨língchén　门铃ménlíng
门生ménshēng　民警mínjǐng　民情mínqíng　民生mínshēng
民营mínyíng　民政mínzhèng　名人míngrén　品评pǐnpíng
品行pǐnxíng　聘请pìnqǐng　评分píngfēn　亲朋qīnpéng
轻信qīngxìn　倾心qīngxīn　清新qīngxīn　听信tīngxìn

挺进tǐngjìn　温情wēnqíng　文风wénfēng　文静wénjìng
文凭wénpíng　闻名wénmíng　心病xīnbìng　心境xīnjìng
心疼xīnténg　新星xīnxīng　信风xìnfēng　信封xìnfēng
信奉xìnfèng　行进xíngjìn　行径xíngjìng　蓄积xùjī
蓄意xùyì　银杏yínxìng　引擎yǐnqíng　印行yìnxíng
迎亲yíngqīn　雨衣yǔyī　寓意yùyì　愈益yùyì

（二）常用词语发音训练

继续jìxù　纪律jìlǜ　体育tǐyù　语气yǔqì
聚集jùjí　局面júmiàn　需要xūyào　曲艺qǔyì
黑色hēisè　别扭bièniu　牛肉niúròu　剖析pōuxī
撇嘴piězuǐ　花朵huāduǒ　内部nèibù　美好měihǎo
乞丐qǐgài　交易jiāoyì　口气kǒuqì　陶冶táoyě
角落jiǎoluò　毕业bìyè　号召hàozhào　保守bǎoshǒu
社会shèhuì　老虎lǎohǔ　高度gāodù　国货guóhuò
截止jiézhǐ　崎岖qíqū　重叠chóngdié　妯娌zhóuli
宝石bǎoshí　喝彩hècǎi　报纸bàozhǐ　喝粥hēzhōu
导师dǎoshī　草地cǎodì　苗条miáotiao　节目jiémù
犹豫yóuyù　溺爱nì'ài　秘诀mìjué　闺女guīnü
高潮gāocháo　手术shǒushù　小鸟xiǎoniǎo　现实xiànshí
周围zhōuwéi　介绍jièshào　努力nǔlì　压迫yāpò
复杂fùzá　主意zhǔyi　初步chūbù　集合jíhé
意思yìsi　地区dìqū　如何rúhé　即使jíshǐ
绿色lǜsè　普及pǔjí　预习yùxí　组织zǔzhī
师傅shīfu　武器wǔqì　泥土nítǔ　无法wúfǎ
政府zhèngfǔ　出去chūqù　玉米yùmǐ　故意gùyì
如此rúcǐ　车辙chēzhé　屋子wūzi　独立dúlì
羽翼yǔyì　及格jígé　富裕fùyù　不可bùkě
系列xìliè　伴唱bànchàng　感恩gǎn'ēn　蛮横mánhèng
难民nànmín　南京nánjīng　长进zhǎngjìn　冷藏lěngcáng
更新gēngxīn　生灵shēnglíng　临战línzhàn　深山shēnshān
阵营zhènyíng　铃声língshēng　听任tīngrèn　订单dìngdān
民愤mínfèn　经商jīngshāng　金榜jīnbǎng　亲情qīnqíng

（三）易错词语训练

纤夫qiànfū　泥淖nínào　马厩mǎjiù　鳜鱼guìyú

凫水fúshuǐ　颔首hànshǒu　编纂biānzuǎn　篡夺cuànduó
撇开piē · kāi　似乎sìhū　丧失sàngshī　歼灭jiānmiè
信笺xìnjiān　慰藉wèijiè　驯服xùnfú　绚丽xuànlì
村庄cūnzhuāng　创伤chuāngshāng　收缩shōusuō　斥责chìzé
飘忽piāohū　殉情xùnqíng　停泊tíngbó　血泊xuèpō
连累liánlei　翘首qiáoshǒu　纯真chúnzhēn　增产zēngchǎn
深层shēncéng　僧尼sēngní　掠夺lüèduó　翘楚qiáochǔ
轧钢zhágāng　择菜zháicài　妥帖tuǒtiē　字帖zìtiè
谬论miùlùn　吵嘴chǎozuǐ　水灾shuǐzāi　翱翔áoxiáng
扁舟piānzhōu　牲畜shēngchù　畜牧xùmù　哄闹hōngnào
起哄qǐhòng　荒谬huāngmiù　恰当qiàdàng　倘使tǎngshǐ
挖潜wāqián　遭受zāoshòu　提防dīfáng　殷红yānhóng
殷实yīnshí　标识biāozhì　胸脯xiōngpú　宁肯nìngkěn
教训jiàoxùn　上升shàngshēng　佛寺fósì　窈窕yǎotiǎo
果脯guǒfǔ　炮制páozhì　逡巡qūnxún　渎职dúzhí
眩晕xuànyùn　搜查sōuchá　感慨gǎnkǎi　处理chǔlǐ
平民píngmín　偶尔 ǒu'ěr　淬火cuìhuǒ　晕车yùnchē
栈桥zhànqiáo　饯别jiànbié　弹劾tánhé　哺乳bǔrǔ
藏身cángshēn　强求qiǎngqiú　症状zhèngzhuàng　拍摄pāishè
掮客qiánkè　稍息shàoxī　不屑bùxiè　暂时zànshí
嬗变shànbiàn　多寡duōguǎ　生存shēngcún　辩证biànzhèng
逃窜táocuàn　混合hùnhé　细胞xìbāo　包庇bāobì
卓越zhuóyuè　呆板dāibǎn　悖论bèilùn　争论zhēnglùn
旋转xuánzhuǎn　谩骂mànmà　快乐kuàilè　盎然 àngrán
下载xiàzài　绮丽qǐlì　憎恶zēngwù　间或jiànhuò
角色juésè　挫折cuòzhé　仍然réngrán　财产cáichǎn
冷暖lěngnuǎn　眉头méitóu　模样múyàng　纰漏pīlòu
毗连pílián　鞭笞biānchī　主人翁zhǔrénwēng　胆固醇dǎngùchún
字帖儿zìtiěr　相片儿xiàngpiānr　迫击炮pǎijīpào
动画片dònghuàpiàn　大多数dàduōshù　创造性chuàngzàoxìng

（四）诗文训练

1.《钱塘湖春行》（白居易）

孤山寺北贾亭西，水面初平云脚底。
几处早莺争暖树，谁家新燕啄春泥。
乱花渐欲迷人眼，浅草才能没马蹄。
最是湖东行不足，绿杨阴里白沙堤。

2.《江城子·密州出猎》（苏轼）

老夫聊发少年狂，左牵黄，右擎苍。
锦帽貂裘，千骑卷平冈。
为报倾城随太守，亲射虎，看孙郎。
酒酣胸袒尚开张，鬓微霜，又何妨？
持节云中，何日遣冯唐？
会挽雕弓如满月，西北望，射天狼。

3.《雨霖铃》（柳永）

寒蝉凄切，对长亭晚，骤雨初歇。
都门帐饮无绪，留恋处，兰舟催发。
执手相看泪眼，竟无语凝噎。
念去去，千里烟波，暮霭沉沉楚天阔。
多情自古伤离别，更那堪冷落清秋节。
今宵酒醒何处，杨柳岸晓风残月。
此去经年，应是良辰好景虚设。
便纵有千种风流，更与何人说。

4.《花之咏》（纪伯伦）

我是一句话，大自然把我吐了出来，又把我收了回去，藏在它的心室里。

我是一颗星星，从湛蓝的天幕坠落到碧绿的地毯上。

我是大地的女儿，冬天把我孕育，春天把我降生，夏天把我抚养，秋天催我入眠。

我是朋友间的一份礼品，我是新娘头上的一顶彩冠，我也是生者致以死者的一件赠物。

清晨，我与微风携手宣报光明的到来；黄昏，我和百鸟一起向它告别。

草原上，我舞姿轻盈，为她打扮；空气里，我叹吁呼吸，使她芳香四溢。我醉卧大地，黑夜便眨着无数只眼睛看着我；我招徕白天，为的是他用眼睛观看世界。

我啜饮露水的琼浆，聆听鸟儿的歌唱，和着青草的拍子起舞。我永远仰目朝天，不为看到我的幻想，而是为了看到光明。

（五）绕口令训练

1.《颗颗豆子进石磨》（o，e，ou）

颗颗豆子进石磨，磨成豆腐送哥哥。哥哥说我的生产虽然小，可是小小的生产贡献多。

2.《分果果》（uo，e）

多多和哥哥，坐下分果果。哥哥让多多，多多让哥哥，都说要小个，外婆乐呵呵。

3.《买饽饽》（o，e）

张伯伯，李嬷嬷，饽饽铺里买饽饽。张伯伯买了个饽饽大，李嬷嬷买了个大饽饽。拿到家里给婆婆，婆婆又去比饽饽。也不知是张伯伯买的饽饽大，还是李嬷嬷买了个大饽饽。

4.《彩楼、锦绣》（ao，ou）

咱村有六十六条沟，沟沟都是大丰收。东山果园像彩楼，西山棉田似锦绣。北山有条红旗渠，滚滚清泉绕山走。过去瞅见这六十六条沟，心里就难受，今天瞅见这六十六条彩楼、锦绣、万宝沟，瞅也瞅不够！

5.《赶毛驴》（i，ü）

清早起来雨兮兮，王七上街去买席，骑着毛驴跑得急，捎带卖蛋又贩梨。一跑跑到小桥西。毛驴一下失了蹄，打了蛋，撒了梨，跑了驴，急得王七眼泪滴，又哭鸡蛋又骂驴。

6.《服务部》（u）

早晚服务部，服务员好态度，学习刻苦有觉悟，严肃认真不马虎。货物架上的货物真丰富：有烟酒、有油醋、有鞋袜、有衣裤、有纸笔、有图书，还有各式各样的红布、白布、蓝布、青布、灰布条绒平绒布，什么苏绸、蜀缎、卡几布、人造棉、的确良、线绨（tí）床单布。要问货物有多少种？有人顺路数了数，足足数了五百五十五遍五，越数越糊涂，没有数清楚，翘起拇指夸服务！

7.《敬母亲》（in，ing）

生身亲母亲，谨请您就寝，请您心宁静，身心很要紧。新星伴明月，银光澄清清，尽是清静境，警铃不要惊，您请我进来，进来敬母亲。

8.《两只饭碗》（uan）

红饭碗，黄饭碗，红饭碗盛满饭碗，黄饭碗盛半饭碗，黄饭碗添半饭碗，像红饭碗一样满饭碗。

9.《颜远眼和袁眼圆》（ian，üan）

山前有个颜远眼，山后有个袁眼圆。两个人爬上山头来比眼，也不知是颜远眼的眼比袁眼圆的眼看得远，还是袁眼圆的眼比颜远眼的眼生得圆。

10.《天上七颗星》（ing）

天上七颗星，树上七只鹰，梁上七只钉，台上七盏灯，拿扇扇了灯，用手拔了钉，举枪打了鹰，乌云盖了星。

11.《盆碰棚》（en，eng）

老彭拿着一个盆，路过老陈住的棚，盆碰棚，棚碰盆，棚倒盆摔棚压盆。老陈要赔老彭的盆，老彭不要老陈来赔盆。老陈陪着老彭去补盆，老彭帮着老陈来修棚。

第三节　声调发音提高训练

一、训练提示

本节通过难读词语、短诗文、绕口令等训练，要求发音人熟练掌握普通话四声调的发音要领，把握四声调在语流中细微的变化，力求在语流中声调发音正确、流畅、自然。

（1）练习时认真比对不同声调之间的起点音和终点音音高的不同。

（2）多音节词语中末尾音节的调值必须完全发到位，最容易出错的是处于末尾音节的上声和阴平。

（3）多音节词语中非末尾音节的调值会发生细微的变化，尤其是阳平和去声调值会发成[34]和[53]。

（4）上声相连词语可先拆分练习，之后再连读训练。

（5）短诗文、绕口令都应先扫除文字障碍，然后慢速练习，在熟练的基础上加快速度反复练习。训练时要快速判断，正确把握，反复练读，达到变换自如的效果。

二、训练内容

（一）难读词语训练

比较bǐjiào　编辑biānjí　乘机chéngjī　出血chūxiě
处分chǔfèn　处理chǔlǐ　穿着chuānzhuó　挫折cuòzhé
创伤chuāngshāng　答应dāying　当即dāngjí　当成dàngchéng
当作dàngzuò　供应gōngyìng　号召hàozhào　混淆hùnxiáo
几乎jīhū　机械jīxiè　积压jīyā　即将jíjiāng
即使jíshǐ　记载jìzǎi　纪念jìniàn　结婚jiéhūn
尽管jǐnguǎn　勉强miǎnqiǎng　面积miànjī　企图qǐtú
企业qǐyè　气压qìyā　气质qìzhì　潜力qiánlì
侵犯qīnfàn　侵占qīnzhàn　曲线qūxiàn　曲折qūzhé
仍旧réngjiù　仍然réngrán　儒家rújiā　上去shàng · qù
围绕wéirào　侮辱wǔrǔ　鲜血xiānxuè　心血xīnxuè
修复xiūfù　旋转xuánzhuǎn　研究yánjiū　影片yǐngpiàn
暂时zànshí　着急zháojí　召集zhàojí　召开zhàokāi
照片zhàopiàn　针灸zhēnjiǔ　振动zhèndòng　振兴zhènxīng
镇压zhènyā　正当zhèngdāng　正当zhèngdàng　脂肪zhīfáng
质量zhìliàng　转动zhuǎndòng　转动zhuàndòng　追究zhuījiū
卓越zhuóyuè　钻研zuānyán　按摩ànmó　白桦báihuà
包扎bāozhā　背包bēibāo　迸发bèngfā　匕首bǐshǒu
茶几chájī　查处cháchǔ　缠绕chánrào　阐释chǎnshì
唱片chàngpiàn　抄袭chāoxí　冲积chōngjī　处女chǔnǚ
绰号chuòhào　祠堂cítáng　当真dàngzhēn　档次dàngcì
倒置dàozhì　倒转dàozhuǎn　登载dēngzǎi　洞穴dòngxué
扼要 èyào　氛围fēnwéi　负荷fùhè　负载fùzài
隔壁gébì　复核fùhé　腹地fùdì　腹泻fùxiè

杆菌gǎnjūn	刚劲gāngjìng	杠杆gànggǎn	哽咽gěngyè
勾当gòu · dàng	估价gūjià	雇佣gùyōng	观摩guānmó
骨髓gǔsuǐ	瑰丽guīlì	桂冠guìguān	环绕huánrào
呵斥hēchì	和声héshēng	荒谬huāngmiù	嫉妒jídù

（二）短诗文训练

1.《静夜思》（李白）

床前明月光，疑是地上霜。
举头望明月，低头思故乡。

2.《江南绝句》（杜牧）

千里莺啼绿映红，水村山郭酒旗风。
南朝四百八十寺，多少楼台烟雨中。

3.《登鹳雀楼》（王之涣）

白日依山尽，黄河入海流。
欲穷千里目，更上一层楼。

4.《黄鹤楼送孟浩然之广陵》（李白）

故人西辞黄鹤楼，烟花三月下扬州。
孤帆远影碧空尽，唯见长江天际流。

5.《白云飞》（民歌）

白云飞，白云飘，飘上黄山九重霄，山越高来景越美，最高峰上谁在笑。
啊，黄山的云啊，你是那样的洁白，那样崇高！
白云飞，白云飘，飘上悬崖松树梢，崖越陡来松越俏，最陡的崖上谁在笑！
啊，黄山的云啊，你是那样的美丽，那样骄傲！

6.《七律 · 长征》（毛泽东）

红军不怕远征难，万水千山只等闲。
五岭逶迤腾细浪，乌蒙磅礴走泥丸。
金沙水拍云崖暖，大渡桥横铁索寒。
更喜岷山千里雪，三军过后尽开颜。

7.《满江红》（岳飞）

怒发冲冠，凭阑处、潇潇雨歇。
抬望眼、仰天长啸，壮怀激烈。
三十功名尘与土，八千里路云和月。
莫等闲、白了少年头，空悲切。
靖康耻，犹未雪；臣子憾，何时灭。

驾长车踏破、贺兰山缺。
壮志饥餐胡虏肉，笑谈渴饮匈奴血。
待从头、收拾旧山河，朝天阙。

8.《凉州词》（王之涣）

黄河远上白云间，一片孤城万仞山。
羌笛何须怨杨柳，春风不度玉门关。

9.《早发白帝城》（李白）

朝辞白帝彩云间，千里江陵一日还。
两岸猿声啼不住，轻舟已过万重山。

10.《闻官军收河南河北》（杜甫）

剑外忽闻收蓟北，除闻涕泪满衣裳。
却问妻子愁何在，漫卷诗书喜欲狂。
白日放歌须纵酒，青春作伴好还乡。
即从巴峡穿巫峡，便下襄阳向洛阳。

11.《香港：最贵的一棵树》（舒乙）

在湾仔，香港最热闹（rè · nao）的地方（dìfang），有一棵榕树，它是最贵的一棵树，不光在香港，在全世界都是最贵的。树，活的树，又不卖何言其贵？只因为它老，它粗，是香港百年沧桑（cāngsāng）的活见证，香港人不忍看着它被砍伐（kǎnfá），或者被移走，便跟要占用这片山坡的建筑者谈条件：可以在这儿建大楼盖商厦，但一不准砍树，二不准挪树（nuóshù），必须把它原地精心养起来，成为香港闹市中的一景。太古大厦的建设者最后签了合同（hétong），占用这个大山坡建豪华商厦的先决条件是同意保护这棵老树。

12.《住的梦》（老舍）

夏天，我想青城山应当算作最理想的地方（dìfang）。在那里，我虽然只住过十天，可是它的幽静（yōujìng）已拴住（shuānzhù）了我的心灵（xīnlíng）。在我所看见过的山水中，只有这里没有使我失望。到处都是绿，目之所及（mùzhīsuǒjí），那片淡而光润的绿色都在轻轻地颤动（chàndòng），仿佛要流入空中与心中似的。这个绿色像音乐，涤清（díqīng）了心中的万虑。

13.《住的梦》（老舍）

秋天一定要住北平。天堂是什么样子（yàngzi），我不知道（zhīdao），但是从我的生活经验（jīngyàn）去判断，北平之秋便是天堂。论天气，不冷不热。论吃的，苹果、梨、柿子（shìzi）、枣子（zǎozi）、葡萄（pútao），每样都有若干种。论花草，菊花种类之多、花式之奇，可以甲天下（jiǎtiānxià）。西山有红叶可见，北海可以划船——虽然荷花已残，荷叶可还有一片清香。衣食住行，在北平的秋天，是没有一项不使人满意的。

14.《谁是最可爱的人》（魏巍）

在朝鲜的每一天，我都被一些东西感动着，我的思想感情的潮水，在放纵奔流着，它使我想把一切东西，都告诉我祖国的朋友们，但我最急于告诉你们的，是我思想感情的一段重要经历，这就是，我越来越深刻地感觉到谁是我们最可爱的人！

谁是我们最可爱的人呢？我们的部队，我们的战士，我感觉到他们是我们最可爱的人。也许还有人心里隐隐约约地说：你说的就是那些“兵”吗？他们看来很是平凡、很简单的吧，既看不出他们有什么高明的知识，又看不出他们有丰富细致的感情，可是我要说，这是由于他跟我们的战士接触太少，因此，就没有能够了解到我们的战士：他们的品质是那样的纯洁和高尚，他们的意志是那样的坚韧和刚强，他们的气质是那样的淳朴和谦逊，他们的胸怀是那样的美丽和宽广！

15.《冰心散文集》（冰心）

凉云散了，树叶儿上的残滴，映着月儿，好似荧光千点。墙上画儿中的安琪儿，抱着花儿，扬着翅膀，向我微微地笑。这笑容仿佛在哪儿看见过似的。我默默地想。……涌出五年前的印象。田沟儿里的水，潺潺地流着，一弯新月，挂在树梢儿。道旁有一个小孩儿，毛驴儿过去了，无意中回头一看，——他抱着花儿，赤着脚儿，向着我微微的笑。……又现出一重心幕来，——茅檐下的雨水，一滴一滴地落到衣上来。台阶儿下的水泡儿，泛来泛去地乱转。一会儿好容易雨晴了，连忙走下坡儿去，迎头看见月儿从海面上来了，猛然回过头来，这茅屋里的老妇人——她倚着门儿，抱着花儿，向着我微微地笑。

（三）绕口令训练

（1）白石白又滑，搬来白石搭白塔。白石塔，白石搭，白石搭石塔，白塔白石搭。搭好白石塔，白塔白又滑。

（2）石室诗士施史，嗜狮，誓食十狮，氏时时适市，氏视十狮，恃矢势，使是十狮逝世，氏拾是十狮尸，适石室，石室湿，氏使侍拭石室，石室拭，氏始试食十狮尸，食时，始识十狮尸实是十石狮尸，试释是事实。(《施氏食狮史》)

（3）一葫芦酒九两六，一葫芦油六两九。六两九的油，要换九两六的酒，九两六的酒，不换六两九的油。

（4）东门童家门东董家，童、董两家，同种冬瓜，童家知道董家冬瓜大，来到董家学种冬瓜。门东董家懂种冬瓜，来教东门童家种冬瓜。童家、董家都懂得种冬瓜，童、董两家的冬瓜比桶大。

（5）学好声韵辨四声，阴阳上去要分明。
部位方法须找准，开齐合撮属口形。
双唇班报必百波，舌尖当地斗点丁。
舌根高狗坑耕故，舌面积结教坚精。
翘舌主争真志照，平舌资则早在增。

擦音发翻飞分复，送气查柴产彻称。
合口呼午枯胡古，开口河坡歌安争。
撮口虚学寻徐剧，齐齿衣优摇业英。
前鼻恩因烟弯稳，后鼻昂迎中拥生。
咬紧字头归字尾，阴阳上去记变声。
循序渐进坚持练，不难达到纯和清。

第四节　音变发音提高训练

一、轻声发音提高训练

（一）训练提示

本节练习要求发音人有较强的轻声意识，能正确读出每一个轻声音节，掌握朗读、说话的语言节奏感。

（1）注意区分句、段中的重读和轻声音节，力求在语流中准确读出轻声音节。

（2）练读绕口令之前，可先将轻声音节标出来反复练读，然后再回到语流中去练读，直至熟练为止。

（二）训练内容

1. 双音节词语训练

别扭biènιu	补丁bǔding	连累 liánlei	便宜 piányi
相声xiàngsheng	帐篷zhàngpeng	爱人àiren	棒槌 bàngchui
包涵bāohan	裁缝cáifeng	打量dǎliang	队伍 duìwu
耳朵ěrduo	风筝fēngzheng	闺女guīnü	和尚 héshang
脊梁jǐliang	戒指jièzhi	框子kuàngzi	凉快 liángkuai
忙活mánghuo	疟疾nüèji	脾气píqi	清楚 qīngchu
人家rénjiā	烧饼shāobing	妥当tuǒdang	力量lìliang
金子jīnzi	它们tāmen	为了wèile	用来yònglai
晚上wǎnshang	镇上zhènshang	他们tāmen	那么nàme
告诉gàosu	别人biéren	故事gùshi	什么shénme
知道zhīdao	种子zhǒngzi	吓唬xiàhu	容易róngyi
似的shìde	多少duōshao	力气lìqi	东西dōngxi
那么nàme	热闹rè · nao	主意zhǔyi	盘算pánsuan

2. 多音节轻声词语训练

朋友们péngyoumen　先生们xiānshengmen　后生们hòushengmen
孩子们háizimen　商人们 shāngrenmen　表面上biǎomianshang
背地里bèidili　拿出来náchulai　看不出kànbuchu
看得上kàndeshang　看不上kànbushang　起得来qǐdelai
看得出kàndechu　看不起 kànbuqi　下不来xiàbulai
站不住zhànbuzhu　打不开dǎbukai　说不出来shuōbuchulai
拿得出来nádechulai　拿不出来nábuchūlai　说得出来 shuōdechulai
田地里tiándìli　土地里tǔdìli　河床上héchuángshang
土地上tǔdìshang　坑坑洼洼kēngkengwāwā　留了下来liúlexialai
世界上shìjièshang　分出来fēnchulai　看见过kànjiànguo
下面的xiàmiande　看不见kànbujiàn　显现出来xiǎnxiànchūlai
头盖骨里tóugàigǔli　上面的shàngmiande　地面上来dìmiànshanglai

3. 句子训练

（1）我已经写过一次了。

下午听报告。

（2）她的针线活儿做得不错。

请把针线借我用一下。

（3）我们兄弟不在家。

我们兄弟之间感情很好。

（4）这本书多少钱买的？

干工作不要计较多少。

（5）小张的买卖倒闭了。

小李的买卖很公平。

（6）她掀开帘子往里看，丈夫已把莲子剥完了。

（7）他太大意了，把段落大意都写错了。

（8）他本事可真大，把与本事有牵连的人一一查清了。

（9）刘大麻子去粮店卖大麻籽，一次就卖了三十斤。

（10）政治部的干事陆小林干事可真精明！

（11）张小虎在地道里挖了一条地道的排水沟。

（12）王瞎子到商店里买虾子吃。

（13）说他不是的人不是我。

（14）聪明的学生会用脑子。

（15）他琢磨这玉给谁琢磨。

4. 短诗训练

乡 愁

（席慕蓉）

故乡的歌是一支清远的笛，
总在有月亮的晚上响起；
故乡的面貌却是一种模糊的怅惘，
仿佛雾里的挥手别离。
离别后，
乡愁是一棵没有年轮的树，
永不老去。

5. 绕口令训练

（1）《聋子、笼子、虫子》。

聋子提笼子，笼子装虫子，虫子咬笼子，聋子捉虫子。

（2）《郭伯伯》。

郭伯伯，卖火锅，带卖墨水和馍馍。墨水馍馍装火锅，火锅磨得墨瓶破。伯伯回家交婆婆，婆婆掀锅拿馍馍。墨水馍馍满火锅，婆婆坐着默琢磨，莫非是外国产品摩登货。

（3）《天上日头》。

天上日头，嘴里舌头，地上石头，桌上纸头。大脚骨头，小脚趾头，树上枝头，集上市头。

6. 短文训练

（1）推开门一看，嗬！老王从外面跑进来，手里拿着个包袱。

（2）一个小孩子，牵着妈妈的衣襟儿去住姥姥家，一口气走出二三里；眼前要路过一个小村子，只有四五户人家，正在做午饭，家家冒炊烟。娘儿俩走累了，看见路边有六七座亭子，就走进一座亭子里去歇歇脚。亭子外边，花开得很茂盛，小孩子越看越喜爱，伸出指头点数儿，嘴里念叨着："……八枝、九枝、十枝。"他想折下一枝来，戴在耳丫上，把自己打扮得像个迎春娃娃。

（3）当我上一年级的时候，就有早晨赖在床上不起来的毛病。每天早晨醒来，看到阳光照在玻璃窗上，我的心里就是一阵愁。心想，已经这么晚了，等起来，洗脸，扎辫子，换制服，再走到学校去，准又是一进教室就被罚站在门边，同学们的眼光会一个个向你投过来。我虽然很懒惰，可是也知道害羞呀，所以又愁又怕，常常都是怀着恐惧的心情，奔向学校去。最糟的是，爸爸是不准小孩子上学乘车的，他不管你晚不晚。

（4）三年前在南京我住的地方有一道后门，每晚我打开后门，便看见一个静寂的夜。下面是一片菜园，上面是星群密布的蓝天。星光在我们的肉眼里虽然微小，然而它使我们觉得光明无处不在。那时候我正在读一些天文学的书，也认得一些星星，好像它们就是我的朋友，它们常常在和我谈话一样。

7. 普通话必读轻声词语

1	爱人	àiren	36	步子	bùzi	71	大夫	dàifu	106	多么	duōme
2	案子	ànzi	37	部分	bùfen	72	带子	dàizi	107	蛾子	ézi
3	巴掌	bāzhang	38	裁缝	cáifeng	73	袋子	dàizi	108	儿子	érzi
4	把子	bàzi	39	财主	cáizhu	74	耽搁	dānge	109	耳朵	ěrduo
5	把子	bǎzi	40	苍蝇	cāngying	75	耽误	dānwu	110	贩子	fànzi
6	爸爸	bàba	41	差事	chāishi	76	单子	dānzi	111	房子	fángzi
7	白净	báijing	42	柴火	cháihuo	77	胆子	dǎnzi	112	份子	fènzi
8	班子	bānzi	43	肠子	chángzi	78	担子	dànzi	113	风筝	fēngzheng
9	板子	bǎnzi	44	厂子	chǎngzi	79	刀子	dāozi	114	疯子	fēngzi
10	帮手	bāngshou	45	场子	chǎngzi	80	道士	dàoshi	115	福气	fúqi
11	梆子	bāngzi	46	车子	chēzi	81	稻子	dàozi	116	斧子	fǔzi
12	膀子	bǎngzi	47	称呼	chēnghu	82	灯笼	dēnglong	117	盖子	gàizi
13	棒槌	bàngchui	48	池子	chízi	83	提防	dīfang	118	甘蔗	gānzhe
14	棒子	bàngzi	49	尺子	chǐzi	84	笛子	dízi	119	杆子	gānzi
15	包袱	bāofu	50	虫子	chóngzi	85	底子	dǐzi	120	杆子	gǎnzi
16	包涵	bāohan	51	绸子	chóuzi	86	地道	dìdao	121	干事	gànshi
17	包子	bāozi	52	除了	chúle	87	地方	dìfang	122	杠子	gàngzi
18	豹子	bàozi	53	锄头	chútou	88	弟弟	dìdi	123	高粱	gāoliang
19	杯子	bēizi	54	畜生	chùsheng	89	弟兄	dìxiong	124	膏药	gāoyao
20	被子	bèizi	55	窗户	chuānghu	90	点心	diǎnxin	125	稿子	gǎozi
21	本事	běnshi	56	窗子	chuāngzi	91	调子	diàozi	126	告诉	gàosu
22	本子	běnzi	57	锤子	chuízi	92	钉子	dīngzi	127	疙瘩	gēda
23	鼻子	bízi	58	刺猬	cìwei	93	东家	dōngjia	128	哥哥	gēge
24	比方	bǐfang	59	凑合	còuhe	94	东西	dōngxi	129	胳膊	gēbo
25	鞭子	biānzi	60	村子	cūnzi	95	动静	dòngjing	130	鸽子	gēzi
26	扁担	biǎndan	61	耷拉	dāla	96	动弹	dòngtan	131	格子	gézi
27	辫子	biànzi	62	答应	dāying	97	豆腐	dòufu	132	个子	gèzi
28	别扭	bièniu	63	打扮	dǎban	98	豆子	dòuzi	133	根子	gēnzi
29	饼子	bǐngzi	64	打点	dǎdian	99	嘟囔	dūnang	134	跟头	gēntou
30	拨弄	bōnong	65	打发	dǎfa	100	肚子	dǔzi	135	工夫	gōngfu
31	脖子	bózi	66	打量	dǎliang	101	肚子	dùzi	136	弓子	gōngzi
32	簸箕	bòji	67	打算	dǎsuan	102	缎子	duànzi	137	公公	gōnggong
33	补丁	bǔding	68	打听	dǎting	103	对付	duìfu	138	功夫	gōngfu
34	不由得	bùyóude	69	大方	dàfang	104	对头	duìtou	139	钩子	gōuzi
35	不在乎	bùzàihu	70	大爷	dàye	105	队伍	duìwu	140	姑姑	gūgu

续表

141	姑娘	gūniang	177	胡萝卜	húluóbo	213	咳嗽	késou	249	帘子	liánzi
142	谷子	gǔzi	178	活泼	huópo	214	客气	kèqi	250	凉快	liángkuai
143	骨头	gǔtou	179	火候	huǒhou	215	空子	kòngzi	251	粮食	liángshi
144	故事	gùshi	180	伙计	huǒji	216	口袋	kǒudai	252	料子	liàozi
145	寡妇	guǎfu	181	护士	hùshi	217	口子	kǒuzi	253	两口子	liǎngkǒuzi
146	褂子	guàzi	182	机灵	jīling	218	扣子	kòuzi	254	林子	línzi
147	怪物	guàiwu	183	脊梁	jǐliang	219	窟窿	kūlong	255	翎子	língzi
148	关系	guānxi	184	记号	jìhao	220	裤子	kùzi	256	领子	lǐngzi
149	官司	guānsi	185	记性	jìxing	221	快活	kuàihuo	257	溜达	liūda
150	罐头	guàntou	186	夹子	jiāzi	222	筷子	kuàizi	258	聋子	lóngzi
151	罐子	guànzi	187	家伙	jiāhuo	223	框子	kuàngzi	259	笼子	lóngzi
152	规矩	guīju	188	架势	jiàshi	224	困难	kùnnan	260	炉子	lúzi
153	闺女	guīnü	189	架子	jiàzi	225	阔气	kuòqi	261	路子	lùzi
154	鬼子	guǐzi	190	嫁妆	jiàzhuang	226	喇叭	lǎba	262	轮子	lúnzi
155	柜子	guìzi	191	尖子	jiānzi	227	喇嘛	lǎma	263	萝卜	luóbo
156	棍子	gùnzi	192	茧子	jiǎnzi	228	篮子	lánzi	264	骡子	luózi
157	锅子	guōzi	193	剪子	jiǎnzi	229	懒得	lǎnde	265	骆驼	luòtuo
158	果子	guǒzi	194	见识	jiànshi	230	浪头	làngtou	266	妈妈	māma
159	蛤蟆	háma	195	毽子	jiànzi	231	老婆	lǎopo	267	麻烦	máfan
160	孩子	háizi	196	将就	jiāngjiu	232	老实	lǎoshi	268	麻利	máli
161	含糊	hánhu	197	交情	jiāoqing	233	老太太	lǎotaitai	269	麻子	mázi
162	汉子	hànzi	198	饺子	jiǎozi	234	老头子	lǎotouzi	270	马虎	mǎhu
163	行当	hángdang	199	叫唤	jiàohuan	235	老爷	lǎoye	271	码头	mǎtou
164	合同	hétong	200	轿子	jiàozi	236	老子	lǎozi	272	买卖	mǎimai
165	和尚	héshang	201	结实	jiēshi	237	姥姥	lǎolao	273	麦子	màizi
166	核桃	hétao	202	街坊	jiēfang	238	累赘	léizhui	274	馒头	mántou
167	盒子	hézi	203	姐夫	jiěfu	239	篱笆	líba	275	忙活	mánghuo
168	红火	hónghuo	204	姐姐	jiějie	240	里头	lǐtou	276	冒失	màoshi
169	猴子	hóuzi	205	戒指	jièzhi	241	力气	lìqi	277	帽子	màozi
170	后头	hòutou	206	金子	jīnzi	242	厉害	lìhai	278	眉毛	méimao
171	厚道	hòudao	207	精神	jīngshen	243	利落	lìluo	279	媒人	méiren
172	狐狸	húli	208	镜子	jìngzi	244	利索	lìsuo	280	妹妹	mèimei
173	胡琴	húqin	209	舅舅	jiùjiu	245	例子	lìzi	281	门道	méndao
174	糊涂	hútu	210	橘子	júzi	246	栗子	lìzi	282	眯缝	mīfeng
175	皇上	huángshang	211	句子	jùzi	247	痢疾	lìji	283	迷糊	míhu
176	幌子	huǎngzi	212	卷子	juànzi	248	连累	liánlei	284	面子	miànzi

续表

285	苗条	miáotiao	321	痞子	pǐzi	357	扇子	shànzi	393	舒坦	shūtan
286	苗头	miáotou	322	屁股	pìgu	358	商量	shāngliang	394	疏忽	shūhu
287	名堂	míngtang	323	片子	piānzi	359	上司	shàngsi	395	爽快	shuǎngkuai
288	名字	míngzi	324	便宜	piányi	360	上头	shàngtou	396	思量	sīliang
289	明白	míngbai	325	骗子	piànzi	361	烧饼	shāobing	397	算计	suànji
290	蘑菇	mógu	326	票子	piàozi	362	勺子	sháozi	398	岁数	suìshu
291	模糊	móhu	327	漂亮	piàoliang	363	少爷	shàoye	399	孙子	sūnzi
292	木匠	mùjiang	328	瓶子	píngzi	364	哨子	shàozi	400	他们	tāmen
293	木头	mùtou	329	婆家	pójia	365	舌头	shétou	401	它们	tāmen
294	那么	nàme	330	婆婆	pópo	366	身子	shēnzi	402	她们	tāmen
295	奶奶	nǎinai	331	铺盖	pùgai	367	什么	shénme	403	台子	táizi
296	难为	nánwei	332	欺负	qīfu	368	婶子	shěnzi	404	太太	tàitai
297	脑袋	nǎodai	333	旗子	qízi	369	生意	shēngyi	405	摊子	tānzi
298	脑子	nǎozi	334	前头	qiántou	370	牲口	shēngkou	406	坛子	tánzi
299	能耐	néngnai	335	钳子	qiánzi	371	绳子	shéngzi	407	毯子	tǎnzi
300	你们	nǐmen	336	茄子	qiézi	372	师父	shīfu	408	桃子	táozi
301	念叨	niàndao	337	亲戚	qīnqi	373	师傅	shīfu	409	特务	tèwu
302	念头	niàntou	338	勤快	qínkuai	374	虱子	shīzi	410	梯子	tīzi
303	娘家	niángjia	339	清楚	qīngchu	375	狮子	shīzi	411	蹄子	tízi
304	镊子	nièzi	340	亲家	qìngjia	376	石匠	shíjiang	412	挑剔	tiāoti
305	奴才	núcai	341	曲子	qǔzi	377	石榴	shíliu	413	挑子	tiāozi
306	女婿	nǚxu	342	圈子	quānzi	378	石头	shítou	414	条子	tiáozi
307	暖和	nuǎnhuo	343	拳头	quántou	379	时候	shíhou	415	跳蚤	tiàozao
308	疟疾	nüèji	344	裙子	qúnzi	380	实在	shízai	416	铁匠	tiějiang
309	拍子	pāizi	345	热闹	rènao	381	拾掇	shíduo	417	亭子	tíngzi
310	牌楼	páilou	346	人家	rénjia	382	使唤	shǐhuan	418	头发	tóufa
311	牌子	páizi	347	人们	rénmen	383	世故	shìgu	419	头子	tóuzi
312	盘算	pánsuan	348	认识	rènshi	384	似的	shìde	420	兔子	tùzi
313	盘子	pánzi	349	日子	rìzi	385	事情	shìqing	421	妥当	tuǒdang
314	胖子	pàngzi	350	褥子	rùzi	386	柿子	shìzi	422	唾沫	tuòmo
315	狍子	páozi	351	塞子	sāizi	387	收成	shōucheng	423	挖苦	wāku
316	盆子	pénzi	352	嗓子	sǎngzi	388	收拾	shōushi	424	娃娃	wáwa
317	朋友	péngyou	353	嫂子	sǎozi	389	首饰	shǒushi	425	袜子	wàzi
318	棚子	péngzi	354	扫帚	sàozhou	390	叔叔	shūshu	426	晚上	wǎnshang
319	脾气	píqi	355	沙子	shāzi	391	梳子	shūzi	427	尾巴	wěiba
320	皮子	pízi	356	傻子	shǎzi	392	舒服	shūfu	428	委屈	wěiqu

续表

429	为了	wèile	459	兄弟	xiōngdi	489	银子	yínzi	518	枕头	zhěntou
430	位置	wèizhi	460	休息	xiūxi	490	影子	yǐngzi	519	镇子	zhènzi
431	位子	wèizi	461	秀才	xiùcai	491	应酬	yìngchou	520	芝麻	zhīma
432	蚊子	wénzi	462	秀气	xiùqi	492	柚子	yòuzi	521	知识	zhīshi
433	稳当	wěndang	463	袖子	xiùzi	493	冤枉	yuānwang	522	侄子	zhízi
434	我们	wǒmen	464	靴子	xuēzi	494	院子	yuànzi	523	指甲	zhījia
435	屋子	wūzi	465	学生	xuésheng	495	月饼	yuèbing	524	指头	zhǐtou（zhítou）
436	稀罕	xīhan	466	学问	xuéwen	496	月亮	yuèliang			
437	席子	xízi	467	丫头	yātou	497	云彩	yúncai	525	种子	zhǒngzi
438	媳妇	xífu	468	鸭子	yāzi	498	运气	yùnqi	526	珠子	zhūzi
439	喜欢	xǐhuan	469	衙门	yámen	499	在乎	zàihu	527	竹子	zhúzi
440	瞎子	xiāzi	470	哑巴	yǎba	500	咱们	zánmen	528	注意	zhùyi
441	匣子	xiázi	471	胭脂	yānzhi	501	早上	zǎoshang	529	主子	zhǔzi
442	下巴	xiàba	472	烟筒	yāntong	502	怎么	zěnme	530	柱子	zhùzi
443	吓唬	xiàhu	473	眼睛	yǎnjing	503	扎实	zhāshi	531	爪子	zhuǎzi
444	先生	xiānsheng	474	燕子	yànzi	504	眨巴	zhǎba	532	转悠	zhuànyou
445	乡下	xiāngxia	475	秧歌	yāngge	505	栅栏	zhàlan	533	庄家	zhuāngjia
446	箱子	xiāngzi	476	养活	yǎnghuo	506	宅子	zháizi	534	庄子	zhuāngzi
447	相声	xiàngsheng	477	样子	yàngzi	507	寨子	zhàizi	535	壮实	zhuàngshi
448	消息	xiāoxi	478	吆喝	yāohe	508	张罗	zhāngluo	536	状元	zhuàngyuan
449	小伙子	xiǎohuǒzi	479	妖精	yāojing	509	丈夫	zhàngfu	537	锥子	zhuīzi
450	小气	xiǎoqi	480	钥匙	yàoshi	510	帐篷	zhàngpeng	538	桌子	zhuōzi
451	小子	xiǎozi	481	椰子	yēzi	511	丈人	zhàngren	539	字号	zìhao
452	笑话	xiàohua	482	爷爷	yéye	512	帐子	zhàngzi	540	自在	zìzai
453	谢谢	xièxie	483	叶子	yèzi	513	招呼	zhāohu	541	粽子	zòngzi
454	心思	xīnsi	484	一辈子	yībèizi	514	招牌	zhāopai	542	祖宗	zǔzong
455	星星	xīngxing	485	衣服	yīfu	515	折腾	zhēteng	543	嘴巴	zuǐba
456	猩猩	xīngxing	486	衣裳	yīshang	516	这个	zhège	544	作坊	zuōfang
457	行李	xíngli	487	椅子	yǐzi	517	这么	zhème	545	琢磨	zuómo
458	性子	xìngzi	488	意思	yìsi						

二、普通话多音节词语发音训练

（一）训练提示

普通话多音节词语发音时，各音节之间会出现一些显著或不显著的语音变化。显著的语音变化包括变调、轻声、儿化、“啊”的变读等音变形式。不显著的语音变化主要指多音节词语的轻重音格式。掌握多音节词语轻重音格式的正确发音，可以形成良好语感。请根据格式进行分类训练。

（二）训练内容

1. 双音节

① 中重格式

广播guǎngbō　人民rénmín　茅草máocǎo　汽车qìchē
成群chéngqún　粉笔fěnbǐ　到达dàodá　大学dàxué

② 重中格式

艺术yìshù　手艺shǒuyì　娇气jiāoqì　精品jīngpǐn
毛病máobìng　编辑biānjí　奉承fèngchéng　爱护 àihù
恩人 ēnrén　土地tǔdì　高山gāoshān　消极xiāojí

③ 重轻格式

故事gùshi　庄稼zhuāngjia　喜欢xǐhuan　打听dǎting
哥哥gēge　豆腐dòufu　儿子 érzi　木头mùtou
萝卜luóbo　灯笼dēnglong　风筝fēngzheng　好的hǎode

2. 三音节

① 中次轻重格式

炊事员chuīshìyuán　西红柿xíhóngshì　电视机diànshìjī
主持人zhǔchírén　推土机tuītǔjī　冰激凌bīngjīlíng
展览馆zhǎnlǎnguǎn　东方红dōngfānghóng　游泳场yóuyǒngchǎng

② 中重轻格式

胡萝卜húluóbo　同学们tóngxuémen　打摆子dǎbǎizi
小姑娘xiǎogūniang　老家伙lǎojiāhuo　硬骨头yìnggǔtou
儿媳妇 érxífu　命根子mìnggēnzi　脚底下jiáodǐxia

③ 重轻轻格式

朋友们péngyoumen　姑娘家gūniangjia　孩子们háizimen
站起来zhànqilai　说下去shuōxiaqu　升起来shēngqilai
跑出去pǎochuqu　拣出来jiánchulai　走进去zǒujinqu

④ 中轻重格式

备不住bèibuzhù　吃不消chībuxiāo　试一试shìyishì
想一想xiǎngyixiǎng　去不去qùbuqù　站不住zhànbuzhù
大不了dàbuliǎo　说得来shuōdelái　生意经shēngyijīng

3. 四音节

① 中次轻中重格式

锦绣河山jǐnxiùhéshān　美好理想měihǎolǐxiǎng　学有所长xuéyǒusuǒcháng

如此了解rúcǐliǎojiě　　江山如画jiāngshānrúhuà　　一脉相传yīmàixiāngchuán
千军万马qiānjūnwànmǎ　　岂有此理qíyǒucǐlǐ　　兴高采烈xìnggāocǎiliè

② 中轻中重格式

蹦蹦跳跳bèngbengtiàotiào　　上上下下shàngshangxiàxià　　奥林匹克 àolinpǐkè
集体领导jítilǐngdǎo　　稀里糊涂xīlihútú　　四海为家sìhaiwéijiā
欢欢喜喜huānhuanxǐxǐ　　吃吃喝喝chīchihēhē　　南开大学 Nánkai Dàxué

③ 中次轻重最轻格式

半大小子bàndàxiǎozi　　拜把兄弟bàibǎxiōngdi　　闺女女婿guīnǚnǚxu

4. 词的轻重格式综合训练

（1）分格式训练

① 中重格式

电灯	汽车	酱油	爱国	安心	把关	被告	迸发
唱歌	充满	磁场	达到	得体	轻视	铁路	点播
冬至	小看	浮雕	更衣	推翻	热爱	垂直	果断
耳语	翻案	工艺	寒流	提高	关心	悔过	说明
竣工	绿洲	谩骂	民兵	谋生	年轻	怒吼	动员
革命	满意	普选	曲解	民主	失信	史诗	投机
稳步	体育	任命	巧遇	如意	全身	主办	特使
插曲	大衣	独自	空前	跑道	王国	地震	苏醒

② 重中格式

读者	作家	消极	政治	父亲	爱戴	榜样	光明
催促	搭救	抵押	关于	传授	丢掉	动作	敦促
认为	矛盾	荣辱	任务	质量	春天	跋涉	记者
道德	秋季	澎湃	逍遥	朦胧	惆怅	安静	体格
怂恿	荡漾	参差	仿佛	变换	工人	妇女	农业
测量	部位	况且	惭愧	摆设	查阅	慷慨	操纵
传递	搭档	暴露	发展	错过	比较	认为	踌躇
伟大	动静	徘徊	霹雳	超然	顾虑	核对	革命

③ 中中重格式

播音员	收音机	呼吸道	东方红	天安门	展览馆	居委会
共产党	共青团	常委会	党支部	国际歌	科学院	招待所
唯物论	辨正法	法西斯	护身符	滑翔机	芭蕾舞	尼古丁
五一节	火力点	基督教	贫困县	寄生虫	建筑物	交谊舞
脚手架	禁卫军	研究所	救世主	抗生素	理解力	流水线
诉讼法	木乃伊	判决书	漂白粉	白兰地	马克思	河南省

④ 中重轻格式

枪杆子	命根子	过日子	拿架子	吊嗓子	卖关子	打底子

洋鬼子	刀把子	两口子	老头子	搭架子	打冷战	小姑娘
拉关系	抽工夫	不由得	撑门面	背地里	山核桃	好意思
胡萝卜	明摆着	牛脾气	撂脸子	盖被子		

⑤ 中轻重格式

保不齐	包不住	吃不消	大不了	动不动	对不起	小不点儿
过不去	说得来	生意经	冷不防	数得着	放得下	看得见
摸得着	风里来	雨里去	画个圈儿			

⑥ 中重中重格式

丰衣足食	日积月累	轻歌曼舞	心平气和	无独有偶
五光十色	天灾人祸	年富力强	耳濡目染	枪林弹雨
奇装异服	花好月圆	赴汤蹈火	移风易俗	独断专行

⑦ 中轻中重

社会主义	慢慢腾腾	亮亮堂堂	整整齐齐	清清楚楚
大大方方	噼里啪啦	嘻嘻哈哈		

⑧ 重中中重

能者为师	罪不当罚	安然无恙	枉费心机	别开生面
易如反掌	事不宜迟	泰然自若		

（2）综合训练

鲜血	含恨	旷课	乞求	丰厚	秩序	蹊跷	氛围
诞辰	翅膀	倜傥	呐喊	温饱	翻滚	灿烂	跑车
烛光	护照	陪衬	参考	寻衅	躯体	直达	资源
辽阔	遣返	敏捷	滑冰	航空	播送	羊绒	台灯
流传	局势	许多	截止	书籍	平均	朗诵	省略
欢迎	整装	批准	篡夺	角色	纯真	字典	音箱
村庄	荒谬	肖像	杠杆	开垦	阵线	至少	随便
比赛	牙齿	高产	炸药	棕树	杂质	铁锤	透视
寝室	忍让	逞强	再则	地址	嗓音	冗长	早搏
电扇	操练	测量	斗争	水池	完成	包办	当然
优良	思绪	通俗	常识	补充	烙印	务实	讴歌
轮换	说话	仓促	淋湿	缉私	剪除	豪华	外貌
审讯	迁就	烟叶	清晰	体恤	腥味	碧绿	血清
工具书	遮阳伞	鼠标垫	玻璃柜	木乃伊	雷雨云	封神榜	传真机
白衬衣	高压锅	电磁炉	碳素笔	计算器	电动车	纯棉袜	洗发水
百慕大	普通话	三角形	蛋白质	日光灯	交谊舞	长丝巾	紫藤萝
贫困县	国际歌	回旋曲	黄梅戏	收纳箱	阿胶浆	蓝墨水	博览会
避雷针	芝麻油	缝纫机	办公室	红楼梦	新理念	水浒传	留声机
西游记	心理学	核桃仁	复印机	神经病	取暖器	马尾松	布窗帘
难为情	辩正法	公有制	联合国	拖拉机	保护色	长方形	董事会

海岸线　爵士乐　内燃机　标准化　共产党　了不起　望远镜　保险丝
长颈鹿　动物园　红领巾　看不起　红绿灯　差不多　共和国　农产品
微生物　保证金　超导体　动画片　红外线　靠不住　霓虹灯　出发点
国务院　农作物　维生素　保证人　超声波　鹅卵石　花岗岩　老天爷
牛仔裤　传教士　合作社　偶然性　委员会　抱不平　乘务员　恶作剧
化妆品　冷不防　判决书　传染病　机器人　派出所　显微镜　暴风雪
吃不消　发言人　画外音　离心力　漂白粉　创造性　机械化　乒乓球
现代化　暴风雨　象牙塔　出生率　反义词　黄澄澄　里程碑　平衡木
大多数　新大陆　氨基酸　护身符　螺旋桨　狐狸精　无神论　定心丸
上下翻飞　金字招牌　宾至如归　万马奔腾　一哄而散
阿谀奉承　潸然泪下　有眼无珠　移风易俗　花好月圆
年富力强　阴谋诡计　根深蒂固　安然无恙　心平气和
丰衣足食　枉费心机　日积月累　阴险毒辣　一蹴而就
事不宜迟　弱不禁风　卑鄙无耻　阳光灿烂　此起彼伏
矫揉造作　排忧解难　心旷神怡　别开生面　错综复杂
精益求精　迫不及待　别有用心　大公无私　鞠躬尽瘁
岂有此理　胸有成竹　冰天雪地　大惊小怪　举足轻重
千钧一发　一筹莫展　不动声色　大同小异　刻不容缓
前仆后继　一帆风顺　不计其数　大显身手　脍炙人口
潜移默化　一目了然　不言而喻　大相径庭　来龙去脉
轻而易举　一丝不苟　不以为然　得天独厚　了如指掌
轻描淡写　抑扬顿挫　有的放矢　不约而同　兴高采烈
得心应手　淋漓尽致　情不自禁
阔绰　恶劣　肃穆　痉疾　匿迹　笨拙　狭窄　屈膝
跋涉　绝笔　活络　谷壳　卓越　抹杀　嘱托　确凿
烙铁　毁坏　特曲　鹿角　削弱　摔跤　诱拐　歼灭
废黜　惩治　供给　化纤　发酵　叱咤　婀娜　畸形
拜谒　骸骨　愤懑　对峙　跌宕　抖擞　跻身　勘探
弹劾　反省　沉淀　惆怅　禅让　迤逦　储蓄　桎梏
证券　吮吸　笑靥　炽热　铜臭　纯粹　揣测　沮丧
惊诧　痤疮　犒劳　玉女　渎职　遏制　嗔怪　给予
钢笔　洪峰　缄默　地壳　瞠目　信笺　看管　抚恤
哺育　堤坝　谩骂　参与　繁华　复核　曲解　纯正
潇洒　水闸　倾城　载重　残喘　车轴　争宠　缺勤
刁难　编纂　沸腾　关卡　蓓蕾　歼灭　抚恤　颤抖
憧憬　偿还　豆豉　辱没　顷刻　蝙蝠　前行　匿名
国务院　多边形　红领巾　电灯泡　自动化　展览馆　闭幕式　混凝土

太阳能	水立方	螺旋桨	自行车	共青团	呼吸道	收音机	共产党
播音员	自来水	居委会	科学院	招待所	白血病	公安局	寄生虫
天安门	检察院	护身符	尼古丁	脚手架	救世主	流水线	国庆节
判决书	漂白粉	建筑物	巧克力	电饭煲	口头禅	青霉素	电视机
病虫害	记号笔	冰激凌	微波炉	银耳汤	丽江行	爱漂亮	新时代
氨基酸	服务员	劳动力	四边形	芭蕾舞	不像话	电磁场	公积金
金字塔	猫头鹰	奥运会	根据地	劳动者	白话文	不由得	电解质
公务员	禁不住	蒙古包	办公室	工程师	老百姓	所有制	百分比
不在乎	电影院	古兰经	进行曲	穆斯林	半导体	工商化	老人家
太阳系	班主任	不知道	东道主	管弦乐	经纪人	南半球	必然性
工业化	老太太	图书馆	半成品	参议院	东正教	规范化	俱乐部

翻云覆雨	锲而不舍	硕果累累	绘声绘色	精妙绝伦
满园春色	雷厉风行	满腔热情	排山倒海	三思而行
千军万马	生龙活虎	丰功伟绩	日新月异	鸟语花香
沽名钓誉	辗转反侧	栩栩如生	赴汤蹈火	刚愎自用
千方百计	不胫而走	独一无二	屡见不鲜	如释重负
与日俱增	无可奈何	不可思议	非同小可	漫不经心
若无其事	语重心长	新陈代谢	不可一世	奋不顾身
慢条斯理	司空见惯	震耳欲聋	因地制宜	不速之客
风驰电掣	毛骨悚然	似是而非	周而复始	安居乐业
畅所欲言	风起云涌	眉开眼笑	肆无忌惮	诸如此类
百花齐放	持之以恒	根深蒂固	眉飞色舞	随心所欲
自始至终	百鸟争鸣	赤手空拳	顾名思义	梦寐以求
啼笑皆非	自以为是	百科全书	出类拔萃	海市蜃楼
名副其实	天经地义	包罗万象	出其不意	汗流浃背
名列前茅	万紫千红	背道而驰	出人意料	后顾之忧
目不转睛	忘恩负义	标新立异	触目惊心	焕然一新
目瞪口呆	相得益彰	别出心裁	川流不息	家喻户晓
弄虚作假	心不在焉	别具一格		

三、儿化发音提高训练

（一）训练提示

本节训练要求发音人形成较强的儿化意识，能正确、熟练地读出每一个儿化音节，增加朗读、说话过程中儿化语感。注意区分儿化音节和非儿化音节的发音差异，能够准确辨识儿化音节。

（二）训练内容

1. 词语训练

在哪儿zàinǎr　顶牛儿 dǐngniúr　牙签儿yáqiānr
被窝儿 bèiwōr　线轴儿 xiànzhóur　枣核儿 zǎohúr
找茬儿zhǎochár　名牌儿míngpáir　脸蛋儿liǎndànr
拉链儿 lāliànr　赶趟儿gǎntàngr　鼻梁儿 bíliángr
饭馆儿fànguǎnr　天窗儿tiānchuāngr　烟卷儿yānjuǎnr
脖颈儿 bógěngr　砂轮儿 shālúnr　小瓮儿 xiǎowèngr
墨水儿mòshuǐr　打嗝儿dǎgér　图钉儿 túdīngr
合群儿héqúnr　泪珠儿 lèizhūr　果冻儿guǒdòngr
小熊儿 xiǎoxióngr　绝着儿juézhāor　抓阄儿zhuājiūr
火锅儿huǒguōr　麦苗儿màimiáor　高跟儿鞋gāogēnrxié
一丁点儿yīdīngdiǎnr　这儿zhèr　小心眼儿xiǎoxīnyǎnr

2. 儿化词与非儿化词对比训练

画儿huàr—画huà　盖儿gàir—盖gài
亮儿liàngr—亮liàng　尖儿jiānr—尖jiān
水星儿shuǐxīngr—水星shuǐxīng　没心儿méixīnr—没心méixīn
有门儿yǒuménr—有门yǒumén　横道儿héngdàor—横道héngdào
珍珠儿zhēnzhūr—珍珠zhēnzhū　纸包儿zhǐbāor—面包miànbāo
干活儿gànhuór —生活shēnghuó　小雨儿xiǎoyǔr—春雨chūnyǔ
香瓜儿xiāngguār—苦瓜kǔguā　凉席儿liángxír—竹席zhúxí
香味儿xiāngwèir—回味huíwéi　破烂儿pòlànr—破烂pòlàn

3.语句训练

（1）漂亮的小花猫儿。

（2）好看的小脸盆儿。

（3）小刚用一根儿铁丝儿捆了一堆儿小铁片儿。

（4）天真黑，连个亮儿也没有。

（5）一位小女孩儿，扎着个红小辫儿，手拿着一朵儿小红花儿，正在和小朋友们一起玩儿。

（6）冬冬、磊磊小哥儿俩，红红的脸蛋儿胖乎乎。

（7）花瓶儿里插着梅花儿，花盆里种着菊花儿。

（8）菜摊儿上的菜真全，有小葱儿、豆角儿、土豆儿、豆芽儿，还有小白菜儿。

（9）新手绢儿上有一圈儿花边儿，中间儿有一对儿小熊猫儿。

（10）这个百货摊儿上的东西真不少，有背心儿、裤衩儿、手套儿、口罩儿、纽扣儿、松紧带儿，还有花床单儿。

（11）你要是有空儿，到我家来玩儿玩儿，咱们俩聊聊天儿。

4. 绕口令训练

（1）我们那儿有个王小三儿，在门口儿摆着一个小杂货摊儿，卖的是酱油、火柴和烟卷儿、草纸、还有关东烟儿，红糖、白糖、花椒、大料瓣儿、鸡子儿、挂面、酱、醋和油盐，冰糖葫芦一串儿又一串儿，花生、瓜子儿还有酸杏干儿。王小三儿，不识字儿，算账、记账，他净闹稀罕事儿，街坊买了他六个大鸡子儿，他就在账本上画了六个大圆圈儿。过了两天，人家还了他的账，他又在圆圈儿上画了一大道儿，可到了年底他又跟人家去讨账钱儿，鸡子儿的事早就忘在脑后边儿。人家说："我们还了账。"他说人家欠了他一串儿糖葫芦儿，没有给他钱儿。

（2）小哥俩儿，红脸蛋儿，手拉手儿，一块儿玩儿。小哥俩儿，一个班儿，一路上学唱着歌儿。学造句，一串串儿，唱新歌儿，一段段儿。小哥俩，对脾气儿，上学念书不费劲儿，真是父母的好宝贝儿。

（3）进了门儿，倒杯水儿，喝了两口儿运运气儿，顺手拿起小唱本儿，唱一曲儿，又一曲儿，练完了嗓子我练嘴皮儿。绕口令儿，练字音儿，还有单弦儿牌子曲儿，小快板儿，大鼓词儿，越说越唱我越带劲儿。

（4）一条裤子七道缝儿，横缝上面有竖缝儿，缝了横缝缝竖缝儿，缝了竖缝缝横缝儿。

（5）小小子儿，不贪玩儿。画小猫儿，钻圆圈儿；画小狗儿，蹲小庙儿；画小鸡儿，吃小米儿；画个小虫儿，顶火星儿。

5. 短文训练

（1）《第一场雪》（峻青）

开始还伴着一阵儿小雨，不久就只见大片大片的雪花，从彤云密布的天空中飘落下来。地面上一会儿就白了。……落光了叶子的柳树上挂满了毛茸茸亮晶晶的银条儿，而那些冬夏常青的松树和柏树上，则挂满了蓬松松沉甸甸的雪球儿。一阵风吹来，树枝轻轻地摇晃，美丽的银条儿和雪球儿簌簌地落下来，玉屑似的雪末儿随风飘扬，映着清晨的阳光，显出一道道五光十色的彩虹。

（2）《济南的冬天》（老舍）

小山把济南围了个圈儿，只有北边缺着点口儿。这一圈小山在冬天特别可爱，好像是把济南放在一个小摇篮里，它们安静不动地低声地说："你们放心吧，这儿准保暖和。"……最妙的是下点儿小雪呀。看吧，山上的矮松越发的青黑，树尖儿上顶着一髻儿白花，好像日本看护妇。

（3）《迷途笛音》（唐若水译）

离我家仅一箭之遥的小山坡旁，有一个早已被废弃的采石场，双亲从来不准我去那儿，其实那儿风景十分迷人。……一条小道边的树桩上坐着一位吹笛人，手里还正削着什么。走近细看，他不就是被大家称为“乡巴佬儿”的卡廷吗？“你好，小家伙儿。”卡廷说，“看天气多美，你是出来散步的吧？”

说明：因为在实际教学和测试中，音变中的变调（包括上声变调，“一、不”变调，形容词重叠形式的变调）和语气词“啊”的变读等内容，大多都能在语流中按照变读规则，自然流畅地读出来，所以在音变提高训练中不再安排专项训练。

6. 部分常用儿化词语

栅栏儿　挑刺儿　包干儿　笔杆儿　门槛儿　药方儿
赶趟儿　粉末儿　香肠儿　肚脐儿　瓜瓤儿　掉价儿
一下儿　豆芽儿　小辫儿　鱼漂儿　照片儿　打鸣儿
扇面儿　差点儿　一点儿　雨点儿　聊天儿　跳高儿
拉链儿　人影儿　冒尖儿　坎肩儿　牙签儿　露馅儿
心眼儿　手套儿　鼻梁儿　逗乐儿　透亮儿　花样儿
脑瓜儿　大褂儿　麻花儿　加油儿　笑话儿　碎步儿
牙刷儿　一块儿　茶馆儿　饭馆儿　火罐儿　棉球儿
落款儿　果冻儿　打转儿　拐弯儿　好玩儿　大腕儿
蛋黄儿　火锅儿　打晃儿　小熊儿　天窗儿　烟卷儿
手绢儿　出圈儿　包圆儿　半道儿　人缘儿　叫好儿
绕远儿　杂院儿　刀背儿　抹黑儿　老本儿　门口儿
花盆儿　火苗儿　嗓门儿　把门儿　哥们儿　纳闷儿
后跟儿　纽扣儿　别针儿　老头儿　一阵儿　走神儿
大婶儿　杏仁儿　刀刃儿　线轴儿　钢镚儿　小丑儿
夹缝儿　脖颈儿　提成儿　半截儿　小鞋儿　抽空儿
做活儿　邮戳儿　主角儿　跑腿儿　一会儿　耳垂儿
墨水儿　酒盅儿　没谱儿　媳妇儿　走味儿　打盹儿
胖墩儿　砂轮儿　冰棍儿　小葱儿　门洞儿　胡同儿
开春儿　小瓮儿　瓜子儿　石子儿　没词儿　蜜枣儿
红包儿　灯泡儿　墨汁儿　锯齿儿　记事儿　针鼻儿
垫底儿　有数儿　口罩儿　绝招儿　玩意儿　有劲儿
送信儿　脚印儿　花瓶儿　泪珠儿　跑调儿　面条儿
图钉儿　门铃儿　眼镜儿　蛋清儿　火星儿　梨核儿
年头儿　小偷儿　毛驴儿　小曲儿　痰盂儿　合群儿
模特儿　衣兜儿　顶牛儿　抓阄儿　唱歌儿　挨个儿
打嗝儿　饭盒儿　在这儿　开窍儿　腰鼓儿　小树儿

第三章　普通话水平测试训练

第一节　单音节字词测试训练

一、训练提示

本节练习要求发音人要注意识字量的积累，要做到清晰、完整地读出每个字。

（1）认清、认准每个字，注意生僻字的辨认，力求正确发音。

（2）特别要注意上声音节，[214]调一定要读完整，不能读变调。

二、训练内容

（一）单音节字词样卷分析

1. 读单音节字词（100个音节，共10分，限时3.5分钟）

哑	铸	染	亭	后	挽	敬	疮	游	乖
仲	君	凑	稳	掐	酱	椰	铂	峰	账
焦	碰	暖	扑	龙	碍	离	鸟	瘸	密
承	滨	盒	专	此	艘	雪	肥	薰	硫
宣	表	嫡	迁	套	滇	砌	藻	刷	坏
虽	滚	杂	倦	垦	屈	所	惯	实	扯
栽	额	屡	弓	拿	物	粉	葵	躺	肉
铁	日	帆	萌	寡	猫	窘	内	雄	伞
蛙	葬	夸	戴	罗	并	摧	狂	饱	魄
而	沈	贤	润	麻	养	盘	自	您	虎

2. 分　析

“铸、染、疮、仲、账、承、专、刷、实、扯、肉、日、沈、润”等音节都是翘舌音声母字，发音时一定要翘舌到位（舌尖与硬腭前部成阻）；“凑、此、艘、藻、虽、杂、所、栽、伞、葬、摧、自”等音节是平舌音声母字，注意区分平翘舌音声母。

“暖、鸟、拿、内、您”等音节是鼻音声母字，“龙、离、硫、屡、罗”等音节是边音声母字，注意区分鼻边音声母。

“染、挽、君、稳、暖、滨、专、熏、宣、迁、滇、滚、倦、垦、惯、粉、帆、伞、沈、贤、润、盘、您”等音节是前鼻音韵母字，“亭、敬、疮、仲、酱、峰、账、碰、龙、承、弓、躺、萌、窘、雄、葬、并、狂、养”等音节是后鼻音韵母字，注意区分前后鼻韵母。

“挽、疮、乖、君、稳、暖、龙、瘸、专、雪、熏、宣、刷、坏、虽、滚、倦、惯、弓、葵、寡、窘、雄、蛙、夸、摧、狂、润”等音节韵母起点音要圆着唇发音才正确，“铸、后、凑、铂、扑、艘、屈、所、屡、物、肉、罗、魄、虎”等音节的韵母发音始终要圆唇；“游、焦、鸟、硫、表、套、藻、猫、饱”等音节韵尾发音要圆唇。

“盒、扯、额”都是e韵母，发音时舌要后缩，“而”是卷舌音，注意不要发成翘舌音或大舌头音。

“哑、染、挽、稳、暖、鸟、此、雪、表、藻、滚、垦、所、扯、屡、粉、躺、铁、寡、窘、伞、饱、沈、养、虎”等都是上声音节，调值是[214]，发音一定要饱满，发成阳平[35]算错，发成半上[21]算缺陷。“疮、凑、铂、瘸、嫡、砌、魄”等音节日常生活中出现频率较低，比较生僻，要注意它们的读音。

（二）单音节字词测试观摩

教师示范单音节字词发音，提醒学生注意听辨声母、韵母、声调的规范发音及测试方式方法。示范完成后，教师及时总结分析测试中出现的问题。

测试观摩样卷一（读100个单音节字词，限时3.5分钟，共10分）

niè	xí	sè	kuān	gǒu	biān	wěn	lǘ	yùn	qū
镍	习	涩	宽	狗	边	吻	驴	恽	区
huài	bèng	mò	huāng	yóu	rù	zǐ	bō	rùn	cáng
坏	蹦	墨	慌	由	入	子	播	润	藏
piē	jiù	shuān	guàng	xué	fù	jūn	dǐ	yìn	lèi
瞥	救	闩	逛	学	付	均	抵	印	累
chán	cùn	pēng	lǐng	xīn	yǒng	kuī	fá	sī	quàn
蝉	寸	嘭	领	心	涌	亏	罚	私	券
shěn	chū	tuó	piān	què	juān	lín	zhèng	yé	hòng
婶	初	跎	篇	却	捐	磷	郑	爷	哄
zhuā	bìng	qín	miàn	zhǔ	huàn	ráo	ǒu	rèn	chuāi
抓	病	秦	面	煮	患	饶	偶	纫	揣
è	wēng	zéi	jiàn	duó	jiàng	kuā	shùn	sāi	xiāng
饿	翁	贼	剑	夺	酱	夸	舜	鳃	相
zé	xiōng	èr	gěng	guì	chí	diào	zhěn	tà	shàn
则	兄	二	梗	跪	池	掉	枕	榻	扇
niàn	biāo	tòng	gǎng	diū	kuàng	qiā	sòng	pā	nà
念	标	痛	港	丢	框	掐	送	啪	那
míng	zǎo	zhì	fáng	cì	wō	cǎn	nì	āi	tuì
名	枣	置	防	次	窝	惨	溺	挨	退

测试观摩样卷二（读100个单音节字词，限时3.5分钟，共10分）

病	闹	滑	约	较	共	接	矿	准	扶
梦	仅	拐	夺	折	闪	早	枪	浪	瘦
凡	盆	床	白	软	胸	捕	趁	肉	鱼
岁	吹	针	湿	歪	暗	刺	梨	抓	响
顶	猜	二	胃	俩	日	登	瞧	走	黑
擦	宽	扔	仰	些	劝	甩	托	肥	隔
瞥	阔	怒	内	穴	硅	崖	莫	翁	聘
寺	映	寻	乙	弦	捏	祸	吞	眨	搀
双	捅	泼	掷	揪	挎	堤	免	蒜	旅
掐	总	偿	湾	岔	优	蹭	涌	溜	匀

（三）单音节字词模拟测试训练

学生练读时，要注意以下问题（特别是没有注音的样卷）：

（1）声母、韵母的发音要准确，韵尾归音要到位。

（2）看准字形，辨别形近字的正确读音。

（3）注意多音字并看清读准。

（4）声调调值要正确。

（5）语速要适中。最好看表练读，随时调整语速，保证在3.5分钟以内读完。

模拟测试训练样卷一（读100个单音节字词，限时3.5分钟，共10分）

劣	染	最	鼓	勃	惨	留	哑	片	得
履	让	瓜	笋	纠	毛	洲	熔	上	薄
鸥	贬	舱	馆	冤	雄	蛆	明	分	别
怒	襟	你	葱	耗	渣	眺	私	用	凹
慨	棉	饵	促	烘	纹	摘	疗	硬	说
跨	品	购	僵	唤	习	拜	往	税	捂
蜜	吃	括	翁	绕	栓	逛	傻	宁	血
涩	闯	默	醇	怎	屉	则	训	给	横
快	掐	笨	剖	赛	宣	费	铁	炮	担
表	腔	火	瞪	虐	捣	阀	昆	拗	雨

模拟测试训练样卷二（读100个单音节字词，限时3.5分钟，共10分）

坝	达	卡	颇	摸	舍	哥	惹	帆	籽
拜	室	呆	内	折	薄	稍	凹	吼	柔
走	畔	丝	埋	染	瘦	闷	真	分	忍
胖	疯	赏	梦	牛	哼	静	痛	汞	熔

逼	其	味	跌	血	钓	鸟	修	偏	留
甜	临	心	顶	零	巷	度	星	秃	路
族	捆	粗	挪	作	搓	锁	乖	举	悬
干	脆	宽	唤	涌	虽	春	钻	寸	旅
闯	扬	摔	捐	最	弹	街	舞	吊	笋
谈	道	老	撞	玲	翁	俩	更	给	副

第二节 多音节词语测试训练

一、训练提示

本节练习要求发音人注意词的积累，正确把握词语的节奏感。

（1）快速准确判别轻声词、上声音节词语，注意准确读出轻声词、上声变调和上声调。

（2）注意儿化音节的正确发音，多音节词的发音节奏不可忽视。

二、训练内容

（一）多音节词语样卷分析

1. 读多音节词语（100个音节，共20分，限时2.5分钟）

电压	火候	争论	拥有	难怪	被窝儿	维持	跨度
谬误	贫穷	资格	媒人	要求	钢铁	情况	客气
军阀	名称	教师	缺少	从而	好歹	乡村	佛寺
合作社	新娘	上层	跳高儿	东欧	撇开	选拔	妇女
小瓮儿	云端	头脑	决定性	温柔	诊所	疲倦	水灾
蒜瓣儿	昂然	状态	处理	临终	专家	凉快	潜移默化

2. 分 析

“火候、媒人、凉快”都是轻声词，“撇开、客气”是轻重两可词，要能准确判断并能正确发音。

“被窝儿、跳高儿、小瓮儿、蒜瓣儿”都是儿化词，发儿化音节时舌尖要快速卷起，并能按照儿化音节发音的相关规律正确发音。

“火候、撇开、选拔、小瓮儿、水灾”等词语中加“.”的都是上声音节，由于处在词的开头，根据上声变调规律都要读成半上（调值[21]）；“拥有、钢铁、缺少、妇女、头脑”等词语中加“.”的都是上声音节，由于处在词的末尾，都要读成上声（调值[214]）；“好歹、诊所、处理”等词语都是上上相连音节，前一音节读成阳平（调值[35]），后一音节读成上声（调值[214]）。

“争论、维持、资格、媒人、名称、教师、缺少、从而、乡村、佛寺、合作社、上层、温柔、诊所、水灾、蒜瓣儿、状态、处理、临终、专家”等词语中加“.”的都是翘舌音，注意翘舌到位并正确发音；这些词语中加“_”都是平舌音声母字，注意区分。特别要注意平翘舌音的转换，如“合作社、上层、诊所、水灾”等。

“电压、争论、难怪、贫穷、媒人、钢铁、情况、军阀、名称、乡村、新娘、上层、选拔、小瓮儿、云端、决定性、温柔、诊所、疲倦、蒜瓣儿、昂然、状态、临终、专家、凉快”等词语中加“.”的都是前鼻韵母，注意将韵尾-n归音到位；这些词语中加“_”都是后鼻韵母，注意将韵尾-ng归音到位并注意与前鼻音韵母区分开来。特别要注意前后鼻韵母的转换，如“争论、贫穷、乡村、新娘、昂然、临终”等。

“争论、难怪、规律、新娘、妇女、头脑、处理、临终、凉快”等词语中加“.”的都是边音声母，加“_”都是鼻音声母，注意区分。

“合作社、决定性、潜移默化”是三音节或四音节词，每个音节不能读一样重，而应该按照多音节的轻重格式来读。如“合作社、决定性”读成“中・次轻・重”格式，“潜移默化”读成“中・次轻・中・重”格式。

（二）多音节词语测试观摩

教师可按照多音节词语测试相关要求，以下面样卷为例，为学生做多音节词语测试示范，让学生观摩。学生在观摩时，不仅要注意老师的语速，还要特别注意每个音节的声、韵、调的发音，以及轻声、儿化、变调和词的轻重格式。

测试观摩样卷一（读多音节词语，限时2.5分钟，共20分）

zhīdao 知道	zhōngxún 中旬	nàoshì 闹事	rènmiǎn 任免	fēngzheng 风筝	chéngjiù 成就
dōngnán 东南	jīnyúr 金鱼儿	kāituò 开拓	gānbēi 干杯	jiàgé 价格	zhèhuìr 这会儿
xuánguà 悬挂	rìyuán 日元	dìqiú 地球	róngqià 融洽	bìlǜ 碧绿	shāngliang 商量
cāixiǎng 猜想	bāngzhù 帮助	xióngbīng 雄兵	shuǐpào 水疱	tiáoyuē 条约	sháozi 勺子
liǎodé 了得	jūnliè 龟裂	wénmíng 文明	línghuó 灵活	chūnjié 春节	yìnshuā 印刷
zǒudiaor 走调儿	guǎimài 拐卖	shèngdiǎn 盛典	hǎochu 好处	chuàngzào 创造	jūnliáng 军粮

quèzhěn	zhèngquàn	qiēkǒu	nàmènr	cì’ěr	sīsuǒ
确诊	证券	切口	纳闷儿	刺耳	思索
cán’é	tuīsuàn	péikuǎn	yuáncáiliào	mǎlíngshǔ	lǚjiànbùxiān
蚕蛾	推算	赔款	原材料	马铃薯	屡见不鲜

测试观摩样卷二（读多音节词语，限时2.5分钟，共20分）

五彩　作怪　犬马　辞职　筷子　耍滑　涡流　没事儿
普遍　创作　篮球　死扣儿　飞舞　农村　木头　安全
而且　烫金　否决　缓和　败坏　假如　佛教　针鼻儿
曾孙　残余　侵略　平均　运用　插秧　富翁　儿女
跳箱　别的　改造　操场　化纤　枉法　控制　大伙儿
果断　无穷　崩溃　可喜　命运　电磁波　维生素　脍炙人口

（三）多音节词语模拟测试训练

教师以下列样卷为材料，按照多音节词语测试的规范要求及其评分标准，带领学生进行多音节字词模拟测试训练，给学生最直观的感受，让他们了解多音节词语的测试。学生一边跟读一边做好记录（注音），为学生后续的训练打下基础。

模拟测试练习样卷一（读多音节词语，限时2.5分钟，共20分）

反馈　修改　适当　内乱　啮齿　强烈　爱情　刀把儿
规模　耳环　铁弓　词法　作文　下午　甲班　车子
昙花　功夫　等闲　器具　一阵儿　胸怀　受穷　支援
厕所　玻璃　深厚　听说　空中　人影儿　大声　推广
顶点　快乐　将就　暴虐　能量　遵照　撒谎　金鱼儿
入门　拼死　组长　资讯　用处　重工业　蛋白质　刻不容缓

模拟测试练习样卷二（读多音节词语，限时2.5分钟，共20分）

规矩　染色　肥料　磁铁　缩写　驳斥　人才　围嘴儿
搜寻　战略　牛虻　胭脂　能够　制造　锅子　原谅
含糊　或者　汹涌　小曲儿　概括　衬衫　同时　农民
撇开　关心　剪票　穷困　方向　爆肚儿　虐政　轮船
夸奖　耳塞　招待　生存　另外　下达　鲜花　打嗝儿
价值　快乐　老茧　沙瓤　阻隔　世界观　正比例　心旷神怡

模拟测试练习样卷三（读多音节词语，限时2.5分钟，共20分）

取得　样本　儿童　混淆　衰落　分析　防御　沙丘
管理　夹缝儿　此外　便宜　光环　扭转　加油　队伍
挖掘　驯养　科学　名牌儿　手指　策略　抢劫　森林
侨眷　港口　干净　日用　委员　没准儿　紧张　炽热

群众 沉醉 快乐 窗户 财富 应当 生字 模特儿
奔跑 晚上 卑劣 包装 洒脱 播音员 塑料瓶 如释重负

第三节 朗读测试训练

一、训练提示

本节练习要求发音人在熟悉朗读作品的基础上，先扫除文字障碍，掌握作品的朗读基调，把握朗读的语言节奏感。

（1）注意难读易错字词。

（2）注意语句的停顿和连接，力求做到流畅。

二、训练内容

《白杨礼赞》朗读分析

那是力争上游的一种树，笔直的干，笔直的枝。它的干呢，通常是丈把高，像是加以人工似的，一丈以内，绝无旁枝；它所有的丫枝呢，一律向上，而且紧紧靠拢，也像是加以人工似的，成为一束，绝无横斜逸出；它的宽大的叶子也是片片向上，几乎没有斜生的，更不用说倒垂了；它的皮，光滑而有银色的晕圈，微微泛出淡青色。这是虽在北方的风雪的压迫下却保持着倔强挺立的一种树！哪怕只有碗来粗细罢，它却努力向上发展，高到丈许，两丈，参天耸立，不折不挠，对抗着西北风。

这就是白杨树，西北极普通的一种树，然而绝不是平凡的树！

它没有婆娑的姿态，没有屈曲盘旋的虬枝，也许你要说它不美丽，——如果美是专指“婆娑”或“横斜逸出”之类而言，那么白杨树算不得树中的好女子；但是它却是伟岸，正直，朴质，严肃，也不缺乏温和，更不用提它的坚强不屈与挺拔，它是树中的伟丈夫！当你在积雪初融的高原上走过，看见平坦的大地上傲然挺立这么一株或一排白杨树，难道你就只觉得树只是树，难道你就不想到它的朴质，严肃，坚强不屈，至少也象征了北方的农民；难道你竟一点儿也不联想到，在敌后的广大土//地上，到处有坚强不屈，就像这白杨树一样傲然挺立的守卫他们家乡的哨兵！难道你又不更远一点想到这样枝枝叶叶靠紧团结，力求上进的白杨树，宛然象征了今天在华北平原纵横决荡用血写出新中国历史的那种精神和意志。

【朗读提示】

《白杨礼赞》是一篇优美的散文，处处渗透着高尚的审美情趣。文章的主要目的还在于表现白杨树的内在美，它伟岸、正直、朴质、严肃，也不缺乏温和。继而揭示它的象征美：它不仅象征了北方农民，而且象征了我们民族的朴质、坚强、力求上进的精神。朗读本文时，语气坚定、热情，语速可稍慢。但在朗读最后一个自然段的排比句时，语调高昂，气流强，语势向高峰步步推进。

【语音提示】

1. 易错词语

（1）笔直的干 bǐzhídegàn
（2）似的 shìde
（3）桠枝 yāzhī
（4）横斜逸出 héngxié-yìchū
（5）倒垂 dàochuí
（6）晕圈 yùnquān
（7）压迫 yāpò
（8）倔强 juéjiàng
（9）参天耸立 cāntiān-sǒnglì
（10）不折不挠 bùzhé-bùnáo
（11）婆娑 pósuō
（12）屈曲盘旋 qūqū-pánxuán
（13）虬枝 qiúzhī
（14）伟丈夫 wěizhàngfu
（15）积雪初融 jīxuě-chūróng
（16）朴质 pǔzhì
（17）一株 yìzhū
（18）宛然 wǎnrán
（19）纵横决荡 zònghéng-juédàng
（20）用血 yòngxuè

2. 难读词语

（1）力争 lìzhēng
（2）一律 yílǜ
（3）而且 érqiě
（4）紧紧靠拢 jǐnjǐnkàolǒng
（5）斜生 xiéshēng
（6）银色 yínsè
（7）淡青色 dànqīngsè
（8）风雪 fēngxuě
（9）挺立 tǐnglì
（10）努力 nǔlì
（11）两丈 liǎngzhàng
（12）西北风 xīběifēng
（13）平凡 píngfán
（14）姿态 zītài
（15）温和 wēnhé
（16）更不用 gèngbúyòng
（17）挺拔 tǐngbá
（18）平坦 píngtǎn
（19）象征 xiàngzhēng
（20）农民 nóngmín
（21）竟 jìng
（22）联想 liánxiǎng
（23）哨兵 shàobīng
（24）更远 gèngyuǎn
（25）力求上进 lìqiúshàngjìn
（26）平原 píngyuán
（27）新中国 xīnzhōngguó
（28）历史 lìshǐ
（29）那种 nàzhǒng
（30）精神 jīngshén

3. 音变词语

似的 叶子 算不得 伟丈夫 高原上 大地上 土地上 觉得 他们

一点儿

本文中“一、不”的变调都很多，注意区别把握。

4. 重点句

（1）那｜是力争上游的｜一种树，笔直的干，笔直的枝。

要点：①“那是”“力争”鼻边音转换；② 翘舌音连读；③“干”“枝”重读，在“那、的”后可划节拍点。

（2）它所有的丫枝呢，一律向上，而且紧紧靠拢，也像是加以人工似的，成为一束，绝无横斜逸出；它的宽大的叶子也是片片向上，几乎没有斜生的，更不用说倒垂了；它的皮，光滑而有银色的晕圈，微微泛出淡青色。

要点：“成为”“横斜”“斜生”“更”“淡青色”连续后鼻音，“紧紧”“银色”“晕圈”连续前鼻音。

（3）这是虽在北方的风雪的压迫下｜却保持着倔强挺立的一种树！

要点：①“这是”“虽在”“保持”平翘舌转换；② 注意断句。

（4）它没有婆娑的姿态，没有屈曲盘旋的虬枝，也许你要说它不美丽，——如果美是专指“婆娑”或“横斜逸出”之类而言，那么白杨树算不得树中的好女子。

要点：①“美丽”“之类”“好女子”鼻边音转换；②“好女子”的“好”重读，“女子”宜读[21]。

（5）但是它却是伟岸，正直，朴质，严肃，也不缺乏温和，更不用提它的坚强不屈与挺拔，它是树中的伟丈夫！

要点：①“正直”“质”“严肃”平翘舌转换；②“温和”轻读；③“伟”重读与“丈夫”轻读之间的变化。

（6）当你在积雪初融的高原上走过，看见平坦的大地上｜傲然挺立｜这么一株或一排白杨树，难道你就只觉得｜树只是树，难道你就不想到｜它的朴质，严肃，坚强不屈，至少也象征了北方的农民；难道你竟一点儿也不联想到，在敌后的广大土地上，到处有坚强不屈，就像这白杨树一样｜傲然挺立的｜守卫他们家乡的哨兵！难道你又不更远一点想到｜这样枝枝叶叶靠紧团结，力求上进的白杨树，宛然象征了｜今天在华北平原纵横决荡｜用血写出新中国历史的｜那种精神和意志。

要点：① 注意长句的断句；② 注意由四个“难道”构成的排比句式，读来语势要逐渐向上递进；③“傲然挺立”“只觉得”“树只是树”“至少”“北方的农民”“竟”“一点儿”“到处”“就像这白杨树一样”“更远一点”“枝枝叶叶靠紧团结”“力求上进”“宛然象征了”“纵横决荡”“用血”“新中国”“精神”“意志”等关键字段重读。

第四节　说话测试训练

一、训练提示

本节练习要求发音人围绕话题说一段话，做到自然、流畅，有较强的口语化特点。

（1）说话测试不是口头作文，也不是演讲，而是围绕话题（主题）说一段话。

（2）注意不要背稿、不要跑题，尽量避免不必要的“嗯、啊”之类的词，力求做到清晰、自然。

二、训练内容

（一）说话案例分析

童年趣事案例一

记得我小时候第一次坐滑梯，觉得真是好玩极了，那时，又怕坐又想坐，那个矛盾的心情可真让我难忘。

那是我读幼儿园时，我们的班主任是张老师，生活老师是沈老师。在教室旁边有一座一层楼高的木板滑梯。有一天，张老师和沈老师领着我们来到滑梯旁，小伙伴们都高兴地拍起手来。可是我心里很紧张，因为我是第一次坐滑梯，觉得很害怕。张老师让我们逐个爬上滑梯，沈老师在下面护接我们，小伙伴们一个接一个地爬上去又滑下来，只有我一个人静立不动。看着他们上上下下，张老师发现了我一直都没有上去，便走过来对我说：“小梅，怎么了？为什么不跟小朋友一起滑呢？”我望了望张教师，吞吞吐吐地说：“我，我怕，又不会滑。”张老师对我说：“没什么好怕的。来，上去，慢慢滑下来，我让沈老师接你。”我当时又急又怕，又想上去试试，可心里怎么都不踏实，像揣着一只小白兔，蹦蹦地跳着。张老师好像知道我想什么似的，又鼓励我说：“人只有向前，不怕困难，才能办好各种各样的事。这点小困难你就怕了，往后怎么办呢？”我终于下决心试一试，我一步一步顺着梯子爬上梯顶，坐下来准备往下滑，突然看到离地面这么高，心里一慌，不知怎么办才好。这时沈老师拍了拍手，示意我滑下去。我看到沈老师鼓励的眼光，便壮着胆，鼓起勇气，向下滑去。这时，我心里又害怕又紧张，双眼闭着等待将要发生的事。就在这个时候一双稳而有力的手接住了我，我睁眼一看，原来沈老师接住了我。她对我说：“滑的时候要用两手扶栏杆，不要太快”，她温柔的眼光好像一股春风一直吹进了我的心。我又上去滑了一次，这次我不怕了，而且很稳地滑了下来，沈老师和张老师都表扬了我。我继续地滑了一次又一次，跟小伙伴们一起轻松地滑，我还学会了双人滑，侧滑和卧滑，我高兴极了，因为我已经学会了滑滑梯。

这就是我童年的一件趣事。

【分析】这段话语材料思路清晰，内容完整，口语化程度较高。就语音分布情况看，做到了合理规避儿化等难点音，从而降低了说话的难度。但主题不够明确，因为话题是“童年趣事”，而材料中更多的是让自己印象深刻的一段童年记忆，未能很好地体现“趣”字。选词造句屡不规范，比如“我心里又害怕又紧张”应该是“我心里既害怕又紧张”，“她温柔的眼光好像一股春风一直吹进了我的心”，把“温柔的眼光”比作“春风”不够恰当，“我继续地滑了一次又一次”应该是“我滑了一次又一次”，“蹦蹦地跳着”中“蹦”就是“跳”的意思，重复。“看着他们上上下下，张老师发现了我一直都没有上去”上下文之间的衔接不自然，显得比较突兀。

童年趣事案例二

展开记忆的长幅，那一段段画面绘成我的童年，喜怒哀乐尽在其中……

从小妈妈就宠我，什么好吃的总先分给我，然后再给姐姐，这不得不把我熏陶成一个小贪吃鬼和小气鬼!

一次，我正在吃饼干，姐姐的馋虫立即被我勾了起来。“妹妹，能，能分给姐姐一半吗?”姐姐明知我不会给，可还是抱着“只有一丝的希望也要尽百分之百的努力”来试试。姐姐的话，我右耳朵进左耳朵就出了!“好吧，看你是熟人，就给你一半吧!”说着，掰了一半给了姐姐。

可是，饼干还没被送到嘴里，我又下达了最后通牒：“等等，把你的那半拿来。”姐姐不知所措，只好拿来。我一比，发现姐姐的那半比我的大，就把姐姐的那半拿到嘴边，姐姐一看不妙，闭上眼，……应该是姐姐不想看到这残忍的一面吧！……我大口大口地嚼了起来，一看，只剩下了原来的一半了!一吃，我的馋虫被勾了起来！又嚼了一口。只剩下了原来的一半了。“给你，姐姐，你尝尝可好吃呢！怎么样，我够意思了吧！”这时，刚好被家人看见，妈妈笑得弯下了腰，爸爸乐得捂住了肚子，姐姐笑得眼睛眯成了一条线，我见大家笑了，我也禁不住笑了起来!就这样，又一件童年趣事在欢声笑语中结束了。

这就是令我难忘的一件童年趣事!

【分析】这段话语材料主题明确，讲述了发生在童年时期的一件有趣的生活琐事。但内容不够完整，思路不够清晰，说话过程中出现了思维空白，因而不够流畅。口语化程度不够，比如“下达了最后通牒”“右耳朵进左耳朵就出了”“这不得不把我熏陶成一个小贪吃鬼和小气鬼”等。“……应该是姐姐不想看到这残忍的一面吧!……我大口大口地嚼了起来”上下文之间衔接不自然，比较突兀，影响了思想的表达，也使话语不够流畅。用词偶有不规范，如“一段段画面”应改为“一个个画面”。全篇不足500个音节，显然没能说满3分钟，这不符合说话的要求。

（二）普通话水平测试样卷

普通话水平测试样卷（1）

（注意：测试时，请先报姓名、考试编号、试卷编号）

一、读单音节字词（100个音节，共10分，限时3.5分钟）

蹦	耍	德	扰	直	返	凝	秋	淡	丝
炯	粗	袄	瓮	癣	儿	履	告	筒	猫
驯	辱	碟	栓	来	顶	墩	忙	哀	霎
果	憋	捺	装	群	精	唇	亮	馆	符
肉	梯	船	溺	北	剖	民	邀	旷	暖
快	酒	除	缺	杂	搜	税	脾	锋	日
贼	孔	哲	许	尘	谓	忍	填	颇	残
涧	穷	歪	雅	捉	凑	怎	虾	冷	躬
莫	虽	绢	挖	伙	聘	英	条	笨	敛
墙	岳	黑	巨	访	自	毁	郑	浑	降

二、读多音节词语（100个音节，共20分，限时2.5分钟）

损坏	昆虫	兴奋	恶劣	挂帅	针鼻儿	排斥	采取
利索	荒谬	少女	电磁波	愿望	恰当	若干	加塞儿
浪费	苦衷	降低	夜晚	小熊儿	存留	上午	按钮
佛教	新娘	逗乐儿	全面	包括	不用	培养	编纂
扎实	推测	吵嘴	均匀	收成	然而	满口	怪异
听话	大学生	发作	侵略	钢铁	孩子	光荣	前仆后继

三、朗读短文（400个音节，共30分，限时4分钟）

作品 14 号《态度创造快乐》

四、命题说话（请在下列话题中任选一个，共40分，限时3分钟）

（1）难忘的旅行

（2）谈谈卫生与健康

普通话水平测样卷（2）

（注意：测试时，请先报姓名、考试编号、试卷编号）

一、读单音节字词（100个音节，共10分，限时3.5分钟）

卧 鸟 纱 悔 掠 酉 终 撤 甩 蓄
秧 四 仍 叫 台 婶 贼 耕 半 掐
布 癣 翁 弱 刷 允 床 改 逃 春
驳 纯 导 虽 棒 伍 知 末 枪 蹦
港 评 犬 课 淮 炯 循 纺 拴 李
赛 捡 梯 呕 绳 揭 陇 搓 二 棉
桩 皿 宋 狭 内 啃 字 环 州 秒
抛 代 关 停 祛 德 孙 旧 崔 凝
烈 倪 荆 擒 案 砸 垮 焚 帝 聊
颠 涌 牛 汝 粤 篇 竹 草 迟 泛

二、读多音节词语（100个音节，共20分，限时2.5分钟）

参考 船长 艺术家 聪明 她们 红军 煤炭 工厂
发烧 嘟囔 黄瓜 效率 别针儿 责怪 大娘 喷洒
保温 产品 佛学 童话 男女 做活儿 缘故 谬论
穷困 今日 完整 决定性 斜坡 疲倦 爱国 能量
英雄 口罩儿 让位 叶子 封锁 核算 而且 转脸
人群 飞快 牙签儿 丢掉 往来 罪恶 首饰 此起彼伏

三、朗读短文（400个音节，共30分，限时4分钟）

作品21号《语言的魅力》

四、命题说话（请在下列话题中任选一个，共40分，限时3分钟）

（1）我尊敬的人

（2）谈谈服饰

普通话水平测试样卷（3）

（注意：测试时，请先报姓名、考试编号、试卷编号）

一、读单音节字词（100个音节，共10分，限时3.5分钟）

老	腮	洽	恩	曹	刷	恒	踪	夏	拨
闽	建	娶	捉	肥	病	苦	扬	外	子
糠	嫌	略	耳	颇	陈	袜	体	爱	戳
蒋	贼	迅	鳖	日	举	叼	述	习	窦
枝	裙	睬	宾	瑟	仍	苑	推	皱	感
哑	手	汪	寡	浓	羽	雄	劝	丰	幻
膝	盏	怀	广	烦	若	掌	鹿	曰	磁
积	篾	隋	关	嘱	耐	麻	诵	惹	挥
领	瓢	久	兰	靠	团	窘	谜	滚	方
盆	妙	屯	丢	偿	宴	嘴	栓	宝	捏

二、读多音节词语（100个音节，共20分，限时2.5分钟）

损坏	昆虫	兴奋	恶劣	挂帅	针鼻儿	排斥	采取
利索	荒谬	少女	电磁波	愿望	恰当	若干	加塞儿
浪费	苦衷	降低	夜晚	小熊儿	存留	上午	按钮
佛教	新娘	逗乐儿	全面	包括	不用	培养	编纂
扎实	推测	吵嘴	均匀	收成	然而	满口	怪异
听话	大学生	发作	侵略	钢铁	孩子	光荣	前仆后继

三、朗读短文（400个音节，共30分，限时4分钟）

作品16号《提醒幸福》

四、命题说话（请在下列话题中任选一个，共40分，限时3分钟）

（1）我喜爱的职业

（2）我的家乡（或熟悉的地方）

普通话水平测试样卷（4）

（注意：测试时，请先报姓名、考试编号、试卷编号）

一、读单音节字词（100个音节，共10分，限时3.5分钟）

券	允	凡	笋	拎	雪	负	搜	最	禾
谬	帮	灭	郭	绒	窃	许	刁	虫	恨
零	些	字	清	法	炉	绢	夺	产	词
扔	浴	擦	桃	闭	支	楼	姜	甩	雄
窄	驳	炯	旁	歪	蹦	偏	辱	方	条
嫁	鸟	盘	扯	纳	短	昂	镁	您	袜
押	贼	蜂	袄	团	逗	雷	够	脊	筐
讼	伸	稿	破	遣	廓	裘	跃	酌	光
凝	眯	怒	香	史	搔	僻	艇	刷	往
钧	孔	殿	水	而	改	宽	魂	蹭	枕

二、读多音节词语（100个音节，共20分，限时2.5分钟）

沙漠	主人翁	去年	红娘	似乎	平民	群落	穷苦
肚脐儿	设备	旋转	接洽	包涵	干脆	日益	障碍
测量	婴儿	开玩笑	铁索	脑子	配偶	作怪	伤员
利用	打垮	痛快	略微	邮戳儿	创造	票据	苍白
沸腾	佛经	酒盅儿	坚持	整个	霜冻	分成	先生
绿化	角色	温柔	导体	扇面儿	宾馆	循环	困难

三、朗读短文（400个音节，共30分，限时4分钟）

作品1号《差别》

四、命题说话（请在下列话题中任选一个，共40分，限时3分钟）

（1）我知道的风俗

（2）我和体育

普通话水平测试样卷（5）

（注意：测试时，请先报姓名、考试编号、试卷编号）

一、读单音节字词（100个音节，共10分，限时3.5分钟）

蛇	洼	构	产	败	抿	耗	隔	软	无
册	痴	月	旁	乖	内	癣	恰	袄	香
抖	腊	许	陪	脚	题	翁	鼻	跨	诀
态	栓	气	茧	方	痕	捅	之	臀	江
砸	狱	霞	腮	自	窘	嫩	镭	反	梭
彩	珠	炒	窝	耍	坑	拟	遍	群	孔
疗	椎	堵	霖	捐	死	槐	墓	搓	扭
疮	儿	蔫	用	偶	冰	婆	邓	允	怯
捧	刘	铁	挥	吮	鸣	罪	逢	对	公
让	貂	磬	然	装	虫	摸	靠	蚕	面

二、读多音节词语（100个音节，共20分，限时2.5分钟

规矩	作家	核算	战略	增强	谩骂	细菌	篡改
火锅儿	履行	魅力	英雄	穷尽	飞船	动画片	丧失
钟表	衰弱	拳头	红娘	佛法	腐朽	医院	政委
确定	从此	天鹅	因而	贫困	脖颈儿	尿素	节日
有趣	爽朗	来往	认真	稳当	寻找	热爱	分裂
葡萄糖	报酬	黑暗	门口儿	拍子	不快	吹奏	大褂儿

三、读短文（400个音节，共30分，限时4分钟）

作品15号《陶行知的“四块糖果”》

四、命题说话（请在下列话题中任选一个，共40分，限时3分钟）

（1）我喜欢的明星(或其他知名人士)

（2）我向往的地方

普通话水平测试样卷（6）

（注意：测试时，请先报姓名、考试编号、试卷编号）

一、读单音节字词（100个音节，共10分，限时3.5分钟）

眠	表	煤	劣	恩	乃	丢	按	曰	烫
取	洲	水	盒	犬	射	砍	鬓	姚	滩
甩	动	囊	浸	卵	困	钾	顾	雅	愣
槽	座	吻	升	德	喘	疲	三	巡	叮
墙	次	团	捏	贼	广	荣	癣	仪	怕
朽	菊	缩	柔	丝	迷	纷	卒	欠	蒸
梁	崔	怎	榻	宠	君	苦	怀	翁	纸
齐	挂	斜	登	袍	闰	绝	拍	炯	缫
莫	桶	拙	嫩	刚	扯	报	马	吠	刷
环	仿	日	汪	用	诸	罢	岭	播	二

二、读多音节词语（100个音节，共20分，限时2.5分钟）

为了	森林	篡改	夸张	华贵	手绢儿	舞女	侵略
创造性	翱翔	描述	下降	撇开	佛典	猫头鹰	完备
快艇	叛变	灰色	皎洁	功能	状元	然而	彼此
恰如	培育	丰硕	酒盅儿	红火	迫使	油田	群体
上课	贫穷	牛顿	撒谎	胸脯	程序	翅膀	农村
在这儿	外力	大娘	底子	命运	爱国	展览	刀刃儿

三、朗读短文（400个音节，共30分，限时4分钟）

作品25号《住的梦》

四、命题说话（请在下列话题中任选一个，共40分，限时3分钟）

（1）我喜爱的书刊

（2）谈谈对环境保护的认识

普通话水平测试样卷（7）

（注意：测试时，请先报姓名、考试编号、试卷编号）

一、读单音节字词（100个音节，共10分，限时3.5分钟）

墙	换	戳	告	蹄	庄	陕	控	娃	段
锥	百	瞥	逆	添	壤	究	群	法	残
揩	末	厅	裂	宣	耳	瞎	瘦	温	揍
硼	晚	察	吞	持	比	昧	孙	日	脖
总	徐	粗	随	奉	汝	劝	黑	定	皆
谬	夺	享	杂	捞	滑	死	德	坏	此
瞧	女	冻	鸟	及	奶	罐	砂	扯	逛
粉	狼	抄	锦	绳	窘	驻	撅	或	揉
冢	悦	连	新	牙	藕	蕴	贴	吾	永
歪	进	篇	尝	坎	螯	筛	本	绫	勉

二、读多音节词语（100个音节，共20分，限时2.5分钟）

背后	特别	冲刷	战略	农民	胆固醇	馒头	浅显
加速	所有制	疲倦	标准	佛教	红娘	飞船	恰好
夸张	配套	扎实	藏身	快乐	双方	明确	军队
未来	四周	挨个儿	英雄	跳蚤	力量	胡同儿	蜗牛
昂贵	仍然	原因	底子	难怪	小鞋儿	麻醉	篡改
穷人	富翁	雨点儿	遵循	何况	上层	陡坡	轻而易举

三、朗读短文（400个音节，共30分，限时4分钟）

作品4号《二十美金的价值》

四、命题说话（请在下列话题中任选一个，共40分，限时3分钟）

（1）我的愿望（或理想）

（2）我喜爱的文学（或其他）艺术形式

普通话水平测试样卷（8）

（注意：测试时，请先报姓名、考试编号、试卷编号）

一、读单音节字词（100个音节，共10分，限时3.5分钟）

亏	阅	典	儿	馨	寡	裙	黑	藤	佩
陵	字	层	日	忙	软	抠	腐	囚	她
醒	凑	除	钵	防	摸	扭	毛	俊	投
象	拖	洒	膘	告	沦	袋	丙	锐	要
环	筛	捧	碎	癖	腔	选	农	居	砸
吃	甲	四	迎	费	淤	我	歌	拣	淮
某	棕	违	爽	瞥	旺	僧	磷	炯	摔
道	杯	决	帐	鼓	债	粗	但	女	延
问	离	钓	犬	闹	苗	诊	猎	染	澈
肯	塘	沾	癌	洽	庵	笨	胸	准	光

二、读多音节词语（100个音节，共20分，限时2.5分钟）

快乐　丢人　小瓮儿　含量　村庄　开花　灯泡儿　红娘
特色　荒谬　而且　定额　观赏　部分　侵略　捐税
收缩　鬼脸　趋势　拐弯儿　内容　若干　爆发　原材料
创办　抓紧　盛怒　运用　美景　面子　压迫　必需品
佛学　一直　启程　棒槌　山峰　罪孽　刺激　无穷
打听　通讯　木偶　昆虫　天下　做活儿　跨度　构造

三、朗读短文（400个音节，共30分，限时4分钟）

作品5号《父亲的爱》

四、命题说话（请在下列话题中任选一个，共40分，限时3分钟）

（1）谈谈社会公德（或职业道德）

（2）我喜欢的明星（或其他知名人士）

普通话水平测试样卷（9）

（注意：测试时，请先报姓名、考试编号、试卷编号）

一、读单音节字词100个（10分）

电 远 日 韦 仄 尖 黄 塌 眉 艘
临 赚 池 憎 饶 促 丝 国 伞 床
觅 丢 裙 匾 庞 恩 俘 拢 醉 劳
肉 萌 倦 准 内 熏 仰 抬 袜 您
黯 虫 篾 朽 糟 并 枪 蠢 羹 不
激 牌 瓜 粤 而 梳 你 块 雄 另
巴 让 条 攥 硫 鸟 瘸 磕 统 驱
我 跤 苟 章 景 瞎 海 搭 女 饭
许 黑 抵 摹 炒 跌 蕊 神 哑 签
甩 蹿 坠 恐 破 磁 圣 法 授 炯

二、读双音节词语50个（20分）

贵宾 奶粉 刀背儿 一律 状况 爆炸 存款 盎然
选举 柴火 加入 封锁 咏叹调 放松 热闹 佛像
逃走 亏损 军事 影子 权利 玩耍 怀念 铺盖
奇怪 钢铁 小偷儿 将来 主人翁 进化 聪明 运行
无穷 偶尔 扇面儿 政治 传播 培育 恰当 牛皮
咖啡 谬论 唱歌儿 词汇 虐待 综合 战略 轻描淡写

三、朗读短文（400个音节，共30分，限时4分钟）

作品 26 号《海滨仲夏夜》

四、说话（请在下列话题中任选一个，共40分，限时3分钟）

（1）难忘的旅行

（2）我喜爱的书刊

普通话水平测试样卷（10）

（注意：测试时，请先报姓名、考试编号、试卷编号）

一、读单音节字词（100个音节，共10分，限时3.5分钟）

拐	搏	掌	弱	法	弯	脓	柳	腔	呕
揪	舔	日	彼	粗	狂	销	凑	舌	捉
字	歼	值	扔	拟	汉	窘	攥	胚	径
摆	忙	岁	谋	女	而	征	妄	吟	掠
雅	阔	怀	瓮	三	故	踢	浑	胸	卦
鹰	肋	广	笨	舱	抱	涡	酿	筛	找
疲	翻	树	昂	软	词	捐	扯	巡	宽
平	雪	秸	诚	花	头	总	擒	稻	晨
废	辖	犬	愣	虞	吹	咬	拿	损	爹
甫	店	瞟	凌	讨	庙	群	改	颇	酶

二、读多音节词语（100个音节，共20分，限时2.5分钟）

宣传	衰变	外省	频率	捏造	棉球儿	耽误	橄榄
状态	疟疾	打嗝儿	运行	重量	跨度	撇开	嫂子
历史	勇猛	身份	挖潜	奥秘	锦标赛	方向	安慰
心眼儿	存活	持续	柔和	哺乳	盘算	创伤	害怕
家庭	收购	以内	挫折	儿童	丢掉	摸黑儿	决定
摧毁	军人	佛寺	作风	糖尿病	工厂	穷困	原料

三、朗读短文（400个音节，共30分，限时4分钟）

作品 20 号《记过的记忆》

四、命题说话（请在下列话题中任选一个，共40分，限时3分钟）

（1）我尊敬的人

（2）我的业余生活

第四章　普通话水平测试攻略

普通话水平测试（PSC）是测查应试人的普通话规范程度、熟练程度，认定其普通话水平等级的考试，属于标准参照性考试。为了便于操作和突出口头检测的特点，一律采用口试，目前主要采用主观评测的方法，在规定的时间里，通过读单音节字词、多音节词语、朗读、命题说话等对应试人的普通话水平进行认定。在十多年的测试实践中，我们发现有的应试者平常语音面貌尚可，受测时却未能达标，有的应试者甚至参加几次测试都不能达标，还有的应试者经过训练明显提高了普通话水平，但考试成绩却不理想。究其原因，不仅在于应试者自身的语音素质，还与应试者对《普通话水平测试大纲》和规程不甚了解以及应试时的心理状态等有关。

鉴于此，本章将介绍普通话水平测试的测试目的及具体评分要求，分析各项测试内容中易出现的问题，以及在实际测试中应试者应注意哪些问题，从而帮助应试者更有效地进行测试。

第一节　单音节字词测试

一、测试目的及评分细则

（一）测试目的

单音节字词测试旨在测查应试人普通话声母、韵母、声调发音的标准度，共读 100 个单音节字词，限时 3.5 分钟。

读单音节字词 100 个（排除轻声、儿化音节），主要测查应试人对普通话 3 790 个常用字词的声母、韵母、声调读音的标准程度。一个音节的声母、韵母、声调是完整的统一体，其中任何一项错读，整个音节就计为错误；任何一项发音不到位，不完整，整个音节就记为缺陷。此项成绩占测试总分的 10%，即 10 分。

（二）评分细则

（1）语音错误(含漏读)，每个音节扣 0.1 分。语音错误即明确地把普通话中的一个音读成另外一个音，或读成非普通话的其他音，如把“是shì”读作“四sì”。

（2）语音缺陷，每个音节扣 0.05 分。语音缺陷是指声、韵、调发音部位不够准确，语音没有达到标准的程度，即发音介于正确与错误之间。

（3）超时 1 分钟以内，扣 0.5 分；超时 1 分钟以上（含 1 分钟），扣 1 分。

（4）每个音节允许应试人改读一次，并以第二次读音记分，隔音节改读无效。多音字只要准确读出其中一个读音，就算正确。

二、单音节字词测试常出现的问题

（一）语音错误

语音错误是指普通话语音系统中，把一个音误读作另一个音，即将普通话的甲类声母读作乙类声母，或将普通话的甲类韵母读作乙类韵母，或将普通话的甲类声调读作乙类声调。从音位学角度看，语音错误是音位的音类错误，直接影响到对词义的理解。测试中，一个音节声、韵、调三个构成成分中只要一个成分出现错误，该音节即视为错读。对普通话语音基础较差的应试者而言，最容易出现语音错误。产生语音错误的原因有两个方面：

1. 认读错误

认读错误是指把甲字认作乙字。认读错误的情况包括以下几种：

（1）将形近字误读。如绽zhàn→定dìng、畔pàn→绊bàn、坯pī→胚pēi、赡shàn→瞻zhān、端duān→瑞ruì等。

（2）生僻字误读。某字生僻与常用之别，因人因地而异。如“涮shuàn羊肉”在北京地区是常用词，但对多数南方人而言却比较生僻，常错读为“shuā”。一些有较强的专业色彩或文言色彩的词，一般人也容易误读，如啮niè、褫chǐ、褶zhě等字。

（3）因脱离语境导致误读。有些汉字的出现常有比较固定的环境。在单音节字词测试中出现时，因离开了具体语境而被误读。如“陇”很少单用，一般只出现在“陇海线”一词里，按普通话变调规律实际读音为“lónghǎixiàn”。在单音节字词测试中出现这个字，应该还其本来面目读作“lǒng”，但应试者常忽略这一点，仍读成阳平，从而读错。

2. 发音错误

发音错误是指声母、韵母、声调读音错误。发错音包括以下情况：

（1）受不规范异读影响读错音。异读是指一个字习惯上具有多个不同的读法。普通话异读词已经审定。若仍沿用旧有异读，则造成错误。如绩jì→jī、迹jì→jī、呆dāi→ái、卓zhuó→zhuō。

（2）受方音影响发错音。受到方言语音系统和发音习惯影响造成发音错误，形成带有方言色彩的普通话腔调。应试者常出现的错误有：

声母方面：① 将翘舌音声母发成平舌音声母；② 翘舌音声母发音时由于舌头肌肉过于紧张，伴有圆唇动作；③ 舌尖过于后卷，或者接触上腭的面积过大，听起来部位靠后带有喉音色彩；④ 把鼻音n读成边音l，或者把边音l读成鼻音n；⑤ 将声母f读成声母h，或把声母h读成声母f；⑥ 在零声母前加上辅音音素ng-，n-，l-；⑦ 将wu音节声母读成v声母；⑧ 送气音与不送气音相混，如“床”读成“壮”。

韵母方面：① 撮口呼、合口呼韵母发音时不圆唇；② 开口呼韵母的开口度过小，音质发生明显变化；③ 前元音如i，ü等发音靠后，或后元音如u，o等发音靠前；④ 复韵母和鼻韵母发音时没有动程；⑤ 复韵母和鼻韵母发音时不归音。

声调方面：① 古入声字多归入阳平或保留，如铁tiě→tié、塔tǎ→tà、桦huà→huá、帆fān→fán、吨dūn→dùn。② 声调调形和调值错误，如把中升调读成降调，如人rén→rèn、儿ér→èr；把全降调读成升调，如去qù→qú、住zhù→zhú；或把曲折调读成阳平调，如美měi→méi、好hǎo→háo。

（3）受他人或习惯影响而误读。因追崇心理，容易受到他人特别是一些播音员、主持人的读音影响而错读字音。如室shì→shǐ、复fù→fǔ、亚yà→yǎ、较jào→jiǎo。

（二）语音缺陷

语音缺陷是指发音没有完全达到标准程度，介于“正确音”与“错误音”之间。从音位学角度看，语音缺陷是音值不准，有欠缺，属同一音位的变体错误，不影响词义的理解，只影响发音的规范程度。如把舌面前音j，q，x读得太接近z，c，s或读成舌叶音，把读翘舌音声母时舌尖接触或接近上腭的位置过于靠前，但还没有完全错读为舌尖前音，合口呼、撮口呼的韵母圆唇度明显不够或声调调形、调势基本正确，但调值明显偏低或偏高等。

单音节字词测试中常见的语音缺陷表现在：

1. 声母方面

主要表现在：① 在发平舌音或翘舌音时，都将舌尖抵住或接近上齿龈发音，发出似平非平、似翘非翘的平翘舌音；② 在发舌面前音j、q、x时，将成阻部位前移，发音接近z，c，s或接近舌叶音；③ 边音l鼻化，即发边音l时由于软腭提升不够，有气息从鼻腔残漏，致使边音声母l带上鼻化音色彩。

2. 韵母方面

主要表现在：① 撮口呼、合口呼韵母发音时圆唇度明显不够，语感差；② 开口呼韵母的开口度明显不够；③ 后元音发音靠近央元音；④ 复韵母和鼻韵母发音时动程过短；⑤ 复韵母和鼻韵母发音时归音不到位。

3. 声调方面

主要表现在：① 声调的相对音高不稳定。声调调形、调势基本正确，但调值明显偏低或偏高，特别是四声的相对高点或低点明显不一致，这类缺陷往往是成系统出现。② 上声调是应试者普通话测试中声调问题最多的部分，多数应试者上声读不到位，常表现为：

第一，基本上读[21]或[211]，只有降没有升的调值，造成后半截失落。

第二，整个上声调念得过短，曲折和上升部分丢失。

第三，降升后又下降，造成声调发音缺陷。

上声缺陷在单音节字词测试中每个扣 0.05 分，在双音节字词测试中每个扣 0.1 分。

第二节　多音节词语测试

一、测试目的及评分细则

（一）测试目的

多音节词语测试旨在测查应试人声母、韵母、声调和变调、轻声、儿化读音的标准程度。

（二）评分细则

（1）语音错误，即将甲音读成了乙音，每个音节扣 0.2 分。测试中，读错一个字，无论这个字声母、韵母或声调哪一部分发音错误，就要判定这个字读音错误。如果是漏读的，也要算错。

（2）语音缺陷，指声、韵、调发音部位不够准确，使语音没有达到标准程度，发音介于正确与错误之间的，每个音节扣 0.1 分。测试中，读音有缺陷，无论这个字声母、韵母或声调哪一部分发音有缺陷，就要判定这个字读音有缺陷。

（3）超时 1 分钟以内，扣 0.5 分；超时 1 分钟以上（含 1 分钟），扣 1 分。

（4）每个词只读一遍，感觉有口误时，只许改读一次，以第二次读音计分，隔音节改读无效。

二、多音节词语测试易出现的问题

多音节词语测试同样要求每一个音节的声母、韵母、声调发音都要做到准确、规范、到位，不能出现语音错误或语音缺陷。多音节词语测试在语音方面出现的问题类同于单音节字词测试，在此不再赘述。但在多音节词语测试中应注意的另一个问题是语流音变现象。普通话存在语流音变现象，在念读多音节词语时，如果变调不正确，则会使整个语音带上浓厚的方音，如果轻声、儿化不正确，则会使普通话不纯正。在音变方面常见以下问题：

（一）语音错误

这主要表现在：

（1）在多音节词语中，处于词语末尾的上声音节未读原调，发成阳平调。

（2）处于音节中的上声音节没有按照上声变调的规律进行发音，发成阳平调或中平调。

（3）把普通话里的轻声音节读成重读音节。

（4）把普通话里的儿化音节读成独立的“er”音节，或读成翘舌音或舌面前半低不圆唇元音ê[ɛ]。对于一些多音字，在有语境限制时，则必须按要求读出，否则就会发音错误，如与（有yǔ或yù两个读音），在“与其”中读yǔ，在ǔ参与ù中读yù。

（二）语音缺陷

这主要表现在：

（1）处于音节中的上声音节没有按照上声变调的规律进行发音，发成半上调或上声的最低点没能降到一度。

（2）把普通话里的轻声音节读成次轻格。

（3）普通话里的儿化音节卷舌不到位。

第三节　朗读测试

一、朗读测试的目的及基本要求

（一）测试目的

普通话朗读测试旨在测查应试人使用普通话朗读书面材料的水平，是对应试者普通话运用能力的一种综合检测形式。在继续考查声母、韵母、声调读音标准程度的同时，重点考查连续音变、停连、语调以及流畅程度。以朗读作品的前 400 个音节（不含标点符号和括注的音节）为限进行评分，总成绩 30 分，限时 4 分钟。

（二）朗读测试的基本要求

（1）准确、熟练运用普通话，做到读音（声韵调）准确，吐字清晰，语流音变正确。

（2）领会作品内容，准确把握作品思想感情；忠实于原作品，不添字、不漏字、不改字。

（3）语调自然，停连恰当，重音处理正确，语速快慢得当。

二、朗读测试的评分细则

普通话朗读测试的评分细则包括三个方面六项指标，下面逐一解析。

（一）语音评分标准

1. 语音错误

朗读测试中，语音错误指音节读音错误或音变错误。评分标准为每错 1 个音节，扣 0.1 分；漏读或增读 1 个音节，扣 0.1 分。

第一，朗读评分以短文的前 400 个音节为限，每出现一次语音错误，即声母、韵母、声调任何一个方面的错误，将会被扣 0.1 分。

第二，音变错误包括：轻声、儿化未读出，“一、不”未变调或变调调值错误，上声连读变调调值错误，语气词“啊”变读错误。以上错误按音节个数逐一扣分，每次扣 0.1 分。

第三，朗读时如有漏读、增读、改读，均按错误记评，按漏、增、改的音节个数逐一扣分，每个音节扣 0.1 分。

2. 声母或韵母的系统性语音缺陷

系统性语音缺陷是指在朗读中还构不成语音错误，但发音有明显缺陷，数量较多且呈规律性分布的声韵母情况。评分标准为：视程度扣 0.5 分、1 分。

（1）语音缺陷包括：翘舌音不足或过度，边音靠前带鼻化，尖音化趋向，鼻化音现象，韵母（特别是前鼻音，如en韵、in韵）归音不完整，韵母动程不足（主要是er韵、uo韵、ing韵）或开口度不足（主要是e韵、ang韵、eng韵、ueng韵），以及其他一些带有方音性质的声韵母问题。

（2）朗读测试时，在声母或韵母方面（不包含声调）出现的成系统性的语音缺陷，会视程度扣分。系统性语音缺陷较少扣 0.5 分，较多则扣 1 分。

（二）语调评分标准

朗读语调评分标准为：语调偏误，视程度扣 0.5 分、1 分、2 分。

语调偏误是指在语流中的声调，上声连读，“一、不”变调，轻声，语气词的使用，句末的升降调，轻重音格式等方面出现失误或较大缺陷，从而导致语感生硬或艰涩。

朗读语调偏误的构成比较复杂。一般会视程度扣分：略有反映，扣 0.5 分；偏误较多扣 1 分；偏误多则扣 2 分。

（三）熟练度评分标准

在朗读测试环节，属于熟练度方面的评判细则有三条：

1. 停连不当

停连不当是指朗读时肢解词语、或造成言语误解、形成歧义等情况，也包括朗读时节律不当，当断不断，当连不连，或字化、词化等情况。评分标准为：停连不当，视程度扣 0.5 分、1 分、2 分。

2. 朗读不流畅

朗读不流畅（包括回读）是指应试人朗读短文的熟练程度。评分标准为：朗读不流畅（包括回读），视程度扣 0.5 分、1 分、2 分。

朗读不流畅（包括回读）的具体评分方法是：有 1 ~ 2 次小的中断或回读视作不太流畅，扣 0.5 分；有 3 ~ 5 次的中断或回读视作明显不流畅，可扣 1 分；结结巴巴、频繁回读或把句子按词分读视作极不流畅，要扣 2 分。对回读部分的音节语音正确度的评分以最后一遍为准。

3. 朗读超时

朗读短文，以 400 个音节为限，限时 4 分钟，超时就要扣 1 分。

三、朗读测试易出现的问题

由于朗读测试是测查应试人使用普通话朗读书面材料的水平，是对应试者普通话运用能力的综合检测，故应试者在朗读短文时，其声母、韵母、声调发音的标准程度、规范程度、熟练程度会得以体现。同时，该项测试还重点考查连续音变、停连、语调以及自然流畅程度，因此，此项测试对应试者而言，难度增加。而对语音基础薄弱的应试者而言会暴露更多问题。主要表现在以下方面：

（一）语音方面

在单音节字词测试和多音节词语测试中易出现的语音错误和语音缺陷在朗读测试中依然明显。

（1）翘舌音声母zh，ch，sh，r，后鼻音韵母eng，ing易失误。原因在于这几组音出现的频率高，也是大多数方言区的人学习普通话普遍的难点，在发音、识记等方面不容易短期掌握。

（2）轻声易失误。朗读中大量轻声的失分主要来自“上、下、面、里、边”等方位词、“来、去”等趋向动词和一些习惯轻声的失误。

（3）注意后缀“儿”的处理。如“树尖儿上顶着一髻儿白花”“同人一样，花儿也是有灵性的，更有品位之高低。”这两句中的“儿”都没有实际的意义，但第二句却没读儿化韵，而是保留了它的音韵地位，读成了轻声。这主要是韵律上的要求，这样会显得整齐、匀称。所以朗读作品当遇到“儿”的时候要判断什么时候直接读成儿化韵，什么时候要把“儿”作为轻声音节读出来。

（4）错字、漏字、添字、改字的现象比较常见。

（5）明显的、规律性的声母、韵母方面缺陷。如zh、ch、sh、r发音不足，似翘非翘，en韵、in韵归音不到位，er韵、uo韵、ing韵动程不足，e韵、ang韵、eng韵、ueng韵开口度不足等。这些语音缺陷与应试者没有掌握准确的发音位置有关。

（二）语调方面

（1）方言语调明显。朗读时，语句中遗留方言语音。如在句调、字调、轻重音、语气的运用、语音节律等方面轻重不分，或是该轻读的重读，该重读的轻读，听起来方言语调明显。

（2）朗读时，语流中轻声、儿化、上声的变调、“一、不”的变调以及语气词“啊”的变读失误或缺陷。

（3）朗读方式不正确。如唱读、念经等。

（三）熟练度方面

（1）朗读中语音停顿不当、停连不当造成文章歧义或词语肢解等，这是应试者对作品不熟悉或不理解导致。

（2）朗读不流畅，错读、漏读、回读比较常见。主要原因还是应试者不熟悉作品。

（3）朗读时语速把握不当。

第四节　说话测试

一、测试目的、评分细则及要求

（一）测试目的

普通话说话测试旨在测查应试人在无文字凭借的情况下说普通话的水平，重点测查语音标准程度、词汇语法规范程度和自然流畅程度。采取命题说话方式（两个题目任选一个），限时 3 分钟，共 40 分。

（二）评分细则

贵州省普通话水平测试采用免测“选择判断”测试项的办法，评分档次不变，具体分值分布如下：

（1）语音标准程度，共 25 分。分六档：

一档：语音标准，或极少有失误。扣 0 分、1 分、2 分。

二档：语音错误在 10 次以下，有方音但不明显。扣 3 分、4 分。

三档：语音错误在 10 次以下，但方音比较明显；或语音错误在 10 ~ 15 次之间，有方音但不明显。扣 5 分、6 分。

四档：语音错误在 10 ~ 15 次之间，方音比较明显。扣 7 分、8 分。

五档：语音错误超过 15 次，方音明显。扣 9 分、10 分、11 分。

六档：语音错误多，方音重。扣 12 分、13 分、14 分。

（2）词汇语法规范程度，共 10 分。分三档：

一档：词汇、语法规范。扣 0 分。

二档：词汇、语法偶有不规范的情况。扣 1 分、2 分。

三档：词汇、语法屡有不规范的情况。扣 3 分、4 分。

（3）自然流畅程度，共 5 分。分三档：

一档：语言自然流畅。扣 0 分。

二档：语言基本流畅，口语化较差，有背稿子的表现。扣 0.5 分、1 分。

三档：语言不连贯，语调生硬。扣 2 分、3 分。

（三）说话测试的要求

（1）说话话题从《普通话水平测试用话题》中选取，由应试人从给定的两个话题中选定一个话题，连续说一段话。

（2）应试人单向说话。如发现应试人有明显背稿、离题、说话难以继续等表现时，主试人应及时提示或引导。

（3）结合实际测试情况，还有一些其他要求。例如：应试人不要选择太敏感、太动情的谈话内容，以免因情绪激动发生哽咽等现象影响语音清晰度；应试人说话时间必须满 3 分钟，经主试人示意后方可停止，不能自行停止等。

二、说话测试项常见问题

（一）“语音标准程度”常见问题

“语音标准程度”在测试中具体是从语音错误的次数和方音的明显程度这两方面来要求的。

1. 语音错误

语音错误的常见问题主要体现在声母、韵母和声调以及语流音变四个方面。测试时语音错误的次数就是根据这四个方面的错误来测查，并作为确定语音面貌档次的依据之一。

（1）声母方面。最常见的语音错误是分不清平翘舌音、边鼻音、送气音和不送气音，即把zh，ch，sh的字全部或部分与z，c，s的相混，把l和n的字相混，把b，d，g， z，zh，j分别和p，t，k，c，ch，q的字相混，如把“知”说成“资”，“你”说成“里”，“撞”说成“创”等。

（2）韵母方面。最常见的语音错误是把后鼻音读成前鼻音，前鼻韵尾丢失、复韵母韵头或韵腹丢失，卷舌音发不出等。如把“灯”说成den，“单”说成da，“座”说成zo，“脚”说成jio，“儿”说成e等。

（3）声调方面。最常见的语音错误是声调误读，即把甲声调发成乙声调，如把“室”说成上声，“迹”说成阴平，“暂”说成上声等。还有对上声和“一、不”的变调常常出错，入声字也常常说错等。

（4）音变方面。最常见的语音错误是轻声音节的字重读，且在说话中轻声的字量较大，出错的频率就比较高。还有儿化、语气词“啊”的音变也时有出错。

存在这些问题的原因主要有：

一是受方言的影响。处在方言区的人都受到不同程度的影响，有的影响相当大，纠正起来就非常困难。

二是对普通话的语音知识掌握不够。即对一个字的声韵调没有准确地把握，记不清字，说话时出错就很难免了。

三是下工夫练得不够。即记清了字，却发不准音，说话时发出来的音就是错的。

2. 方音明显

（1）方言发音习惯。

应试人的方言发音习惯较为顽固，对普通话发音造成干扰。如声母中平翘舌音、边鼻音不分，韵母中发单元音口型不能保持、合口呼和撮口呼圆唇度不够、后鼻音发音困难等，虽然也有纠正意识，但说话时连续发音，更容易表现出来，缺陷音比较多，虽不计错扣分，但听起来与普通话有一定的距离。

（2）明显的方言腔调。

即平常所说的“川普话”（四川普通话）、“贵普话”（贵州普通话）或“都普话”（都匀普通话）等。虽然说的是普通话，但是一种夹杂了明显方言声调的混杂语音。有的甚至半句普通话，半句方言，普通话与方言夹杂在一起。

（3）浓厚的方言色彩。

这是在说话过程中出现的语音错误、方言语调、方言词汇等的综合反映，情况比较复杂，各方言区的人有不同的反映，常被戏称为“彩色普通话”。

存在这些问题的原因主要有：

一是对方言发音的习惯认识不足，纠正不到位，似像非像，容易形成缺陷。

二是普通话语感较差，分辨不出与方言之间的差别，就很难纠正方言腔调，去掉方言色彩。

（二）“词汇语法规范”常见问题

1. 词汇常见问题

（1）用方言词。即说话时使用方言词汇。如：“怎么”说成“唧个”（四川），“头”

说成“脑壳”（贵州），把“白菜”说成“黄芽菜”（上海），“冰棍儿”说成“霜条”（厦门），“脖子”说成“颈根”（长沙），“炊事员”说成“伙头”（广州）等。

（2）用生造词。即用普通话里没有的词，是自己造的词。如“泪流满眶”“耳帘”“深思熟想”等。

（3）插入外语单词。即不时用上未翻译的英文等外语词汇，使普通话听起来不中不洋的。如“那样就很 OK（好）!”“太 cool（棒）了!”

存在这些问题的原因主要有：

一是对普通话与自己家乡方言词汇之间的对应关系不够了解，不能将方言词汇转换成相应的普通话词汇。

二是对普通话词汇的学习不太稳固，对有些词的掌握似是而非，表达时便将所用词汇弄错；或是掌握的普通话词汇量有限，说话时词汇不够用，情急之下便临时拼凑一个词。

三是语言表达习惯不好，喜欢来点儿“洋文”，对纯洁祖国语言的问题认识不足。

2. 语法规范常见问题

（1）词语搭配不当。词语搭配不当是指将动词与名词（动宾关系）、量词与名词等随意搭配，不遵守约定俗成的词语搭配习惯。如“我们畅游在大路上。”“畅游”应改成“迈步”；又如“一根裤子”，“一根”应改成“一条”。

（2）语句不完整。语句不完整主要指语句的句法成分缺失，造成语义表达不明。如“他累得汗流”，应补充完整为“他累得汗流浃背”。

（3）语序不当。语序不当主要指语言表达不符合普通话的结构规则，带上方言的语法习惯。如“衣服送一件给我”应调整语序为“送一件衣服给我”。

存在这些问题的原因主要有：

一是受方言影响较大，对普通话语法规范了解不够，说话时不由自主地遵从了方言语法规范的习惯。

二是语言素养不够，在平时按照普通话语法规范进行思维的意识比较淡薄，未能形成自然而然用普通话表达的习惯。

（三）“自然流畅”常见问题

1. 背　稿

背稿指应试人在测试时背诵准备好的稿子。一般有两种情况：第一种，真背稿。即把说话的内容事先写成稿子背下来，或者干脆背别人写的稿子，测试时就来背一遍。有的应试者背了几句觉得不太顺畅，还重新起头再背。第二种，假背稿。即没背稿子，但说话的语速、语调等都像在背稿子一样，缺乏口语化的感觉。

2. 朗　诵

所谓朗诵即应试人说话测试时，语速和语调像在朗诵一样，甚至有的像是在表演朗诵节目，语速、节奏、用词等都不是口语表达形式，具有书面语的色彩。

3. 做　作

做作主要表现在应试人说话测试时装腔作势，说话的声音、语言、表情、体态都过于雕琢，不自然。

4. 打　结

应试人测试时，由于过度紧张或普通话语音基础太差，缺少自信，注意力不够集中，造成说话时东一句，西一句，结结巴巴，时断时续，不流畅。

5. 没　话

应试人测试时，由于准备不充分，找不到话说，说话不满 3 分钟就结束，最短的是说三、五句话就没了。测试员提示一句说一句，有的提示了也说不出来，干脆表示不说了。

存在这些问题的原因主要有：

一是没理解说话的要求。把说话当做口头作文，或读或背，使说话的书面语色彩较重；或过于注意说话的效果，腔调做作。

二是思想情绪紧张。不能专心致志、从容镇静面对测试，说话时语无伦次；甚至过于紧张，原先准备好要说的话就不知跑到哪里去了。

三是口语表达能力差，语音基础差。即使做了较为充分的准备，甚至把每一个说话题都写成短文，有的人还是会在测试时脑子空空，找不到话说；或千言万语，不知从哪里说起。有的在主试人的启发下可以继续说话，有的经主试人启发也无济于事。这其中或许有紧张的因素，但口语表达能力也是有问题的。

（四）其他普遍性问题

另外，在各项内容测试中，还存在以下普遍性的问题：

1. 应试方法错误

应试方法不正确导致不必要的失分。在普通话水平测试中常出现的错误的应试方法主要有以下方面：

（1）应试者因不清楚普通话水平测试的测查角度和评分标准，自认为普通话不错，在普通话测试过程中发音随意，不注意发音的规范化和标准化，从而影响了测试水平和成绩。

（2）应试者在普通话测试过程中，因过度紧张，刻意发音，导致矫枉过正，使字音听感差，从而造成语音缺陷而失分。

（3）应试者不注重平时的普通话语音训练，怀着侥幸心理，在测试前临时抱佛脚，造成测试成绩不理想。

（4）应试者对普通话水平测试要求不清楚，测试时语速不当，如因语速过快影响吐字归音，而语速过慢不符合测试规定，经测试员提醒，容易引起心理紧张，从而达不到应有的测试水平。

2. 应试心理调适不当

应试者应试前不清楚测试规程将影响自身测试时的心理状态，进而直接影响普通话测试成绩。不熟悉测试规程在测试中必然会心理紧张，心理紧张容易造成思维障碍，如思维不清晰、说话不连贯、面红耳赤甚至心慌出汗颤抖等。由于过度紧张，气息不畅，呼吸失调，就造成了读音时声音发颤，语速过快或过慢，发音吐字不清，归音不到位；由于心理失控和呼吸障碍，头脑出现空白，以致连平时熟悉的常用字都不认识。

测试时的紧张、慌乱心理，原因在于：一是平时缺乏锻炼。大多数应试者平时缺乏在正式场合说话的锻炼，心理素质不够好，不习惯面对面的普通话测试方式。二是因自身的准备不充分，受消极暗示的干扰。不少应试者在测试前因准备不充分，测试前总在想“我的语音基础不行，考不到 80 分怎么办”、在测试过程中会想“前面那个字没有读好，会不会扣分”等。这些消极暗示不仅加重自己的心理负担，还常常导致测试中注意力分散而出现失误。

第五节　普通话水平测试应试指导

普通话水平测试的四道题，测试重点和难点各不相同，每道题易出现的问题也不同。普通话水平测试的标准集中体现在语音的规范上。普通话水平越高，语音上的问题越集中，词汇、语法的错误在中高水平的应试者中出现较少，所以语音测试比重明显多于词汇。语音的评定贯穿测试始终，在量化评分中起主导作用。因此，无论哪一项测试内容必须首要重视语音。

一、读单音节字词

此题共 100 个音节。拿到试题先稳定情绪，看清内容，然后报姓名、测试编号，试题编号，再大声地朗读。

研究表明，“命题说话项”是失分最多且普遍感觉最难的测试项，其次就是“单音节字词”测试项。“单音节字词”测试难，一是难在发音要求精准，二是难在识字辨音。音节由声、韵、调组成，要读准一个字，要求声、韵、调三者都要精准到位，稍有偏差或失误就会被判缺陷或错误。因我们日常所见汉字都是在具体语境中出现，当把某个字单独抽离出来，就会出现暂时的“回生现象”。再加上生僻字的干扰，如“螨、啮”；不应有的联绵词剥离，如“褴、璀、噻”；不同于口语发音的叹词、拟声词，如“哼、嘭”；习惯性误读、声调缺陷的影响等，便觉得难了。那么，如何攻克单音节字词测试中的难点呢？

（一）声韵调发音要准确到位

普通话水平测试过程中，尤其在读单音节字词时，许多应试者读音错误率高、缺陷明显，以致整体上方言明显，测试成绩不理想。究其原因，在于最基本的声母、韵母、声调的发音要领没有把握好，因而造成发音错误或发音不够圆满。因此平时学习和练习普通话时要采取灵活多样的方法严格规范声韵母及声调的发音。要做到：

1. 声母要发准

在100个音节里，每个声母出现次数一般不少于3次（方言里易混淆的声母酌情增加1～2次，不超过6次）。声母要发准，是指发音要找准部位，方法正确。一是不能把普通话里的某一类声母的发音读成另一类声母，如把“zh”读成“z”，把“l”读成“n”等。再者是不能把普通话里的某一类声母的正确发音部位用较接近的部位代替，造成读音缺陷。因此，找准自己所讲方言的语音系统与普通话语音系统的对应规律，记忆辨识普通话读音，并加以练习和巩固。

2. 韵母要到位

100个音节里，每个韵母出现次数一般不少于2次（易混淆的韵母酌量增加1～2次，不超过4次）。韵母有单韵母、复韵母和鼻韵母。单韵母发音要单纯，发出来的音要吐字如珠，不拖泥带水。复韵母和鼻韵母要有动程，有变化，变化要自然、和谐，归音要到位，发出来的音要圆润。韵母的读音缺陷多表现为合口呼、撮口呼的韵母圆唇程度明显不够，语感差；或者开口呼韵母开口度明显不够，听感性质不符，或者复韵母舌位动程不够等。鼻韵母发音还要注意韵尾归音的问题。

3. 声调要发完整

在100个音节中，4个声调出现次数大致均衡。测读时，必须把普通话四个声调的调值发全，既要清楚地读出平、升、曲、降的区别，又要掌握好高低升降的程度。调值明显偏低或偏高，特别是四声的相对高点或低点明显不够的，判为声调读音缺陷。读单音节字词要和谐自然，不能把声韵调割裂开来，顾此失彼。

（二）掌握正确的应试方法

1. 不要将形近字误读

汉字的形体很多是相近或相似的，单独认读，稍不注意很容易读错。形近字误读有两种情况：一是有的人朗读过快，把很简单的字也读错了，如把“太”读作“大”。二是有些日常生活中不多用的字，或在词语中能念准，而单字一下子难以念准的字，极易念错。比如“赅”“骇”在书面上有“言简意赅”“惊涛骇浪”等成语，如单独出现，一下子难以把握，可能读错。因此，要注意分辨字形、字义，将音、形、义三者结合起来记，不要受形近字、近义字的影响而误读。平时读书要养成良好的阅读习惯，遇到不认识的字或拿不准字音的字，要勤查字典辞书，弄准字音，不可马马虎虎，信口开河，随意读音。

2. 多音字可选读一音

单音节字词中有不少多音字，测试时念读任何一个音都是对的。比如“处”，念“chǔ”或“chù”都算对。不必费时间琢磨到底读哪一个音，分散精力，影响情绪。

3. 速度要快慢适中

读 100 个音节，限时 3.5 分钟。1 分钟以内，扣 0.5 分；1 分钟以上（含 1 分钟），扣 1 分。读单音节字词，只要每个音节读完整，一个接一个地往下读，就不会超时。有的人担心时间不够，快速抢读，有的字未读完全，被“吃”掉了，降低了准确率。测试时，切忌抢读。念读也不能太慢，不能每个字都揣摩或试读，速度太慢，说明基础太差，普通话不熟练，准备不足。超时则要一次性扣分。

4. 要从左至右横读

单音节字词 100 个，测试题一般分为 10 排，每排 10 个字。念读时从第一排起从左至右横向念读，不要从第一个字起从上往下纵向念读。

5. 读错了及时纠正

单音节字词一个音节允许读两遍，即应试人发觉第一次读音有口误时可以改读，按第二次读音评判。如果对有的字拿不准是否读错了，不必再去想它，以免影响后面的朗读，但不能每一个音节都读两遍，影响测试时间。

二、读多音节词语

多音节词语测试中，声母、韵母、声调与单音节字词测试一样都要求读得准确到位。值得应试者注意的是，此题要考查音变。试题中轻声（不少于 3 个）、儿化（不少于 4 个）、变调（上声和上声连读的词语不少于 3 个，上声和其他声调连读的词语不少于 4 个）需要特别留意。

（一）多音节词语的音变及测试技巧

1. 上声变调

多音节词语中的变调难点集中在上声的变调上，要理解记忆上声变调的两条规律（具体内容详见普通话变调发音及训练），并应用到实际的发音中去判别每个上声音节如何变调，从而达到正确发音的目的。

2. 轻声变化

方言区的人一定要记住轻声音节中的常用习惯轻声音节，因为这些音节没有任何标识，只有靠强记，但又不能死记硬背，最好通过反复训练来记住。

3. 儿化变读

发儿化音时，一定要咬准儿化韵的韵母，并快速将舌尖后卷指向软腭发音，这样发出的音更标准。

4. “啊”变读

语气词“啊”不管变读为哪一个音，一定读轻声，而且应随着前面相邻音节的末尾音素的口形一带而过即可，不要特别强调，这样发音才比较自然。

（二）多音节词语的节奏

词是语言中最小的能够独立运用的有音有义单位。“最小的”是说词是不能扩展的，即无论是双音节词、三音节词还是四音节词，在词中间一般不能再插入别的成分。由于多音节词的内部结构很紧密，在测读过程中是不能破坏的。因而在测读多音节词语时，一定不能将词“字化”，即不能一个字一个字地读，这样会破坏词的内部结构和节奏。

1. 词语停连

在进行多音节词语训练或测试时，要注意一个词一个词地读。词内音节要连读，词与词之间要适当停顿，语速要适中，不要偏快也不要偏慢。

2. 轻重音格式

多音节词语的各个音节有着约定俗成的轻重强弱差别，称为词的轻重音格式。双音节词一般有中·重、重·次轻、重·最轻三种格式。三音节词一般有中·次轻·重、中·重·最轻、重·最轻·最轻三种格式。四音节词一般有中·次轻·中·重、中·次轻·重·最轻两种格式。测试时不能均衡每个音节的音量，而应该根据词的轻重音格式正确读出来。例如：国家、手艺、我们、打字机、同学们、朋友们、心明眼亮、如意算盘，等等。

（三）多音节词语的应试方法及技巧

1. 从左至右横读

多音节词语测试题一般双音节词语为 45 个，三音节词语 2 个、四音节词语 1 个，总共是 100 个音节。测试题一般分为 6 排，每排 8 个词。念读时从第一排起从左至右，不要从第一个词起从上往下读。

2. 错读及时纠正

多音节词语测试时，一般一个词读一遍。但应试人发觉第一次读音有错误时可以改读，按第二次读音计分。如果对有的字音不能判断是否正确，不必过多考虑，以免影响后面的测试。

3. 生僻字音猜读

多音节词语测试时，若有不认识的字，可以猜读。不必费时间琢磨到底读哪一个音，以免分散测试注意力，影响测试情绪。

具体而言，读多音节词语要特别注意以下方面：

（1）注意区分几组并列在一起的难点音。

① 平、翘相间的音。

② 边、鼻相间的音。

③ 前、后鼻韵母相间的音。

④ 舌根音和唇齿音相间的音。

（2）注意“上声”和“一、不”的变调。

特别要注意上声单念或在词尾时要读完整，若念半上，将被判为缺陷；上声变调如“粉笔”念为（[21]、[24]）两个都算错。

（3）准确判断轻声词。

轻声一定出现在词末，以前面音节的声调来定调，且完全失去原有声调，形成轻声固有的调子。读多音节词语（100个音节）中有不少于3个的轻声词，这些轻声词分散排列在中间，因此要准确判断哪些词是轻声词，并正确朗读。要防止受前面非轻声词的影响，把已经准确判断出来的轻声词读重了。读轻声词还要避免把轻声读得让人听不见，即“吃”字。

重·次轻格式是一种很不稳定的格式，如“西瓜”“聪明”都是可轻可不轻的，称之为“可轻读词语”，意即轻读语感更好。

因各人语感不同，评分时只判断必读轻声词，其他从宽，可不扣分。对二甲以上的则会对次轻作出判断，在朗读和说话项则可扣分。

（4）儿化词要把卷舌的色彩“化”在第二个音节上。

读多音节词语（100个音节）一般有4~6个儿化词，儿化词有明显的标志，在第二个音节的末尾写有“儿”，不要把“儿”当做第三个音节读完整，要把“儿”音化在第二个音节的韵母之中。

（5）读准多音节词语中的多音字。

（6）朗读时，注意轻重音格式。

词语的轻重音格式问题，测试中（二级以上）不可能回避，容易被扣分。多音节词语除轻声词外，一般都是最后一个音节读重音，双音节词语占普通话词语总数的绝对优势，绝大多数为中·重的格式，即第二个音节读得重一些。三音节一般为中·次轻·重格式，词语末一音节为重音。

（7）朗读要连贯。多音节词语一般2~4个语素组合表示一个意义；也有的是两个音节构成单纯词，分开不表示任何意义。注意朗读时不能把它们割裂开来一字一顿地读。

三、朗读短文

此题考查应试人声母、韵母、声调正误的同时，重点考查语流音变、语感语调、轻重停连，以及朗读的流畅程度。语调是所有语音问题的组合。“语调偏误”不仅仅指方言，但主要还是指方言语调，尤其是字调，表现突出的是音高和音强。单字调错误在错字项扣分，在语调偏误项仍要扣分。语速在语调中体现，语速还可体现方言色彩。语速不当会在语调中扣分。

测试时，应试者首先应力求语音的正确规范，不错字、不漏字、不添字、不颠倒、不重复。注意普通话语音的准确性，做到口齿清晰，句读清晰，语音清晰。防止把语流中间的某些音“吃”掉，或者眉毛胡子一把抓，句读不分。注意语流音变（如上声、“一、不”、轻声、儿化、语气词“啊”的变读等），注意不同的语气语调。二级甲等以上水平的朗读，除了基本的语音要求外，语流音变更要注意准确而且自然，并且能正确运用轻重缓急、抑扬顿挫的朗读技巧，体现一定的朗读水平。朗读时一要避免“念字式”朗读或“诵经式”朗读。二要把握好情感表达的分寸。朗读要注意流利、顺畅，不中断，不回读。语速适中，不要过快或过慢。语速太快，容易出现含混不清的现象，或发音不到位，或两个音节合成一个音（如西安xiān），或读掉了字，或中断后又重复。语速太慢，则容易将语句读得支离破碎，词不达意。朗读中尽量做到声、韵、调的发音规范、标准，轻重音、音变、停连、语调和语气处理得当，这样就会减少出现语音缺陷、语调偏误、停连不当等现象，避免方言语调。

具体而言，需要注意以下方面：

（一）语音方面

（1）在朗读测试中，语音仍是首要的考核项目，故在保证朗读连贯的前提下，发音仍要力求准确清晰。

（2）朗读时，要看准字词句段，避免漏字、添字、改字、错字的现象。这些情况会改变原文的完整性，在测试时都会被逐一扣分。

（3）尽量避免出现明显的、规律性的声母、韵母方面缺陷。声韵母缺陷不仅在第一题和第二题的测试中会被扣分，在朗读中也会被扣分。所以，在学习普通话语音时一定要力求声韵母发音的完整和饱满。

（4）翘舌音声母zh，ch，sh，r，后鼻音韵母eng，ing，轻声，儿化，是在朗读中最易失分的语音项目。一方面因其出现频率高（儿化除外），另一方面这几组音是大多数方言区的人学习普通话普遍的难点，在发音、识记等方面需要一个长期的积累，不容易短期掌握。所以，对声韵调及音变的难点音训练，包括一些方言音的辨正训练，一定要持之以恒，不断巩固。在注意保证翘舌音发音充分的同时，也要避免“矫枉过正”，把平舌音都读作翘舌音或舌叶音。

（5）鼻韵母eng，ing在朗读中的失误主要是由于语流的影响导致发音动程不足或归音弱化的问题。在训练时要反复强调eng发音时口腔开合的力度和速度，ing发音时动程的完整和延伸感，并力求自然。读到这一类难点音出现较多的句、段时，可以对朗读节奏进行适当控制以保证发音的完整。

（6）在朗读中大量轻声的失分主要来自“上、下、面、里、边”等方位词、“来、去”等趋向动词和一些习惯轻声的失误，而且轻声的失误还会在“语调偏误”测评项被另项扣分。所以，在朗读训练中，这类轻声的训练必须引起足够的重视，要着重培养学生使用此类轻声的自觉性和自然性。

（7）注意后缀“儿”的处理。如“我不喜欢一个苦孩儿求学的故事。”“院边的槐阴没有蔽覆它，花儿也不再在它身边生长。”这两句中的“儿”都没有实际的意义，但第二句却没读儿化韵，而是保留了它的音韵地位，读成了轻声。这主要是韵律上的要求，这样会显得整齐、匀称。所以朗读作品当遇到“儿”的时候要判断什么时候直接读成儿化韵，什么时候要把“儿”作为轻声音节读出来。

（8）作品中的“这、那、谁”这几个常用的异读词，可以读作“这 zhè，那nà，谁shuí”（书面音），也可以读作“这zhèi，那nèi，谁shéi”（口语音）。

（二）语调方面

1. 克服方言语调

方言语调是指说普通话的过程中，受方言影响在语句中遗留的方言语音的各种现象，它主要表现在句调、字调、轻重音、语气的运用、语音节律等方面。在朗读时如果不分轻重，或是将应该轻读的重读，应该重读的轻读，听起来就有明显的方言语调。

语调的训练可以分三步：

第一，重点练习。将朗读作品中的轻声、儿化、音变和各种助词、语气词等难点字词挑出来单独练习，尽可能背得滚瓜烂熟。同时注意古入声字的声调归属，尽可能克服方言语调。

第二，整合练习。以句子以至句群为单位进行练习，注意词、短语乃至句子的轻重格式，注意句子的语调等因素。开始训练时可以用一些符号注明加以提醒。

第三，全篇朗读。方言语调是一个较难解决的问题。有的人单独说某一个词语没有问题，整篇文章一念就有明显的方言调子。因此练习时应从整体上严格要求时刻注意培养普通话的语感。

2. 降低音变失误

朗读要掌握好轻声、儿化、上声的变调、“一、不”的变调以及语气词“啊”的变读，要想在普通话水平测试中取得好成绩，必须要在音变上下大工夫。

需要特别指出的是，处在句中停顿位置处的上声音节，如果都读作[214]全上，反而会显得做作、生硬，产生语调偏误。一般说来，停顿位置处的上声如果属于强调突出的可读原调，不必强调的读作半上[21]即可，例如“这食料并不奢侈，但它的吃法，三眼一板，丝毫不苟。”一句中，“侈”“法”应读作半上[21]，“板”“苟”可读作全上[214]。

3. 避免错误的朗读方式

（1）念书：单纯地念字，照字读音，或有字无词，或有词无句，词或短语没有轻重格式的正确区分。

（2）唱读：唱法多种，可以谱曲，只剩下声音的外壳，词语的表情达意作用被大大地削弱。

（3）念经：声音小而速度快，没有顿歇，没有重音，更没有感情和声音的变化，单纯以背书为目的。

（4）演戏：朗读和戏剧表演是有根本区别的。测试要求质朴，不能一味地从声音形式上模仿那种夸张、渲染的舞台朗读，这会带来不利影响。

（三）熟练度方面

1. 注意语音停顿

在朗读测试中，一般段与段之间停顿最长，句号的停顿次之，逗号的停顿又次之，顿号的停顿最短。此外，没有标点符号的地方有时也需要适当的停顿。比较好的办法是在练习或备测时，将应该停顿的地方打上停顿记号。如：“我记得 ˆ 妈有一次 ‖ 叫他 ˆ 教我骑自行车”。停顿位置的确定，应该根据义群以及句子成分的划分，以不破坏意思的完整为前提；否则，在测试时将被视为是停顿不当被扣分。

2. 避免停连不当

朗读前一定要熟悉和理解作品的内容，正确划分意群，注意朗读节律，不要顿读、唱读、念经式朗读，不能因为停连不当造成文章歧义或造成词语肢解。如把“告诉卖糖的 ‖ 说是我偷来的”读成“告诉 ‖ 卖糖的说是我偷来的”。

3. 避免不流畅，不要回读

一定要熟悉作品，朗读不能结结巴巴，中断频繁。开始朗读后，如果发现自己出现了漏读或错读，不要回头再读。回读在测试中按次数和回读音节具体数量扣分。不少应试人理论上明白这一点，一到测试还是回读。因此，在训练时要养成不回读的习惯。

4. 注意控制语速

测试对语速的要求是，读 400 个音节，限时 4 分钟，如果超时，就要适当扣分。因此语速要恰当，不能过快或过慢，过快会造成吃字，会影响朗读的准确和清晰，造成表述不清；过慢会造成超时，同时会影响语调。因此，在练习时应该注意朗读速度适中。

还要学会根据体裁掌握语速。相关的《普通话水平测试大纲》或《普通话测试培训指南》一类的测试用书，在选编朗读测试材料时，为了保证作品难易程度和评分标准的一致性，所选的作品几乎都是记叙文。记叙文有记事、记言之分，一般来说，记事类的可以读得稍微紧凑些，记言类的则要读得相对舒缓些。

（四）普通话朗读测试跨级问题

普通话水平测试不管是以哪个级别作为测试目标，在朗读练习中都应该充分准备，刻苦训练。这里就不同的测试级别对朗读中的注意事项是否能有所偏重的问题作简要说明。

（1）以三甲（70 分）为测试目标的应试者，朗读时主要以能基本完整地把短文读完作为重点，保持一定的流畅度，作品中的难点音及音变尽量去读准。

（2）以二乙（80 分）为测试目标的应试者，朗读时要保证能基本完整、流畅地把短文读完，避免出现大的停连不当或多次的回读；作品中的难点音主要保证翘舌音的准确，其他难点音尽量去读准，要能读出简单的显而易见的音变。

（3）以二甲（87 分）为测试目标的应试者，朗读时要保证能完整、流畅地把短文读完，基本不出现停连不当、回读等现象；作品中的难点音、音变等基本都能读准确，不出现大的语音缺陷；朗读时语调自然，有一定的朗读技巧。

（4）以一乙（92 分）为测试目标的应试者，朗读时要保证能完整、熟练地把短文读完，不出现停连不当、回读等现象；作品中的难点音、音变等区分准确，发音纯熟，失误极少且无明显的语音缺陷；朗读时语调自然，节奏恰当，懂得使用朗读技巧。

（五）朗读练习和测试中其他应注意的问题

1. 正确区分朗读和朗诵

朗读的重点是语音的准确，如句中和句末的停顿，语调的控制，语速的把握等；朗诵则要求在准确的基础上把握好作品的感情，使用声高、语速、气声等多种艺术手法，将作者的情感艺术地表达出来，着眼点是情感。

普通话水平测试的目的是考查应试人普通话的水平，朗读考查的主要是语音的规范程度，而不是考查艺术朗诵的水平。由于绝大多数应试人的普通话水平和艺术朗诵的水平并不是非常高，如果过多地注意感情和艺术表达手法去进行朗诵，就很可能会忽视或影响语音的准确，在朗读测试中出现不必要的失分。因此，在朗读练习和测试中，一定要把注意力放在语音的准确上面，朗读时不能拿腔拿调，矫揉造作，同时又不能完全没有感情，要恰到好处，千万不要过多地投入感情进行艺术朗诵。朗读者的身份，既不是作品的代表或化身，更不是去扮演作品中的人物，而只能是朗读者自己。

2. 注重语音的准确和朗读的流畅

朗读练习时应给不认识或不能确定读音的字注上音，给在语流中发生音变的词语注上音，给那些有不止一种读音的字词注上音，以免出现语音错误。可以先参照每一篇朗读作品后边的“语音提示”，再根据自己方言的特点，注意普通话和自己方言在语音上的差异，对自己平时容易读错的声母、韵母或字词以及轻声词和儿化韵，进行正音练习。普通话和方言在语音上的差异，大多数的情况是有规律的。这种规律又有大的规律和小的规律，规律之中往往又包含一些例外，这些都要靠应试人不断地去总结。要多查字典和词典，加强记忆，反复练习。

3. 注意多音字的读音

一字多音是容易产生误读的重要原因之一，我们必须十分注意。多音字可以从两个方面去注意学习。第一类是意义不同的多音字，要着重弄清它的各个不同的意义，从各个不同的意义去记住它的不同的读音。第二类是意义相同的多音字，要着重弄清它的不同的使用场合。这类多音字大多数情况是，一个音使用场合“宽”，一个音使用场合“窄”，只要记住“窄”的就行，如“夹”，除“夹袄”“夹衣”里读阳平外，其余都读阴平。

4. 注意由字形相近或由偏旁类推引起的误读

因字形相近由甲字张冠李戴地读成乙字，这种误读十分常见。由偏旁本身的读音或者由偏旁组成的较常用的字的读音，去类推一个生字的读音而引起的误读，也很常见。所谓“秀才认字读半边”的闹出笑语，就是指这种误读，如“青”与“菁”，“刷”与“涮”。

5. 注意异读词的读音

普通话词汇中，有一部分词（或词中的语素），音义相同或基本相同，但在习惯上有两个或几个不同的读法，这些被称为“异读词”。为了使这些读音规范，国家于 50 年代就组织了“普通话审音委员会”，并对普通话异读词的读音进行了审定。历经几十年，几易其稿。1985 年，国家公布了《普通话异读词审音表》，要求全国文教、出版、广播及其他部门、行业所涉及的普通话异读词的读音、标音，均以这个新的审音表为准。在使用审音表的时候，最好是对照着工具书（如《新华字典》《现代汉语词典》等）来看。先看某个字的全部读音、义项和用例，然后再看审音表中的读音和用例。比较以后，如发现两者有不合之处，一律以审音表为准。这样就达到了读音规范的目的。

6. 正确掌握朗读的备测方法

朗读测试以抽签方式确定朗读篇目（作品 1 ~ 45 号）。朗读时间为 4 分钟，以应试人所读作品的前 400 字为检测范围（每篇作品第 400 字后均有“//”标志），但语调、语速的考查则是贯穿全篇的。因此，应试人员在准备过程中应把每篇作品作为一个整体来练习和掌握。抽签后，应试人可先用较快的速度默读一次，在有疑问、有难度的地方重点进行准备。

四、命题说话

PSC 中的命题“说话”，不同于日常生活中的谈话，它是应试者的单向说话。《普通话水平测试实施纲要》明确规定，说话项测试的目的在于“测查应试人在没有文字凭借的情况下说普通话的水平，重点测查语音标准程度、词汇语法规范程度和自然流畅程度”。PSC 中，说话一项分值比例大，占了总成绩的 40%。此项测试最能体现应试者普通话的真实水平和口头表达能力的强弱，可以说它不仅是对应试者普通话水平的考查，也是对应试者心理素质的考验。因此，说话测试对整个普通话水平测试等级至关重要，成败关键在此一举。实际测试中，前三题大多数应试者都很注意读准音发准音，但此项测试由于没有文字凭据，加上具有一定的随意性，更易受到方言因素的影响，出现的失误最多，失分也最多。因此，说话项测试是应试者最为担心的项目。

要顺利完成说话项测试，尽量减少失分，应试者需要注意以下几个方面：

（一）测试前充分准备

普通话水平测试中的命题说话属于有准备的说话，准备得充分与否，与测试成绩有一定的关系。但充分准备，不等于事先背稿。有的应试者事先将说话题目全都写成稿子背下来，表面上看准备充分，但实际效果并不好。一是测试时拘泥于稿子，一旦心理紧张就会出现记忆中的“舌尖现象”，即话到嘴边却想不起来，越是回忆稿子越是想不起来，使说话难以顺利进行。二是测试时，说话如同背书，生硬不自然，口语特征少，不能体现“说”的特点，容易被扣分。如何做好测试前的准备呢？

（1）分析题目，确定话题内容，选择表达方式。准备话题时，根据自己的口语表达特点来确定说话内容和选择表达方式。

（2）围绕话题拟好说话提纲，即解决“说什么”的问题。切记“说近不说远，说熟不说生”的材料组织原则。说自己身边发生的事，说自己熟悉的生活，说自己了解的事实，说自己的心得体会等。一件事说完时间没到，可补说与话题相关的第二件事，这样就不会出现无话可说的情形。

（3）组织语言，即“怎么说”。语言的运用上要自然流畅，不念稿，不背稿；少用或不用书面语；多用短句、单句，少用长句、复句；避免口头禅（如“这个”“那个”“对不对”“嗯”“啊”“也就是说”等），语言要简洁。

对于应试者而言，命题说话测试前的充分准备可以做到的是对说话内容进行更认真的准备，从而有效缓解应试者测试时的心理压力，顺利完成测试并获得较好的成绩。

《贵州省普通话水平测试导读》说话测试题目：

1. 我的愿望（或理想）
2. 我的学习生活
3. 我尊敬的人
4. 我喜爱的动物（或植物）
5. 童年的记忆
6. 我喜爱的职业
7. 难忘的旅行
8. 我的朋友
9. 我喜爱的文学（或其他艺术形式）
10. 谈谈卫生与健康
11. 我的业余生活
12. 我喜欢的季节
13. 学习普通话的体会
14. 谈谈服饰
15. 我的假日生活
16. 我的成长之路
17. 谈谈科技发展与社会生活
18. 我知道的风俗
19. 我和体育
20. 我的家乡（或熟悉的地方）
21. 谈谈美食
22. 我喜欢的节日

23. 我所在的集体
24. 谈谈社会公德（或职业道德）
25. 谈谈个人修养
26. 我喜欢的明星（或其他知名人士）
27. 我喜爱的书刊
28. 谈谈对环境保护的认识
29. 我向往的地方
30. 购物（消费）的感受

测试时由应试者抽签，抽两个题，然后在两个题中任选一个作为测试说话题。以上 30 个题都有可能抽到，所以要以此为依据，选择以下三种方式之一进行充分的准备。

（1）逐一准备。

在应试人时间和精力允许的情况下，结合自己的实际，在平时对 30 个题目逐一进行说话内容的准备。这是一种全面的准备方式，可使应试者对每个题都做到心中有数，增强自信。

（2）分类准备。

主要针对普通话语音基础较差或测试准备时间不足的应试人。方法是将 30 个题目按题材加以分类，然后再按类别进行准备。各类别中的若干题目在内容上都有着相同或相近的特点，有的材料还可以资源共享，准备时比较省力且效果好。

一般来说，从表达方式的角度来看，30 个说话题可分为以下三类：

① 叙述类。

如“我尊敬的人”“童年的记忆”“难忘的旅行”等。这类话题的特点，就是要叙说具体的事情与过程以及相关的时间、地点、人物、事件、原因、结果等六要素，要求抓住其开端（起因）、发展、高潮、结尾，把事情的来龙去脉说清楚。如“我尊敬的人”，应先说出这个人是谁，为什么值得尊敬，然后说具体的事情。所以，这样的说话题从表面上看是在说人，其实是要说事，要因事显人，才能说得生动；“童年的记忆”是对童年的回忆，应说一件或几件具体的事情，要说得有头有尾；“难忘的旅行”是对旅行生活的回忆，为什么难忘，其中也有缘故或故事，叙说时也要讲清其前因后果。

② 说明类。

如“我知道的风俗”“我的家乡（或熟悉的地方）”“我向往的地方”等。这类话题的特点，就是要说明一种事物，即抓住其性质、主要特征及状貌来进行说明。“我知道的风俗”应介绍这种风俗的名称、风俗所在的地区、风俗的内容与形式以及人们对它的态度等；“我的家乡（或熟悉的地方）”应介绍自己的家乡（或熟悉的地方）是哪里，有哪些风景名胜、地理物产、名人轶事以及各方面发展情况等；“我向往的地方”应介绍自己向往的地方是哪里，说明它的特征以及吸引自己的原因等。

③ 议论类。

如“谈谈卫生与健康”“谈谈科技发展与社会生活”“谈谈社会公德”“谈谈个人修养”“谈谈对环境保护的认识”等。这类话题的特点，就是要表达自己对某种事物或现象的观点、看法和意见，要求论点要明确，论据要具体、充分，且论点与论据要一致，说话符合逻辑。“谈谈卫生与健康”主要谈为什么和如何养成卫生习惯的问题；“谈谈科技发展与社会生活”主要谈科技发展对社会生活的影响以及两者之间的关系；“谈谈社会公德”主要谈社会公德的形成和保持离不开每一个人的努力；“谈谈个人修养”主要谈个人修养的含义及其表现；“谈谈对环境保护的认识”主要谈对环境保护的含义、做法以及对此的观点和看法等，都要举一些典型的事例，使自己的说话有理有据，能以理服人。

（3）重点准备。

这是扬长避短，集中精力打歼灭战的一种准备，也比较实用。即重点准备好自己特别熟悉的一、两个材料，把说话训练的重点放在语音和语调的训练上。通过集中、反复的练习，克服固有的方言语音偏误，在短时间内提升普通话水平，以此培养良好的普通话语感。在此基础上，进行普通话说话题测试时，能够做到临场应变、心中有数。

具体方法如下：准备一则关于自己特长或爱好的材料，可以作为若干个说话题的素材。假设应试者最喜欢根雕，也正在学做根雕，兴趣很浓，谈到根雕就有说不完的话。那么就准备关于根雕的说话材料，如根雕是什么样的艺术，它有什么内涵及特点，为什么吸引你，在做根雕的过程中有什么苦和乐，有什么体会和感悟等。把这个材料准备好，可以灵活运用于相关的多个说话题。比如：

① 我的愿望（或理想）：我的一个愿望，就是做根雕，做一个极品根雕。

② 我的学习生活：我学习做根雕的过程。

③ 我尊敬的人：我最尊敬的人，是我的爸爸。他不仅养育了我，还教会我一样最爱——做根雕。

④ 我喜爱的动物（或植物）：我最喜爱的植物，是大树，各种各样的大树。而最神往的，是大树那盘虬卧龙般的树根，得到这样的树根可不容易，那是做根雕的绝好材料。

⑤ 童年的记忆：我童年的记忆是美好的，有很多事让我难忘，其中印象最深的，要数爸爸教我做根雕了。

⑥ 我喜爱的职业：世上的职业有千千种，而我所喜爱的职业，就是做根雕。有的人把它当做业余爱好，而我却愿意以它为职业。我不知道将来有没有这样的单位让我去工作，但我真的愿意用一生来做好一件事，那就是做出世界上最绝妙的根雕作品。

⑦ 难忘的旅行：我最难忘的旅行，是那一年我和爸爸去西北旅行，因为我们在那里得到了一个宝贝——胡杨木的根雕材料。我和爸爸都乐颠了，回来后，就着手做根雕。

⑧ 我喜爱的文学（或其他）艺术形式：我喜爱的一种艺术形式，有些特别，因为一般人不太懂它——它就是根雕艺术。

⑨ 谈谈卫生与健康：我在这里想说的，是心理卫生。心理卫生对健康也有着非常重要的意义。我平时有一个爱好，就是做根雕。它可以让我平心静气，让我的思想和情感在审美中得到升华。“养心益体”嘛，这对我的健康非常有益。

⑩ 我的业余生活：我的业余生活，就是做根雕——没有什么比这个更让人感到快乐的了！

⑪ 我喜欢的季节（或天气）：我有一个爱好，就是做根雕。所以我喜欢的季节，

就是秋天。秋天，是收获的季节，成熟的季节，也是多思的季节。这个季节让人联想特别丰富，做起根雕来感觉特别容易得心应手。

⑫ 我的假日生活：我的假日生活，大部分和做根雕联系在一起，因为我太喜欢根雕了。它那独特的内涵和神韵，常常让我感慨万千，心醉神迷。

⑬ 我的成长之路：我的成长之路，有根雕艺术伴随，增添了很多情趣和光彩。

⑭ 我的家乡（或熟悉的地方）：我的家乡，是一个盛产根雕的地方。这里的人们酷爱根雕艺术，我就是其中的一员。

⑮ 我所在的集体（学校、机关、公司等）：我在过好多集体，而其中所在的大学班集体，最有着与众不同之处，那就是班里有个根雕协会。所做的根雕，可是叫绝，参加比赛得过好多奖呢！

⑯ 我喜欢的明星（或其他知名人士）：我喜欢的明星，就是×××。也许你认为他名不见经传，但你知道吗，他的根雕作品非常了不起。在我的眼里，他就是明星，是比很多明星更有光彩有魅力的明星。

⑰ 我向往的地方：我向往的地方，是×××。那里是我最喜爱的根雕艺术之乡，让我心驰神往。

把根雕的材料引入话题之后，说话的空间就很大了。另外，这则材料甚至还可以用于“谈谈美食”“我喜欢的节日”“谈谈个人修养”等话题，只要过渡得好，就可以引进相应的话题。如把根雕比作精神美食，喜欢的节日是植树节，由此联想到根雕艺术，个人修养可以在根雕艺术的陶冶中得益等，就可以引入上面的 3 个话题。另外 9 个话题也可以参照这种方法，应试者只要自己认真分析一下题目的特点，再分分类就比较容易准备了。

普通话说话项测试的重点是语音水平，说话的重点要放在发音标准度和流畅度上，说话内容只要大致能围绕一个话题，思想正确，感情真实，有条有理，自然流畅就可以了。

（二）说话项测试时语速要适中，不能太快，也不能太慢

说话语速太快会造成“吃字”，显得口齿不清，本来读单音节字词、多音节词语时发得很准的音，说话测试时就会变成缺陷音，甚至是错音。但语速过慢，表现为不适当的停顿，说一会，想一会，停一会，又影响表达的连贯性、流畅性。这些都会影响语音面貌。因此，应试者要不紧不慢，从容不迫地咬准字，发准音。适当的语速，既可以提供更充足的思考时间，又有利于吐字归音，从而降低语音错误率。

（三）注意语音规范，词汇、语法规范，避免方言词汇和语法

说话项测查重点是语音标准程度、词语规范程度和言语流畅程度，因此必须努力克服方言的干扰，努力发准每个音，使用合乎现代汉语规范的词汇和语法，不能使用方言词语和方言语法。例如贵州人常说的“脑壳”(脑袋)、“吊盐水”（输液）等都是

方言词语，“认不到”（不认识）等都是典型的方言语法句式，考试时绝对禁用。

（四）选择恰当的话题，避免负面情绪的干扰

选择比较轻松的、熟悉、愉快的话题，用自然、轻松、愉快的语调来表达。避免选择那些会让自己产生负面情绪的内容，因为情绪一激动，甚至欲语泪先流，说话泣不成声，就会忽略语音、词汇、语法和语调的问题，从而影响测试成绩。

（五）语调自然，仪态大方，时间说足

说话时语调要自然、得体，神态镇静、大方，就像与朋友聊天或谈心，切忌拿腔捏调。说话时允许有短暂停顿，但不能出现大段留白，给人难以为继的印象。说话时间一定要说足说够，时间过短，一是测试员无从判断优劣，二是要视程度轻重扣分的。因此，要尽力说够时间。有的应试者寥寥数语便停下来，经提示也不肯再开口，无异于自动放弃考试。

以上介绍的种种应试策略实际上也只能说是权宜之计，不能解决根本问题。要想真正学好说好普通话，还是要扎扎实实练好语言基本功。

第六节　普通话水平测试中应注意的问题

一、影响普通话水平测试成绩的因素

有两个方面的因素影响普通话测试成绩。来自测试内容的编排、测试环境以及测试员的评判客观上会对普通话测试成绩产生一些影响，但来自应试者自身的主观因素影响更大。

（一）客观因素

1. 测试内容的编排

普通话水平测试的内容包括：读单音节字词（100 个音节）、读多音节词语（100 个音节）、朗读和命题说话。普通话水平测试不是普通话系统知识、文化水平和口才的专项评估，是应试人运用普通话所达到的标准程度的检测和评定。但是，目前普通话测试内容中读单音节字词和读多音节词语这两部分是以两百个音节的汉字的形式出现的，为保证声韵的覆盖面，必然要用到一些相对生僻的字词，这就容易出现应试者因不认识某字词而读错音的情况。朗读测试旨在考查应试人用普通话朗读书面材料的水

平，重点考查语音标准度和自然流畅度等项目。但朗读测试篇目有考查点分配不均匀的情况。如儿化韵在有的作品中出现频率高，在有的作品中一个也没有。对音变掌握不好的应试者，若抽到此类作品测试成绩就会受影响。“说话”项测试，题目的难易因人而异。一般叙述性的话题比较容易，议论性质的话题较难。若应试人抽到不擅长或不熟悉的说话题也会影响得分。

2. 测试环境的影响

测试环境如光线、测试员的态度、仪表、言语、表情等构成了应试者测试普通话时的客观环境，这些环境因素会影响应试者测试时的身心状态，从而间接影响普通话测试成绩。普通话测试通常由 2 ~ 3 名测试员共同测试 1 名应试者，测试员的一言一行对应试者都会产生很大影响。测试员严肃的表情、命令式的话语等通常会使应试者产生或加重紧张情绪，从而在某种程度上影响应试者发挥正常水平。而测试员和蔼可亲的态度，或者一个鼓励的眼神、一抹微笑，都能让应试者获得鼓励与抚慰，从而帮助他们克服测试过程中出现的紧张焦虑情绪，引导他们发挥出最佳水平。

随着计算机科学技术的发展，普通话水平测试也由过去的人工测试逐渐过渡到计算机辅助测试，由此也带来了测试环境的改变。这也需要应试者充分了解和适应。

3. 测试员的评判

测试员的评判是主观性的客观影响因素。因对《普通话水平测试大纲》及“普通话水平测试评分细则”有着自己的理解，加上专业知识、测试经验、辨音能力等因素的影响，不同的测试员对于缺陷的把握难以统一，而测试员如果专业知识不强就很难分清错误与缺陷之间的区别，于是不同的测试员对同一应试者语音面貌的评定便会存在差异；而且在长时间连续测试后，测试员出现听觉生理疲劳，评判尺度的把握难免会有所偏差。PSC 是一种主观测试，不同测试员对同一应试者的普通话水平所作出的等级评定，甚至是同一测试员在不同时间对同一应试者的普通话水平的评价结果都有可能会不同，这种客观影响不可避免。事实上，任何测试都会有一定误差，PSC 中测试员之间的评判误差是客观存在的。这也让我们能够理解普通话测试为什么需要 2 ~ 3 名测试员共同测试一名应试者了，目的就在于尽量避免这种主观测试的误差，使普通话测试成绩接近客观。

（二）主观因素

应试者自身的普通话语音基础和测试心理状态、测试技巧等主观因素直接影响普通话测试成绩。

1. 应试者的普通话语音基础

应试者自身的普通话语音基础直接影响测试成绩。在十多年的测试实践中，笔者发现，来自偏远方言地区的应试者因方音重，普通话语音受方音影响较大，虽经刻苦的语音训练，在第一、二题的测试中非常注意发音规范、准确，避免了大量的失分，但在朗读和命题说话时却因方音痕迹明显而失分较多，特别是命题说话时语音面貌扣分较多。而一些应试者虽然语音基础较好，却在第一、二题的测试中因发音比较随意、不规范而很容易失分（显然平时缺乏语音训练），虽然在朗读和命题说话测试项上语感和语音面貌尚可，但测试的最终成绩也不理想。

2. 应试者测试时的心理状态

心理学研究表明，心理因素影响人的行为活动及身体状况。测试时，应试者的动机、欲望、焦虑水平、情绪状态、意识水平等心理因素都会对测试产生影响。普通话测试是口试，受主观心理因素影响较大。在考试环境中，决定应试者普通话测试成绩的不仅是个人的普通话知识和能力，很大程度上与测试时的心理有关。

（1）测试动机。绝大多数应试者是因就业或工作需要而参加测试，在客观条件完全相同的情况下，应试者的测试动机不同会导致测试成绩的差异。如一些应试者虽然语音基础不够好，但考试目的明确，由此激发强大的学习动力，积极自觉地练习，主动寻求老师帮助，主动寻找最佳学习方式，克服惰性，刻苦练习。学习中因经常受到肯定、鼓励，学习兴趣大长，产生了学习的热情和渴望，积极备考。有的应试者很刻苦，一遍又一遍地练习朗读篇目，认真准备每一个说话题目；有的还把自己的练习录下来，反复播放，找出差距，再反复录音练习以求改善。由于准备充分，自信心大增，从而创造条件取得较理想的成绩。而有的应试者自视普通话语音基础不错，对测试掉以轻心，平时也不积极训练，由于准备不充分，测试成绩并不理想（如前所言）。当测试成绩公布后，会听到有的应试者抱怨：平时说普通话不如我的人，为什么他们的测试成绩比我好？殊不知“台上一分钟，台下十年功”。应试者如果没有学好普通话的欲望和动机，没有学习动力，就很难以积极的态度去认真准备，抱着侥幸心理就很可能导致失败。

（2）自信心。动机不同，学习的态度截然不同，学习效果自然也不同。积极乐观地学习，容易产生兴趣、激发自信。自信心是自我意识的重要成分，是自己所具有的、保证完成某项活动的主观条件，特别是具有对自己力量充分估计和高度自我接纳的态度。自信心是一个人顺利成长和有所作为不可缺少的一种重要的心理品质，如果一个人在自己从事的活动中充满自信，便能在各种情境中激发快乐和成功的情感体验。充满自信的应试者在测试中精神饱满，测试情绪稳定，普通话水平就能正常发挥。不过，应试者若盲目自信以致自大，测试中则会出现很多意外失误。如一些应试者自以为普通话基础好，就没把测试当回事儿，以为自己“牛刀小试”便可顺利达标。殊不知测试时恰恰易犯语速过快的毛病，读单字“一气呵成”，朗读作品像放机关枪，错字、白字不断，说话时几句话就应付了事，结果语音缺陷、语音错误频出，测试成绩一出则目瞪口呆，直接不相信自己的成绩。普通话水平测试是一项技术性强、标准明确、要求严格的语言考核，盲目的自信极易导致失败。

反之，“不自信”也会影响成绩。这种“不自信”是因在考试环境下由紧张、焦虑、期盼等情绪导致的暂时判断力下降。这在单音节字词测试中表现明显。如有的应试者看着“屏”字都不敢确定或者读错，甚至有些简单的常见字也不认识了，测试结束后问：“一个单人旁加上一个牛念什么?”因平时所见汉字多在具体语境中出现，在词句中我们能很容易读出，一旦把某个字单独拿出来，就会出现暂时的“回生现象”，出现大脑抑制。有的人因普通话不好，平时又不习惯使用字典，总是依赖别人，形成了心理定势，不敢相信自己，到考试时就更不自信，因此，导致测试中出现不必要的失误。

3. 情绪过分紧张

紧张是指人的精神兴奋不安，常伴有一定的着急、担忧、害怕等情绪的心理体验。紧张是由于个体的内部或外部刺激作用于人体，使其内部器官兴奋而产生的。过度紧张的情绪直接影响应试者普通话测试的状态。由于普通话水平测试是面对面的口试并且全程录音，几乎每个应试者都或多或少有一点紧张，有的人调节能力较强，比较容易控制过度紧张的情绪；有的人则比较不容易控制自己的紧张情绪，以致在测试的十几分钟内都难以调控自己的测试状态。如有的应试者拿题签的手自始至终抖个不停；有的嘴唇抖个不停，无法说话；有的声音发颤，不断地重读。如此种种，导致测试中出现各种不应有的失误。

以下是普通话水平测试时情绪过度紧张导致的失误：

（1）读单音节字词时，把甲字读成与它在意义、用法上有关联的乙字。如把“督”误读为“监”，“脂”误读为“肪”，“隙”误读为“缝”，“内”误读为“外”等。这些字之所以读错，并非受方言影响，也不是因为字形相近，完全是因紧张、慌乱导致读错。

（2）读多音节词语时由于紧张也导致错读。例如：把一个词读成与它意义相关联的另一个词，将“波涛”读为“波浪”，“可惜”读为“可怜”；或者把一个词读成与它词形相近的另一个词，把“隐蔽”读为“隐藏”，“从未”读为“从来”，眼里看的是“加把劲”，嘴里念的却是“加把油”；有的则调换前后两个字的位置而读成另一个词，如“学科”读为“科学”，“历来”读为“来历”等。这些读音错误既不是受方言影响，也不是不认识，而是由于情绪过分紧张而眼睁睁地读错了，令人惋惜。

（3）朗读时由于过度紧张导致的失误表现在：一是忘记字音。平时练习时已经读准了作品中每个字的声母、韵母和声调，但考场上一时的紧张，就忘了哪个字该读翘舌音、哪个字该读后鼻韵母等，方言顿时溜了出来。二是换字。如把“一只巷口买回的烤鸭”中的“烤鸭”读成“烤鸡”；把“有数不清的丫枝”中的“丫枝”读为“枝丫”等。三是反复停顿、回读，读得断断续续，或停连不当，破坏语意的完整性。四是速度过快或过慢。朗读时因无法控制紧张情绪，使得有的应试者语速过快，忘了停顿。回读、漏字、添字、读错的现象比比皆是。

（4）情绪过度紧张对命题说话的影响尤为明显。命题说话是在没有文字凭借的情况下，考查应试者的普通话水平，重点测查语音标准程度、词汇语法规范程度和自然流畅程度。该项测试最能体现应试者普通话的真实水平和口头表达能力的强弱，也最让应试者感到畏惧、紧张而导致出错。如情绪过度紧张导致思维混乱，把原先想好的话忘得一干二净，不知从何说起、怎么说；或者说得语无伦次、结结巴巴、颠三倒四；或者注意了说话的内容却顾不了语音和用词、用句，方音、方言词语和不规范的语法错误频出。有的则是原先准备的内容很多，一到考场因为紧张三言两语就说完了，说话时间不足。有的则让人啼笑皆非，如“我家有一个爸爸、一个妈妈、一个爷爷、一个奶奶、还有一个我”；“吃完晚饭，我们一家三口围坐在桌子上”等。情绪极度紧张的应试者常常是因前面出了一点儿差错就心理慌张，越错越慌，越慌越错得多，形成恶性循环，结果发挥失常。应试者过度紧张的情绪直接导致测试中出现不应有的失误，对考试成绩影响很大。

测试时情绪的过度紧张一方面是由于平时缺乏在正式场合说话的锻炼，不习惯面对面的普通话口试测试方式。另一方面是因自身的准备不充分，加上消极心理暗示的干扰。不少应试者在测试前因准备不充分，测试前总是担心“我的语音基础不行，考不到 80 分怎么办”，在测试过程中看到测试员记录，又在暗想“不知道又扣掉了多少分”等。测试过程中的这些消极想法不仅导致测试时的注意力分散，而且加重自己的心理负担，直接影响了测试情绪，进而影响测试成绩。

普通话水平测试是以口试形式进行，2～3 个测试员当场打分，并且全程录音，在这样的考试环境下应试者产生心理波动是正常的，但若不调控这些不良情绪反应将直接影响普通话测试成绩。为了真实地测出自己的普通话水平，应试者需要有效控制心理因素对自己普通话测试的不良影响。

4. 测试技巧

应试者因不了解《普通话水平测试大纲》和规程，对普通话水平测试重在考查语音的准确性、规范性上缺乏重视，在测试中容易忽视发音的规范和准确，常常出现发音不到位、不完满的情况，由此产生语音缺陷而失分。比如发鼻音声母“n”时，比较随意、放松，影响了测试员的听感，这就容易被误判。发翘舌音声母“zh，ch，sh”时，发音部位松松垮垮，随意性大，也容易使测试员听感不好而被误判。发韵母时不注意口形、动程，归音不到位而被误判（如复韵母ie，üe，前鼻韵母ian，üan，in，ün，后鼻韵母ang，eng，ing，ueng等）。实际上，一些语音基础较好的应试者是会发这些音的，由于不懂得发音技巧导致不应有的失分。但是，一些语音基础不够好的应试者平时刻苦训练，考试时很注意发音，但过于刻意又出现矫枉过正的情形，也造成失分。上述情况均与不理解大纲要求有关。此外，应试者应试前不清楚测试规程将影响测试时的心理状态。因不清楚测试规程，有的应试者拿到测试题就竖着念，不管时间要求和答题要求，甚至连姓名、编号都漏报，一经测试员提醒马上就乱了阵脚，心理立刻紧张。心情紧张易造成思维障碍，如思维不清晰、说话不连贯、面红耳赤甚至心慌出汗颤抖等。由于过度紧张，气息不畅，呼吸失调，就造成了读音时声音发颤，语速过快或过慢，发音吐字不清，归音不到位；朗读时由于心理失控和呼吸障碍，头脑出现空白，换气不当，停连不当，漏字添字，失误过多；说话时表情呆滞，注意力不集中，手足无措，思路不清，结结巴巴等。

二、普通话水平测试的准备

上述客观因素和主观因素都不同程度地影响了普通话水平测试成绩。对于应试者而言，不能直接改变客观因素的影响，但保持和谐、稳定的应试心态，持“改变可以改变的，接受不能改变的”的态度对待测试，从改变自身，提高自己的语音水平、应试心理素质入手，实际上，也会间接地改变难以改变的那些客观因素。换句话说，当我们自身的表现很漂亮时，对测试员会产生良好的正效应。因此，从改变自身开始，做好充分的普通话水平测试准备是赢得好成绩的重要而又关键的环节。

（一）技术准备

1. 参加培训，认真备考

考前普通话培训虽然时间短、任务重，普通话水平的提高也未必能见一时之效，但应试者参加考前培训实际上对自己了解和学习普通话，以及增强应考能力、提升测试成绩很有帮助。

冰冻三尺非一日之寒，普通话水平的提高也非朝夕之事，必须经过长期训练方见成效。就此而言，考前培训的作用的确有限。但不少参加过培训的人体会到：不学不知道，一学吓一跳。甚至一些自以为普通话说得不错的人，参加了培训之后才知道自己错了这么多，错了这么久！生活中，的确有不少人一直都说“普通话”，自觉普通话不错，但参加普通话水平测试却难达标。为什么？因为不了解、也没有掌握普通话的正确发音，平时说的是带方音色彩的“地方普通话”。而普通话语音培训教师是针对方音特点和难点来帮助应试者进行有效的学习，克服发音难点，从而能极大地提高学习效果。

并且，普通话语音培训教师本身都是有经验的普通话水平测试员，他们会根据测试的评分标准和要求，结合测试实践中常见的问题，进行有针对性的测试指导，帮助应试者尽可能少失分，提高应试能力和测试成绩。所以在教师指导下备考，常能达到事半功倍的效果。

2. 提高认识，平时加强训练

通过培训，应试者易于建立正确的语音体系，知道什么是对，什么是错，但这只是学习普通话的第一步。要真正说好普通话，不仅要掌握声母、韵母、声调的准确发音，掌握各种音变规律，更重要的是按照发音的标准和规范刻苦练习，把正确的发音落实到字、词、句当中。譬如掌握翘舌音声母“zh，ch，sh，r”的正确发音并不难，但要正确区分普通话里所有的平翘舌音，对贵州人来说，就不容易了。寄望老师在培训中解决这些问题，并不现实，这些困难需要通过平时的刻苦训练来克服。所以必须认识到语言的学习是一个长期的渐进过程，普通话培训是必要的，但不是万能的，只有踏踏实实去读、去记、去练，才能切实提高普通话水平。

以下是学习普通话的几种方法：

一要大声读。对于初学者和水平不高的人来说，读书时的普通话水平往往比说话时的水平高。因为读书时是照字念音，可以集中注意字音的正确发音，所以通常正确率相对会比较高；而说话时要思考内容、组织词句，对语音的问题常无暇顾及，故失误率比较高。因此，经常诵读能以读带说，并逐渐过渡到像读那样说，从而提高读和说的水平。大声读，一方面可以调节心理，增强自信；另一方面还有利于肺活量的扩张，调节呼吸，增强体质呢。可见，高声诵读一举多得，何乐不为！

二要用心辨。经常听广播、看电视是学习普通话的好机会。我们可以在看和听的时候，多注意央视播音员、主持人的发音，对照自己的发音，看看有什么不同，能否纠正。平时和朋友聊天，也有意识地分辨发音的正误，拿不准的随时求教，随时记忆。这种有意识的辨音训练，能帮助我们在短时间内，迅速提高普通话水平。

三要坚持说。语言不仅是交际工具，还是思维工具。我们都有学习外语的经验，有些人学了很多年外语，仍然不能顺畅地听说读写，原因就在于平时的思维语言不是外语，而是汉语。不少人说普通话时感到思维受限制，正是因为习惯了用方言思维，说普通话时要把方言的词汇、句法和发音翻译成普通话的词汇、句法和发音，所以普通话很难脱口而出，更难流畅准确。因此，“坚持说”是“说得好”的前提条件。

有人觉得“坚持说”太难，因为“没有语言环境”。的确，良好的语言环境，对提高普通话水平很有帮助。我们不能否认环境的作用，但是，要看到，环境影响人，人更能创造和改变环境。大家都不开口说，大家都没有环境；一个人带头说，他为大家创造了环境；大家都来说，每个人都有了环境。可见，良好的语言环境靠大家共同营造。

（二）心理准备

1. 熟悉流程，沉着应考

普通话水平测试采用口试方式进行。每次测试设有若干考场，每个考场有测试员2～3名，负责测试的计时、录音及成绩评定，其他辅助性工作如叫号、抽签等由工作人员负责。考试全程录音，以备复审之用。

测试前，应试者需要先了解考场分布情况，找到自己所在考场，按时候考。听到工作人员点名后依次抽取考题，并按要求做好准备，准备时间8～10分钟，然后在自己所在的考场外候考。待自己前一位考生出场后进入考场，先将两证（身份证、准考证）交测试员查验。考试开始，先报姓名和测试编号，再按测试项目依次进行，不得间断。测试完毕将试卷交还测试员，取回自己的证件，即可离开考场。应试者需注意：不能在试卷上注音、做标记。

若是计算机辅助测试，考场内有监控，没有测试员，其他流程同人工测试。

2. 调整心态，积极应考

前文已分析了一些心理因素对普通话测试成绩的负面影响，为了避免这些不良影响，应试者需要保持良好的心态，积极应考。

（1）端正动机，明确测试目的。

随着普通话水平等级证书已成为师范院校毕业生和有关从业人员被录用、聘任的条件之一，普通话水平测试日益受到人们的重视。但也有人认为不过是走走形式，所以并不认真对待。由于平时没有认真训练，准备不充分，导致测试成绩不达标。因此，应试者必须明确普通话水平测试不仅仅是为了拿到等级证书，而是真正地通过测试来提高自身的普通话水平，这样，才能获得学习普通话的乐趣和动力。从心理学的角度而言，既要有获得普通话等级证书的直接兴趣，也要有提高普通话水平的间接兴趣，这样才能保持学习普通话的持久动力。

（2）增强自信。

增强自信用心理学的语言来说就是提升自我效能。自我效能指“个体对自己在特定的情境里能够激发动机、调动认知资源以及采取必要的行动来成功完成某一项工作的信念（或信心）。”（班杜拉，1986，1997）成功能树立信心。当我们在练习普通话的过程中不断进步时就会感到底气十足，这就会让我们在测试时充满信心，从而避免不必要的失误。

（3）克服紧张情绪，保持良好的身心状态。

适度的紧张可以激活机体应对问题情境，但紧张过度可能导致大脑的抑制状态。因此，进行普通话水平测试时要避免过度紧张。测试时，若情绪太紧张可以通过几次深呼吸进行缓解，稳定情绪。值得应试者注意的是测试前必须认真领会《普通话水平测试大纲》所提出的要求，一定要熟悉测试规程，不要自己吓唬自己。候考时，要注意熟悉考试题型，理解每道题的具体要求，做好充分准备。在勤学苦练的基础上，进行积极的心理暗示，比如“我相信自己会达标的”“我花了这么多工夫会成功的”，在心里对自己说，“冷静、放松”“呵呵，测试员也是人，他们也有出错的时候”……倘若紧张过度，可在测试抽签前，有意识地把注意力转移到其他让自己感到轻松愉快的事情上，如哼哼歌曲、说说笑话等。这样，大脑的兴奋点转移，紧张情绪自然得到缓解。测试前的这些做法可以适当放松紧张心理，帮助应试者进入正常的测试状态。测试中切记：坚决不想消极的因素和消极的结果。当然，平时要针对自己的学习实际，抓住重点，突破难点，加强语音的强化训练，多讲、多练，大胆地在众人面前说普通话，尤其是课堂上争取机会练习普通话。把知识转化为技能，使技能熟练。熟能生巧，胸有成竹就不会慌张。如果能把平时的普通话练习当作测试对待，即预演，则可以增强自己测试时的适应性。或者进行模拟测试，这一方面可以检测平时训练的效果，另一方面也能帮助自己更好地适应正式测试。

模拟测试的程序是：先朗读后说话。朗读的次序是：读单音节字词，读多音节词语，读文章。读文章采用抽签的方式确定朗读的篇目。朗读完毕后再说话。单向说话从 30 个规定的题目中抽签选定。模拟测试时注意记录每一测试项目所用的时间，看自己的普通话水平达到什么程度，从而有针对性地进行训练。模拟测试可以由教师组织进行，也可以由几个同学组成测试小组，相互测试。模拟测试时，最好能录音，以便拟测完毕后自己审听。

（4）测试时集中注意力，看准读准，偶有读音失误，也不要慌张。

若发现错读就及时纠正，千万不要去想读错了会扣多少分，会对测试成绩有什么影响等。此外，为了保持正常的测试状态，最好不要空腹参加测试。测试过程中注意声带不要松懈，要一鼓作气，准确到位地发音吐字。

调整心态、保持良好的应试状态非常重要。应试者需有一颗平常心，面对测试从容镇定，不急不躁，测试结果固然重要，但把握不好过程也得不到希望的结果。因此，应试者既需要确立测试目标，也要学会调控自己测试时的心理过程。

附 录

附录一 普通话水平测试朗读作品分析

下面将对《贵州省普通话培训测试用书》中的45篇朗读作品，从朗读基调和语音分布两方面进行分析，以提高受测者对作品的理解和把握能力。

朗读提示：主要对作品的主题和朗读技巧进行提示。

语音分布：

1. 为方便教学及课后自学，对测试用朗读作品均采用汉字和汉语拼音对照的方式进行编排。

2. 加注的汉语拼音原则依据《汉语拼音正词法基本规则》拼写，每篇作品在第400个音节后用“//”标注。

3. 注音只标本调，不标变调，如“海水”“一直”“不过”分别写作“hǎishuǐ”“yīzhí”“bùguò”；读本调或变调均可的词语，拼音标注本调，后加( )，括号内标注变调，如“沉甸甸”写作“chéndiàndiàn（diāndiān）”。

4. 作品中的易错字词，包括生僻字、多音多义字、易误读字和难读词语（即由难点音组合成的词语），在拼音时通过加黑加粗的方式进行提示，如“为之感动”，写作“**wéi zhī gǎndòng**”；又如“此时”，写作“**cǐshí**”（平翘舌转换），“肯定”写作“**kěndìng**”（前后鼻音转换）。

5. 作品中的必读轻声词语，拼音不标调号，并在拼音下加横直线“______”表示，如“知道”，拼音写作“zhīdao”；一般轻读，但可以重读的音节，拼音加注调号，拼音下加横直线“______”，并在拼音前加圆点提示，如“这里”，拼音写作“zhè·lǐ”。便于训练，作品中对方位介词和助词“了”作一个变通处理，即根据朗读需要与其前面的词组连在一起注音，如“集市上”拼音写作“jíshishang”，“转向了”拼音写作“zhuǎnxiàngle”。

6. 作品中需读儿化的词语，拼音时在其基本形式后加r，并在拼音下加曲线“______”表示，如“银条儿”，拼音写作“yíntiáor”。

作品 1 号

两个同龄的年轻人同时受雇于一家店铺，并且拿同样的薪水。

可是一段时间后，叫阿诺德的那个小伙子青云直上，而那个叫布鲁诺的小伙子却仍在原地踏步。布鲁诺很不满意老板的不公正待遇。终于有一天他到老板那儿发牢骚了。老板一边耐心地听着他的抱怨，一边在心里盘算着怎样向他解释清楚他和阿诺德之间的差别。

“布鲁诺先生”，老板开口说话了，“您现在到集市上去一下，看看今天早上有什么卖的。”

布鲁诺从集市上回来向老板汇报说，今早集市上只有一个农民拉了一车土豆在卖。

“有多少？”老板问。

布鲁诺赶快戴上帽子又跑到集市，然后回来告诉老板一共四十袋土豆。

“价格是多少？”

布鲁诺又第三次跑到集市问来了价格。

“好吧”，老板对他说，“现在请您坐到这把椅子上一句话也不要说，看看阿诺德怎么说。”

阿诺德很快就从集市上回来了，他向老板汇报说到现在为止只有一个农民在卖土豆，一共四十口袋，价格是多少多少；土豆质量很不错，他带回来一个让老板看看。这个农民一个钟头以后还会弄来几箱西红柿，据他看价格非常公道。昨天他们铺子的西红柿卖得很快，库存已经不//多了。他想这么便宜的西红柿，老板肯定会要进一些的，所以他不仅带回了一个西红柿做样品，而且把那个农民也带来了，他现在正在外面等回话呢。

此时老板转向了布鲁诺，说：“现在您肯定知道为什么阿诺德的薪水比您高了吧！”

节选自布鲁德·克里斯蒂安森《差别》

【朗读提示】

作品讲述了两个同龄的年轻人同时受雇于一家店铺，起初是拿同样的薪水，可是一段时间后就有了差别的故事。朗读时语气平实自然，语速适中，注意抓住人物的特性及情节的开端、发展，体现出比较和思考的意味。

Zuòpǐn 1 Hào

Liǎng gè tónglíng de **niánqīngrén** tóngshí shòugù yú yī jiā diànpù, bìngqiě ná tóngyàng de xīn・shuǐ.

Kěshì yī duàn shíjiān hòu, jiào Ānuòdé de nàge xiǎohuǒzi **qīngyún zhíshàng**, ér nàge jiào **Bùlǔnuò** de xiǎohuǒzi què **réng zài** yuándì tàbù. **Bùlǔnuò** hěn bù mǎnyì lǎobǎn de bù gōngzhèng dàiyù. Zhōngyú yǒu yī tiān tā dào lǎobǎn nàr fā láo・sāo le. Lǎobǎn yībiān **nàixīn** de **tīngzhe** tā de bào・yuàn, yībiān zài xīn・lǐ **pánsuanzhe** zěnyàng xiàng tā jiěshì qīngchu tā hé Ānuòdé zhījiān de chābié.

"**Bùlǔnuò** xiānsheng," Lǎobǎn kāikǒu shuōhuà le, "**Nín** xiànzài dào jíshìshang qù・yīxià, kànkan jīntiān zǎoshang yǒu shénme mài de."

Bùlǔnuò cóng jíshìshang huílái xiàng lǎobǎn huìbào shuō, jīnzǎo jíshíshang zhǐyǒu yī gè **nóngmín** lāle yī chē tǔdòu zài mài.

"Yǒu duō・shǎo?" Lǎobǎn wèn.

Bùlǔnuò gǎnkuài dàishang màozi yòu pǎodào jíshì, ránhòu huí・lai gàosu lǎobǎn yīgòng **sìshí** dài tǔdòu.

"Jiàgé shì duō・shǎo?"

Bùlǔnuò yòu **dì sān cì** pǎodào jíshì wènláile jiàgé.

"Hǎo ba," lǎobǎn duì tā shuō, "Xiànzài **qǐng nín** zuòdào zhè bǎ **yǐ zi・shang** yī jù huà yě bùyào shuō, kànkan Ānuòdé zěnme shuō."

Ānuòdé hěn kuài jiù cóng jíshìshang huí・lái le, tā xiàng lǎobǎn huìbào shuō dào xiànzài wéizhǐ zhǐyǒu yī gè **nóngmín** zài mài tǔdòu, yīgòng **sìshí** kǒudai, jiàgé shì duō・shǎo duō・shǎo; tǔdòu **zhìliàng** hěn bùcuò, tā dài huí・lai yī gè ràng lǎobǎn kànkan. Zhège **nóngmín** yī gè zhōngtóu yǐhòu hái huì nònglái jǐxiāng xīhóngshì, jù tā kàn jiàgé fēicháng gōng・dào. Zuótiān tāmen pùzi de xīhóngshì mài de hěn kuài, kùcún yǐjīng bù//duō le. Tā xiǎng zhème piányi de xīhóngshì, lǎobǎn **kěndìng** huì yào jìn yīxiē de, suǒyǐ tā bùjǐn dàihuíle yī gè xīhóngshì zuò yàngpǐn, érqiě bǎ nàge **nóngmín** yě dài・lái le, tā xiànzài **zhèngzài** wài・miàn děng huíhuà ne.

Cǐshí lǎobǎn zhuǎnxiàngle **Bùlǔnuò**, shuō: "Xiànzài **nín kěndìng** zhīdao wèishénme Ānuòdé de xīn・shuǐ bǐ nín gāo le ba!"

Jiéxuǎn zì Bùlǔdé kèlǐsīdì'ānsēn《Chābié》

作品 2 号

这是入冬以来，胶东半岛上第一场雪。

雪纷纷扬扬，下得很大。开始还伴着一阵儿小雨，不久就只见大片大片的雪花，从彤云密布的天空中飘落下来。地面上一会儿就白了。冬天的山村，到了夜里就万籁俱寂，只听得雪花簌簌地不断往下落，树木的枯枝被雪压断了，偶尔咯吱一声响。

大雪整整下了一夜。今天早晨，天放晴了，太阳出来了。推开门一看，嗬!好大的雪啊!山川、河流、树木、房屋，全都罩上了一层厚厚的雪，万里江山，变成了粉妆玉砌的世界。落光了叶子的柳树上挂满了毛茸茸亮晶晶的银条儿，而那些冬夏常青的松树和柏树上，则挂满了蓬松松沉甸甸的雪球儿。一阵风吹来，树枝轻轻地摇晃，美丽的银条儿和雪球儿簌簌地落下来，玉屑似的雪末儿随风飘扬，映着清晨的阳光，显出一道道五光十色的彩虹。

大街上的积雪足有一尺多深，人踩上去，脚底下发出咯吱咯吱的响声。一群群孩子在雪地里堆雪人，掷雪球儿。那欢乐的叫喊声，把树枝上的雪都震落下来了。

俗话说："瑞雪兆丰年。"这个话有充分的科学根据，并不是一句迷信的俗语。寒冬大雪，可以冻死一部分越冬的害虫；融化了的水渗进土层深处，又能供应//庄稼生长的需要。我相信这一场十分及时的大雪，一定会促进明年春季作物，尤其是小麦的丰收。有经验的老农把雪比做是"麦子的棉被"。冬天"棉被"盖得越厚，明春麦子就长得越好，所以又有这样一句谚语："冬天麦盖三层被，来年枕着馒头睡"。

我想，这就是人们为什么把及时的大雪称为"瑞雪"的道理吧。

节选自峻青《第一场雪》

【朗读提示】

作品描写了一幅五光十色、晶莹剔透的雪景，告诉了大家"瑞雪兆丰年"这个道理。朗读本文时，基调以轻松为主，语调多扬少抑，语音多轻少重，语流轻快欢畅，语节内词的密度较大。

Zuòpǐn 2 Hào

Zhè shì rùdōng yǐlái, Jiāodōng Bàndǎoshang dìyī **cháng** xuě.

Xuě fēnfēnyángyáng, xià de hěn dà. Kāishǐ hái bànzhe yīzhènr xiǎoyǔ, bùjiǔ jiù zhǐ jiàn dàpiàn dàpiàn de xuěhuā, cóng **tóngyún** -mìbù de tiānkōng zhōng piāoluò xiàlai. Dìmiànshang yīhuìr jiù bái le. Dōngtiān de **shāncūn**, dàole yè · lǐ jiù **wànlài-jùjì**, zhǐ tīng de xuěhuā **sùsù** de bùduàn wǎngxià luò, shùmù de **kūzhī** bèi xuě yāduàn le, **ǒu'ěr gēzhī** yī shēng xiǎng.

Dàxuě **zhěngzhěng** xiàle yīyè. Jīntiān **zǎo · chén**, tiān fàngqíng le, tài · yáng chūlai le. Tuīkāi mén yī kàn, hē! Hǎo dà de **xuě a**! **Shānchuān**、**héliú**、shùmù、fángwū, quán dōu zhào · shàngle yī **céng** hòuhòu de xuě, wàn lǐ jiāngshān, biànchéngle **fěnzhuāng - yùqì** de shìjiè. Luòguāngle yèzi de **liǔshùshang** guàmǎnle máoróngróng (rōngrōng) **liàngjīngjīng** de yíntiáor; ér nàxiē dōngxià **chángqīng** de **sōngshù** hé bǎishùshang, zé guàmǎnle péngsōngsōng chéndiàndiàn (diāndiān) de xuěqiúr. **Yī zhèn fēng** chuī · lái, **shùzhī qīngqīng** de yáohuàng, měilì de yíntiáor hé xuěqiúr **sùsù** de luòxialai, **yùxiè shìde** xuěmòr **suí fēng** piāoyáng, **yìngzhe qīngchén** de yángguāng, xiǎnchū yī dàodào **wǔguāng** -**shísè** de cǎihóng.

Dàjiēshang de jīxuě zú yǒu yī chǐ duō shēn, rén cǎishangqu, jiǎo dǐxia fāchū **gēzhī gēzhī** de xiǎngshēng. Yī qúnqún háizi zài xuědì · lǐ duī xuěrén, **zhì** xuěqiúr. Nà huānlè de jiàohǎnshēng, bǎ **shùzhīshang** de xuě dōu **zhènluò** xiàlai le.

Súhuà shuo: "Ruìxuě zhào **fēngnián**." Zhège huà yǒu **chōngfèn** de kēxué gēnjù, bìng bù shì yī jù míxìn de **súyǔ**. Hándōng dàxuě, kěyǐ dòngsǐ yī bùfen yuèdōng de hàichóng; rónghuàle de shuǐ **shènjìn tǔcéng shēnchù**, yòu néng **gōngyìng** // zhuāngjia **shēngzhǎng** de xūyào. Wǒ xiāngxìn zhè **yī cháng** shífēn jíshí de dàxuě, yīdìng huì cùjìn **míngnián** chūnjì zuòwù, yóuqí shì xiǎomài de **fēngshōu**. Yǒu jīngyàn de **lǎonóng** bǎ xuě **bǐzuò shì** "màizi de miánbèi". Dōngtiān "miánbèi" gài de yuè hòu, **míngchūn** màizi jiù zhǎng de yuè hǎo, suǒyǐ yòu yǒu zhèyàng yī jù yànyǔ: "Dōngtiān mài gài **sān céng** bèi, **láinián** zhěnzhe mántou shuì".

Wǒ xiǎng, zhè jiùshì rénmen wèishénme bǎ jíshí de dàxuě chēngwéi "ruìxuě" de dào · lǐ ba.

Jiéxuǎn zì Jùn Qīng 《Dì-yī Cháng Xuě》

作品 3 号

我常想读书人是世间幸福人，因为他除了拥有现实的世界之外，还拥有另一个更为浩瀚也更为丰富的世界。现实的世界是人人都有的，而后一个世界却为读书人所独有。由此我想，那些失去或不能阅读的人是多么的不幸，他们的丧失是不可补偿的。世间有诸多的不平等，财富的不平等，权力的不平等，而阅读能力的拥有或丧失却体现为精神的不平等。

一个人的一生，只能经历自己拥有的那一份欣悦，那一份苦难，也许再加上他亲自闻知的那一些关于自身以外的经历和经验。然而，人们通过阅读，却能进入不同时空的诸多他人的世界。这样，具有阅读能力的人，无形间获得了超越有限生命的无限可能性。阅读不仅使他多识了草木虫鱼之名，而且可以上溯远古下及未来，饱览存在的与非存在的奇风异俗。

更为重要的是，读书加惠于人们的不仅是知识的增广，而且还在于精神的感化与陶冶。人们从读书学做人，从那些往哲先贤以及当代才俊的著述中学得他们的人格。人们从《论语》中学得智慧的思考，从《史记》中学得严肃的历史精神，从《正气歌》中学得人格的刚烈，从马克思学得人世//的激情，从鲁迅学得批判精神，从托尔斯泰学得道德的执着。歌德的诗句刻写着睿智的人生，拜伦的诗句呼唤着奋斗的热情。一个读书人，一个有机会拥有超乎个人生命体验的幸运人。

节选自谢冕《读书人是幸福人》

【朗读提示】

作品通过议论的手法告诉大家读书人是世间幸福人，基调应以真诚劝慰为主。朗读时应把握作品里的逻辑关系，以切身的感受来朗读。特别是朗读最后一个自然段中的排比句时，用高低法一高一低或是层层递进的方法来读。

Zuòpǐn 3 Hào

Wǒ cháng xiǎng dúshūrén shì shìjiān **xìngfú rén**, yīnwèi tā chúle yōngyǒu xiànshí de shìjiè zhīwài, hái yōngyǒu **lìng** yī gè gèng wéi hàohàn yě gèng wéi fēngfù de shìjiè. Xiànshí de shìjiè shì rénrén dōu yǒu de, ér hòu yī gè shìjiè què **wéi** dúshūrén suǒ dúyǒu. Yóu cǐ wǒ xiǎng, nàxiē shīqù huò **bùnéng** yuèdú de rén shì <u>duōme</u> de **bùxìng**, tāmen de **sàngshī** shì bùkě **bǔcháng** de. Shìjiān yǒu zhūduō de bù **píngděng**, cáifù de bù **píngděng**, quánlì de bù **píngděng**, ér yuèdú **nénglì** de yōngyǒu huò **sàngshī** què tǐxiàn wéi **jīngshén** de bù **píngděng**.

Yī gè rén de yīshēng, **zhǐnéng jīnglì** zìjǐ yōngyǒu de nà yī fèn xīnyuè, nà yī fèn kǔnàn, yěxǔ zài <u>jiā · shàng</u> tā qīnzì wén zhī de nà yīxiē guānyú **zìshēn** yǐwài de **jīnglì** hé jīngyàn. Rán'ér, <u>rénmen</u> tōngguò yuèdú, què **néng** jìnrù bùtóng shíkōng de zhūduō tārén de shìjiè. Zhèyàng, jùyǒu yuèdú **nénglì** de rén , wúxíng jiān huòdéle chāoyuè yǒuxiàn **shēngmìng** de wúxiàn **kěnéngxìng**. Yuèdú bùjǐn shǐ tā duō shí le **cǎomùchóngyú** zhī míng, érqiě kěyǐ **shàngsù** yuǎngǔ xià jí wèilái, bǎolǎn **cúnzài** de yǔ fēi**cúnzài** de **qífēng yìsú**.

Gèng wéi zhòngyào de shì, dúshū jiāhuì yú <u>rénmen</u> de bùjǐn shì <u>**zhīshi**</u> de **zēngguǎng**, érqiě hái zàiyú **jīngshén** de gǎnhuà yǔ táoyě. <u>Rénmen</u> cóng dúshū xué **zuò rén**, cóng nàxiē **wǎngzhé xiānxián** yǐjí dāngdài cáijùn de **zhùshù** zhōng **xuédé** <u>tāmen</u> de réngé. <u>Rénmen</u> cóng《**Lúnyǔ**》zhōng xuédé zhìhuì de sīkǎo, cóng《Shǐjì》zhōng xuédé yánsù de **lìshǐ jīngshén**, cóng《Zhèngqìgē》zhōng xuédé réngé de gāngliè, cóng Mǎkèsī xuédé **rénshì** // de jīqíng, cóng Lǔ Xùn xuédé pīpàn **jīngshén**, cóng **Tuō'ěrsītài** xuédé dàodé de **zhízhuó**. Gēdé de shījù kèxiě zhe **ruìzhì** de **rénshēng**, Bàilún de shījù hūhuàn zhe fèndòu de **rèqíng**. Yī gè dùshūrén, yī gè yǒu <u>jī · huì</u> yōngyǒu chāohū gèrén **shēngmìng** tǐyàn de **xìngyùn rén**.

Jiéxuǎn zì Xiè Miǎn《Dúshūrén Shì Xìngfú Rén》

作品 4 号

一天，爸爸下班回到家已经很晚了，他很累也有点儿烦，他发现五岁的儿子靠在门旁正等着他。

“爸，我可以问您一个问题吗？”

“什么问题？”“爸，您一小时可以赚多少钱？”“这与你无关，你为什么问这个问题？”父亲生气地说。

“我只是想知道，请告诉我，您一小时赚多少钱？”小孩儿哀求道。“假如你一定要知道的话，我一小时赚二十美金。”

“哦”，小孩低下了头，接着又说，“爸，可以借我十美金吗？”

父亲发怒了：“如果你只是要借钱去买毫无意义的玩具的话，给我回到你的房间睡觉去。好好想想为什么你会那么自私。我每天辛苦工作，没时间和你玩儿小孩子的游戏。”

小孩儿默默地回到自己的房间关上门。

父亲坐下来还在生气。后来，他平静下来了，心想他可能对孩子太凶了——或许孩子真的很想买什么东西，再说他平时很少要过钱。

父亲走进孩子的房间：“你睡了吗？”“爸，还没有，我还醒着。”孩子回答。

“我刚才可能对你太凶了，”父亲说，“我不应该发那么大的火儿——这是你要的十美金。”“爸，谢谢您。”孩子高兴地从枕头下拿出一些被弄皱的钞票，慢慢地数着。

“为什么你已经有钱了还要？”父亲不解地问。

“因为原来不够，但现在凑够了。”孩子回答：“爸，我现在有//二十美金了，我可以向您买一个小时的时间吗？明天请早一点儿回家——我想和您一起吃晚餐。”

节选自《视野》2000 年第 7 期唐继柳编译《二十美金的价值》

【朗读提示】

作品以父子间关于二十美金的一次对话，写出了现代社会家庭、工作之间的矛盾现状，表达出渴望亲情温暖的主题。朗读时气息平稳，语调平和，注意利用对话表现出人物特有的感情波动与内心感受，但不可过于追求模拟人声效果，语势不宜夸张。

Zuòpǐn 4 Hào

Yī tiān, bàba xiàbān huídào jiā yǐjīng hěn wǎn le, tā hěn lèi yě yǒu diǎnr fán, tā fāxiàn wǔ suì de érzi kào zài mén páng zhèng děngzhe tā.

"Bà, wǒ kěyǐ wèn **nín** yí gè wèntí ma?"

"Shénme wèntí?" "Bà, **nín** yī xiǎoshí kěyǐ zhuàn duō · shǎo qián?" "Zhè yǔ nǐ wúguān, nǐ wèishénme wèn zhège wèntí ?" Fù · qīn **shēngqì** de shuō.

"Wǒ **zhǐshì** xiǎng zhīdao, qǐng gàosu wǒ, **nín** yī xiǎoshí zhuàn duō · shǎo qián?" xiǎoháir āiqiú dào. "Jiǎrú nǐ yīdìng yào zhīdao de huà, wǒ yī xiǎoshí zhuàn **èrshí** měijīn."

"Ò,"Xiǎoháir dīxiàle tóu, jiēzhe yòu shuō, "Bà, kěyǐ jiè wǒ shí měijīn ma?" Fù · qīn fānù le: "Rúguǒ nǐ **zhǐshì** yào jiè qián qù mǎi háowú-yìyì de wánjù de huà, gěi wǒ huídào nǐ de fángjiān shuìjiào qu. Hǎohǎo (hǎohāor) xiǎngxiang wèishénme nǐ huì nàme **zìsī**. Wǒ měitiān xīnkǔ gōngzuò, méi shíjiān hé nǐ wánr xiǎoháizi de yóuxì."

Xiǎoháir mòmò de huídào zìjǐ de fángjiān guān · shàng mén.

Fù · qīn zuòxialai hái **zài shēngqì**. Hòulái, tā **píngjìng** xiàlai le. Xīnxiǎng tā **kěnéng** duì háizi tài xiōng le——huòxǔ háizi zhēnde hěn xiǎng mǎi shénme dōngxi, **zàishuō** tā **píngshí** hěn shǎo yàoguo qián.

Fù · qīn **zǒujìn** háizi de fángjiān: "Nǐ shuìle ma?" "Bà, hái méiyǒu, wǒ hái xǐngzhe." Háizi huídá.

"Wǒ gāngcái **kěnéng** duì nǐ tài xiōng le," Fù · qīn shuō, "wǒ bù yīnggāi fā nàme dà de huǒr——**zhè shì nǐ** yào de shí měijīn." "Bà, xièxie **nín**." Háizi gāoxìng de cóng zhěntou xia **náchū** yīxiē bèi **nòngzhòu** de chāopiào, mànmàn (mànmānr) de **shǔzhe**.

"Wèishénme nǐ yǐjīng yǒu qián le hái yào?" Fù · qīn bùjiě de wèn.

"Yīnwèi yuánlái bùgòu, dàn xiànzài còugòu le." Háizi huídá: "Bà, wǒ xiànzài yǒu // **èrshí** měijīn le, wǒ kěyǐ xiàng **nín** mǎi yī gè xiǎoshí de shíjiān ma? Míngtiān **qǐng zǎo** yīdiǎnr huíjiā——wǒ xiǎng hé **nín** yīqǐ **chī wǎncān**."

Jiéxuǎn zì《shìyè》èr líng líng líng nián dì-qī qī Táng Jìliǔ biānyì
《Èrshí Měijīn de Jiàzhí》

作品 5 号

爸不懂得怎样表达爱，使我们一家人融洽相处的是我妈。他只是每天上班下班，而妈则把我们做过的错事开列清单，然后由他来责骂我们。

有一次我偷了一块糖果，他要我把它送回去，告诉卖糖的说是我偷来的，说我愿意替他拆箱卸货作为赔偿。但妈妈却明白我只是个孩子。

我在运动场打秋千跌断了腿，在前往医院途中一直抱着我的，是我妈。爸把汽车停在急诊室门口，他们叫他驶开，说那空位是留给紧急车辆停放的。爸听了便叫嚷道："你以为这是什么车?旅游车?"

在我生日会上，爸总是显得有些不大相称。他只是忙于吹气球，布置餐桌，做杂务。把插着蜡烛的蛋糕推过来让我吹的，是我妈。

我翻阅相册时，人们总是问："你爸爸是什么样子的?"天晓得!他老是忙着替别人拍照。妈和我笑容可掬地一起拍的照片，多得不可胜数。

我记得妈有一次叫他教我骑自行车。我叫他别放手，但他却说是应该放手的时候了。我摔倒之后，妈跑过来扶我，爸却挥手要她走开。我当时生气极了，决心要给他点儿颜色看。于是我马上爬上自行车，而且自己骑给他看。他只是微笑。

我念大学时，所有的家信都是妈写的。他//除了寄支票外，还寄过一封短柬给我，说因为我不在草坪上踢足球了，所以他的草坪长得很美。

每次我打电话回家，他似乎都想跟我说话，但结果总是说："我叫你妈来接。"

我结婚时，掉眼泪的是我妈。他只是大声擤了一下鼻子，便走出房间。

我从小到大都听他说："你到哪里去?什么时候回家?汽车有没有汽油?不，不准去。"爸完全不知道怎样表达爱。除非……

会不会是他已经表达了，而我却未能察觉?

节选自[美]艾尔玛·邦贝克《父亲的爱》

【朗读提示】

作品通过描写父亲和"我"的生活情形，直到"我"结婚后才明白，其实父亲的关爱无处不在。朗读时平实自然，声音的高低起伏不大。

Zuòpǐn 5 Hào

Bà bù dǒng · dé zěnyàng biǎodá ài, shǐ wǒmen yī jiā rén róngqià **xiāngchǔ** de shì wǒ mā. Tā **zhǐshì** měitiān shàngbān xiàbān, ér mā zé bǎ wǒmen zuòguo de **cuòshì** kāiliè qīngdān, ránhòu yóu tā lái zémà wǒmen.

Yǒu yī cì wǒ tōule yī kuài tángguǒ, tā yào wǒ bǎ tā sònghuiqu, gàosu mài táng de shuō shì wǒ tōulai de, shuō wǒ yuàn · yì tì tā **chāi xiāng xiè huò** zuòwéi **péicháng**. Dàn māma què míngbai wǒ **zhǐshì** gè háizi.

Wǒ zài yùndòngchǎng dǎ qiūqiān diēduànle tuǐ, zài qiánwǎng yīyuàn túzhōng yīzhí bàozhe wǒ de, shì wǒ mā. Bà bǎ qìchē **tíng zài jízhěnshì** ménkǒu, tāmen jiào tā shǐkāi, shuō nà kòngwèi shì liúgěi jǐnjí **chēliàng** tíngfàng de. Bà tīng le biàn jiàorǎng dào: "Nǐ yǐwéi **zhè shì** shénme chē? **Lǚyóuchē**?"

Zài wǒ **shēngrì** huìshang, bà **zǒngshì** xiǎn · dé yǒuxiē bú dà **xiāngchèn**. Tā **zhǐshì** máng yú chuī qìqiú, bùzhì **cānzhuō**, zuò záwù. Bǎ chāzhe **làzhú** de dàngāo tuīguolai ràng wǒ chuī de, shì wǒ mā.

Wǒ fānyuè **xiàngcè shí**, rénmen **zǒngshì** wèn: "Nǐ bàba shì shénme yàngzi de?" Tiān xiǎo · dé! Tā **lǎoshì** mángzhe tì bié · rén pāizhào. Mā hé wǒ xiàoróng-kějū de yīqǐ pāi de **zhàopiàn**, duō de bùkě **shèngshǔ**.

Wǒ jì · dé mā yǒu yī cì jiào tā jiāo wǒ qí **zìxíngchē**. Wǒ jiào tā bié fàngshǒu, dàn tā què shuō shì yīnggāi fàngshǒu de shíhou le. Wǒ shuāidǎo zhīhòu, mā pǎoguolai fú wǒ, bà què huīshǒu yào tā zǒukāi. Wǒ dāngshí shēngqì jí le, juéxīn yào gěi tā diǎnr yánsè kàn. Yúshì wǒ mǎshàng pá · shàng **zìxíngchē**, érqiě zìjǐ qí gěi tā kàn. Tā **zhǐshì** wēixiào.

Wǒ niàn dàxué shí, suǒyǒu de jiāxìn dōu shì mā xiě de. Tā//chúle jì zhīpiào wài, hái jìguo yī fēng **duǎn jiǎn** gěi wǒ, shuō yīnwèi wǒ bù zài **cǎopíng**shang tīzúqiú le, suǒyǐ tā de **cǎopíng** zhǎng de hěn měi.

Měi cì wǒ dǎ diànhuà huíjiā, tā sìhū dōu xiǎng gēn wǒ shuōhuà, dàn jiéguǒ **zǒngshì shuō**: "Wǒ jiào nǐ mā lái jiē."

Wǒ jiéhūn shí, diào yǎnlèi de shì wǒ mā. Tā **zhǐshì** dàshēng **xǐng**le yīxià bízi, biàn **zǒuchū** fángjiān.

Wǒ cóng xiǎo dào dà dōu tīng tā shuō: "Nǐ dào nǎ · lǐ qù? Shénme shíhou huíjiā? Qìchē yǒu méiyǒu qìyóu? Bù, bù zhǔn qù." Bà wánquán bù zhīdao zěnyàng biǎodá ài. Chúfēi……

Huì bù huì shì tā yǐjīng biǎodá le, ér wǒ què wèi néng chájué?

Jiéxuǎn zì [měi] Āi'ěrmǎ Bāngbèikè《Fù · qīn de Ài》

作品 6 号

30 年代初，胡适在北京大学任教授。讲课时他常常对白话文大加称赞，引起一些只喜欢文言文而不喜欢白话文的学生的不满。

一次，胡适正讲得得意的时候，一位姓魏的学生突然站了起来，生气地问："胡先生，难道说白话文就毫无缺点吗?"胡适微笑着回答说："没有。"那位学生更加激动了："肯定有!白话文废话太多，打电报用字多，花钱多。"胡适的目光顿时变亮了。轻声地解释说："不一定吧!前几天有位朋友给我打来电报，请我去政府部门工作，我决定不去，就回电拒绝了。复电是用白话写的，看来也很省字。请同学们根据我这个意思，用文言文写一个回电，看看究竟是白话文省字，还是文言文省字?"胡教授刚说完，同学们立刻认真地写了起来。

十五分钟过去，胡适让同学举手，报告用字的数目，然后挑了一份用字最少的文言电报稿，电文是这样写的：

"才疏学浅，恐难胜任，不堪从命。"白话文的意思是：学问不深，恐怕很难担任这个工作，不能服从安排。

胡适说，这份写得确实不错，仅用了十二个字。但我的白话电报却只用了五个字："干不了，谢谢!"

胡适又解释说："干不了"就有才疏学浅、恐难胜任的意思；"谢谢"既//对朋友的介绍表示感谢，又有拒绝的意思。所以，废话多不多，并不看它是文言文还是白话文，只要注意选用字词，白话文是可以比文言文更省字的。

节选自《华侨日报》中周简段《胡适的白话电报》,有改动

【朗读提示】

作品描写了胡适在北京大学任教授时，以电报稿为例，把白话文和文言文进行比较，教导学生：只要注意选字用词，白话文是可以更省字的。朗读时语气自然舒展，平实而显稳定，注意老师和学生对话时的语气，语速不宜过快。

Zuòpǐn 6 Hào

Sānshí niándài chū, Hú Shì zài Běijīng Dàxué rèn jiàoshòu. Jiǎngkè shí tā chángcháng duì báihuàwén dàjiā **chēngzàn**, yǐnqǐ yī xiē zhǐ xǐhuan wényánwén ér bù xǐhuan báihuàwén de xuésheng de bùmǎn.

Yī cì, Hú Shì zhèng jiǎng de déyì de shíhou, yī wèi xìng Wèi de xuésheng tūrán zhànleqilai, shēngqì de wèn: "Hú xiānsheng, nándào shuō báihuàwén jiù háowú quēdiǎn ma?" Hú Shì wēixiàozhe huídá shuō: "Méiyǒu." Nà wèi xuésheng gèngjiā jīdòng le: "**Kěndìng** yǒu! Báihuàwén fèihuà tài duō, dǎ diànbào yòng zì duō, huā qián duō." Hú Shì de mùguāng dùnshí biàn liàng le. **Qīngshēng** de jiěshì shuō: "Bù yīdìng ba! Qián jǐ tiān yǒu wèi péngyou gěi wǒ dǎ • lái diànbào, qǐng wǒ qù zhèngfǔ bùmén gōngzuò, wǒ juédìng bù qù, jiù huídiàn jùjué le. Fùdiàn shì yòng báihuà xiě de, kànlái yě **hěn shěng zì**. Qǐng tóngxuémen gēnjù wǒ zhège yìsi, yòng wényánwén xiě yī gè huídiàn, kànkan jiūjìng shì báihuàwén **shěng zì**, háishì wényánwén **shěng zì**?" Hú jiàoshòu gāng shuōwán, tóngxuémen lìkè **rènzhēn** de xiěleqilai.

Shíwǔ fēnzhōng guòqu, Hú Shì ràng tóngxué jǔshǒu, bàogào yòng zì de shùmù, ránhòu tiāole yī fèn **yòng zì zuì shǎo** de wényán diànbàogǎo, diànwén shì zhèyàng xiě de:

"**Cáishū-xuéqiǎn**, kǒng nán **shèngrèn**, bùkān **cóngmìng**." Báihuàwén de yìsi shì: Xuéwen bù shēn, kǒngpà hěn nán dānrèn zhège gōngzuò, **bùnéng** fúcóng ānpái.

Hú Shì shuō, zhè fèn xiě de quèshí bùcuò, jǐn yòng le **shí'èr** gè zì. Dàn wǒ de báihuà diànbào què zhǐ yòngle wǔ gè zì:

"**Gànbuliǎo**, xièxie!"

Hú Shì yòu jiěshì shuō: "Gànbùliǎo" jiù yǒu **cáishū-xuéqiǎn**, kǒngnán **shèngrèn** de yìsi; "Xièxie" jì //duì péngyou de jièshào biǎoshì gǎnxiè, yòu yǒu jùjué de yìsi. Suǒyǐ, fèihuà duōbuduō, bìng bù kàn tā shì wényánwén háishì báihuáwén, zhǐyào zhùyì xuǎnyòng **zìcí**, báihuàwén shì kěyǐ bǐ wényánwén **gèng shěng zì** de.

Jiéxuǎn zì《Huáqiáo Rìbào》zhōng Zhōu Jiǎnduàn
《Hú Shì de Báihuà Diànbào》, yǒu gǎidòng

作品 7 号

对于一个在北平住惯的人，像我，冬天要是不刮风，便觉得是奇迹；济南的冬天是没有风声的。对于一个刚由伦敦回来的人，像我，冬天要能看得见日光，便觉得是怪事；济南的冬天是响晴的。自然，在热带的地方，日光永远是那么毒，响亮的天气，反有点儿叫人害怕。可是，在北方的冬天，而能有温晴的天气，济南真得算个宝地。

设若单单是有阳光，那也算不了出奇。请闭上眼睛想：一个老城，有山有水，全在天底下晒着阳光，暖和安适地睡着，只等春风来把它们唤醒，这是不是理想的境界？小山整把济南围了个圈儿，只有北边缺着点口儿。这一圈小山在冬天特别可爱，好像是把济南放在一个小摇篮里，它们安静不动地低声地说："你们放心吧，这儿准保暖和。"真的，济南的人们在冬天是面上含笑的。他们一看那些小山，心中便觉得有了着落，有了依靠。他们由天上看到山上，便不知不觉地想起：明天也许就是春天了吧？这样的温暖，今天夜里山草也许就绿起来了吧？就是这点儿幻想不能一时实现，他们也并不着急，因为这样慈善的冬天，干什么还希望别的呢！

最妙的是下点儿小雪呀。看吧，山上的矮松越发的青黑，树尖儿上顶//着一髻儿白花，好像日本看护妇。山尖儿全白了，给蓝天镶上一道银边。山坡上，有的地方雪厚点儿，有的地方草色还露着；这样，一道儿白，一道儿暗黄，给山们穿上一件带水纹儿的花衣；看着看着，这件花衣好像被风儿吹动，叫你希望看见一点儿更美的山的肌肤。等到快日落的时候，微黄的阳光斜射在山腰上，那点儿薄雪好像忽然害羞，微微露出点儿粉色。就是下小雪吧，济南是受不住大雪的，那些小山太秀气。

节选自老舍《济南的冬天》

【朗读提示】

作品描写了济南的冬天秀美的景色，并显示它有着较强的生命力，表达了作者深深的热爱与由衷的赞美。朗读时气息舒缓，声音柔和而轻松，语调喜悦明快，注意节奏的回环往复以及利用儿化词语所表达出的浓厚"京韵"。

Zuòpǐn 7 Hào

Duìyú yī gè zài Běipíng zhùguàn de rén, xiàng wǒ, dōngtiān yàoshì bù guāfēng, biàn jué • dé shì qíjì; Jǐnán de dōngtiān shì ményǒu **fēngshēng** de. Duìyú yī gè gāng yóu Lúndūn huílai de rén, xiàng wǒ, dōngtiān yào **néng** kàn de jiàn rìguāng, biàn jué •dé shì guàishì; Jǐnán de dōngtiān shì xiǎngqíng de. **Zìrán**, zài rèdài de dìfang, rìguāng yǒngyuǎn shì nàme dú, xiǎngliàng de tiānqì, fǎn yǒudiǎnr jiào rén hàipà. Kěshì, zài běifāng de dōngtiān, **ér néng** yǒu **wēnqíng** de tiānqì, Jǐnán zhēn **děi** suàn gè bǎodì.

Shèruò dāndān shì yǒu yángguāng, nà yě suànbuliǎo chūqí. Qǐng bì • shàng yǎnjing xiǎng: Yī gè **lǎochéng**, yǒu shān yǒu shuǐ, quán zài tiān dǐxia **shàizhe** yángguāng, **nuǎnhuo** ānshì de shuìzhe, **zhǐ děng chūnfēng** lái bǎ tāmen huànxǐng, zhè shìbushì lǐxiǎng de jìngjiè? Xiǎoshān zhěng bǎ Jǐnán wéile gè quānr, zhǐyǒu běi • biān(biānr) quēzhe diǎn(diǎnr) kǒur. Zhè yī quān(quānr) xiǎoshān zài dōngtiān tèbié kě'ài, hǎoxiàng shì bǎ Jǐnán fàng zài yī gè xiǎo yáolán • lǐ, tāmen ānjìng bù dòng de dīshēng de shuō: “Nǐmen fàngxīn ba, zhèr zhǔnbǎo nuǎnhuo.” Zhēn de, Jǐnán de rénmen zài dōngtiān shì miànshang hánxiào de. Tāmen yī kàn nàxiē xiǎoshān, xīnzhōng biàn jué • dé yǒule **zhuóluò**, yǒule yīkào. Tāmen yóu tiānshang kàndào shānshang, biàn **bùzhī-bùjué** de xiǎngqǐ: Míngtiān yěxǔ jiùshì chūntiān le ba? Zhèyàng de wēnnuǎn, jīntiān yè • lǐ **shāncǎo** yěxuě jiù **lǜ**qilai le ba? Jiùshì **zhè diǎnr** huànxiǎng **bùnéng** yīshí shíxiàn, tāmen yě bìng bù **zháojí**, yīnwèi zhèyàng **císhàn** de dōngtiān, gànshénme hái xīwàng biéde ne!

Zuì miào de shì xià diǎnr xiǎoxuě ya. Kàn ba, shānshang de ǎisōng yuèfā de qīnghēi, shùjiānr shang **dǐng//zhe** yī jìr bái huā, hǎoxiàng Rìběn **kānhùfù**. Shānjiānr quán bái le, gěi lántiān xiāng • shàng yī dào yínbiānr. Shānpō shang, yǒude dìfang xuě hòu diǎnr, yǒude dìfang **cǎosè** hái **lòu**zhe; zhèyàng, yī dàor bái, yī dàor ànhuáng, gěi shānmen **chuān • shàng** yī jiàn dài shuǐwénr de huāyī; kànzhe kànzhe, zhè jiàn huāyī hǎoxiàng bèi fēng'er chuīdòng, jiào nǐ xīwàng kànjiàn yīdiǎnr gèng měi de shān de jīfū. Děngdào kuài **rìluò** de shíhou, wēihuáng de yángguāng **xié shè zài** shānyāo shang, nà diǎnr **báo** xuě hǎoxiàng hūrán hàixiū, wēiwēi **lòuchū** diǎnr fěnsè. Jiùshì xià xiǎoxuě ba, Jǐnán shì shòu bùzhù dàxuě de, nàxiē xiǎoshān tài xiùqi.

Jiéxuǎn zì Lǎo Shě《Jǐnán de Dōngtiān》

作品 8 号

三百多年前，建筑设计师莱伊恩受命设计了英国温泽市政府大厅。他运用工程力学的知识，依据自己多年的实践，巧妙地设计了只用一根柱子支撑的大厅天花板。一年以后，市政府权威人士进行工程验收时，却说只用一根柱子支撑天花板太危险，要求莱伊恩再多加几根柱子。

莱伊恩自信只要一根坚固的柱子足以保证大厅安全，他的“固执”惹恼了市政官员，险些被送上法庭。他非常苦恼，坚持自己原先的主张吧，市政官员肯定会另找人修改设计；不坚持吧，又有悖自己为人的准则。矛盾了很长一段时间，莱伊恩终于想出了一条妙计，他在大厅里增加了四根柱子，不过这些柱子并未与天花板接触，只不过是装装样子。

三百多年过去了，这个秘密始终没有被人发现。直到前两年，市政府准备修缮大厅的天花板，才发现莱伊恩当年的“弄虚作假”。消息传出后，世界各国的建筑专家和游客云集，当地政府对此也不加掩饰，在新世纪到来之际，特意将大厅作为一个旅游景点对外开放，旨在引导人们崇尚和相信科学。

作为一名建筑师，莱伊恩并不是最出色的。但作为一个人，他无疑非常伟大，这种//伟大表现在他始终恪守着自己的原则，给高贵的心灵一个美丽的住所：哪怕是遭遇到最大的阻力，也要想办法抵达胜利。

节选自游宇明《坚守你的高贵》

【朗读提示】

作品讲述了莱伊恩如何“弄虚作假”地坚守了自己做人的高贵原则。朗读时气息平稳，语气肯定，语调平和中显出赞扬，语速适中，语势无大的起伏。

Zuòpǐn 8 Hào

Sānbǎi duō nián qián,jiànzhù **shèjìshī** Láiyī'ēn **shòumìng** shèjìle Yīngguó **Wēnzé shìzhèngfǔ** dàtīng. Tā yùnyòng **gōngchéng** lìxué de zhīshi,yījù zìjǐ duōnián de shíjiàn,qiǎomiào de shèjìle zhǐ yòng yī gēn zhùzi **zhīchēng** de dàtīng tiānhuābǎn. Yī nián yǐhòu,**shìzhèngfǔ** quánwēi **rénshì jìnxíng gōngchéng** yànshōu shí,què shuō zhǐ yòng yī gēn zhùzi **zhīchēng** tiānhuābǎn tài wēixiǎn,yāoqiú Láiyī'ēn zài duō jiā jǐ gēn zhùzi.

Láiyī'ēn **zìxìn** zhǐyào yī gēn jiāngù de zhùzi zúyǐ **bǎozhèng** dàtīng ānquán,tā de "gù · zhí" **rěnǎo**le **shìzhèng** guānyuán,xiǎnxiē bèi sòng · shàng fǎtíng. Tā fēicháng kǔnǎo,jiānchí zìjǐ yuánxiān de **zhǔzhāng** ba,**shìzhèng** guānyuán **kěndìng** huì **lìng zhǎo rén** xiūgǎi shèjì, bù jiānchí ba,yòu **yǒu bèi** zìjǐ wéirén de **zhǔnzé**. Máodùnle hěn cháng yīduàn shíjiān, Láiyī'ēn zhōngyú xiǎngchūle yī tiáo miàojì,tā zài dàtīng ·lǐ **zēngjiā**le **sì gēn** zhùzi, bùguò zhèxiē zhùzi bìng wèi yǔ tiānhuābǎn jiēchù, zhǐbuguò shì zhuāngzhuang yàngzi.

Sānbǎi duō nián guòqu le,zhège mìmì **shǐzhōng** méiyǒu bèi rén fāxiàn. Zhídào qián **liǎngnián**, **shìzhèngfǔ** zhǔnbèi **xiūshàn** dàtīng de tiānhuābǎn, cái fāxiàn Láiyī'ēn dāngnián de "**nòngxū-zuòjiǎ**". Xiāoxi **chuánchū** hòu, shìjiè **gè guó** de jiànzhù zhuānjiā hé yóukè yúnjí, dāngdì **zhèngfǔ** duìcǐ yě bù jiā **yǎnshì**,zài xīn shìjì dàolái zhī jì,tèyì jiāng dàtīng zuòwéi yī gè lǚyóu jǐngdiǎn duìwài kāifàng, **zhǐ zài** yǐndǎo rénmen **chóngshàng** hé xiāngxìn kēxué.

Zuòwéi yī míng **jiànzhùshī**,Láiyī'ēn **bìng bù shì zuì chūsè** de. Dàn zuòwéi yī gè rén, tā wúyí fēicháng wěidà,zhèzhǒng//wěidà biǎoxiàn zài tā **shǐzhōng kèshǒu**zhe zìjǐ de yuánzé, gěi gāoguì de **xīnlíng** yī gè měilì de **zhùsuǒ**: nǎpà shì zāoyù dào zuì dà de **zǔlì**,yě yào xiǎng bànfǎ dǐdá **shènglì**.

Jiéxuǎn zì Yóu Yǔmíng《Jiānshǒu Nǐ de Gāoguì》

作品 9 号

纽约的冬天常有大风雪，扑面的雪花不但令人难以睁开眼睛，甚至呼吸都会吸入冰冷的雪花。有时前一天晚上还是一片晴朗，第二天拉开窗帘，却已经积雪盈尺，连门都推不开了。

遇到这样的情况，公司、商店常会停止上班，学校也通过广播，宣布停课。但令人不解的是，惟有公立小学，仍然开放。只见黄色的校车，艰难地在路边接孩子，老师则一大早就口中喷着热气，铲去车子前后的积雪，小心翼翼地开车去学校。

据统计，十年来纽约的公立小学只因为超级暴风雪停过七次课。这是多么令人惊讶的事。犯得着在大人都无须上班的时候让孩子去学校吗?小学的老师也太倒霉了吧?

于是，每逢大雪而小学不停课时，都有家长打电话去骂。妙的是，每个打电话的人，反应全一样——先是怒气冲冲地责问，然后满口道歉，最后笑容满面地挂上电话。原因是，学校告诉家长：

在纽约有许多百万富翁，但也有不少贫困的家庭。后者白天开不起暖气，供不起午餐，孩子的营养全靠学校里免费的中饭，甚至可以多拿些回家当晚餐。学校停课一天，穷孩子就受一天冻，挨一天饿，所以老师们宁愿自己苦一点儿，也不能停//课。

或许有家长会说：何不让富裕的孩子在家里，让贫穷的孩子去学校享受暖气和营养午餐呢?

学校的答复是：我们不愿让那些穷苦的孩子感到他们是在接受救济，因为施舍的最高原则是保持受施者的尊严。

节选自(台湾)刘墉《课不能停》

【朗读提示】

作品讲述了纽约的公立小学不管是什么恶劣的天气仍然开放的故事，传递了爱心与暖意。朗读时，气息舒缓自如，平实自然，声音亲切温柔。

Zuòpǐn 9 Hào

Niǔyuē de dōngtiān cháng yǒu dà fēngxuě, pūmiàn de xuěhuā bùdàn **lìng rén nányǐ zhēngkāi** yǎnjing, **shènzhì** hūxī dōu huì xīrù **bīnglěng** de xuěhuā. Yǒushí qián yī tiān wǎnshang háishì yī piàn **qínglǎng**, dì'èr tiān lākāi **chuānglián** , què yǐjīng **jīxuě yíngchǐ**, lián mén dōu tuībukāi le.

Yùdào zhèyàng de qíngkuàng, gōngsī、shāngdiàn cháng huì **tíngzhǐ** shàngbān, xuéxiào yě tōngguò guǎngbō, xuānbù **tíngkè**. Dàn **lìng rén** bùjiě de shì, wéiyǒu gōnglì xiǎoxué, **réngrán** kāifàng. Zhǐ jiàn huángsè de xiàochē , jiānnán de zài lùbiān jiē háizi, **lǎoshī** zé yīdàzǎo jiù kǒuzhōng pēnzhe rèqì, chǎnqù **chēzi** qiánhòu de jīxuě, xiǎoxīn-yìyì de kāichē qù xuéxiào.

Jù tǒngjì, shí nián lái Niǔyuē de gōnglì xiǎoxué zhǐ yīnwèi chāojí bàofēngxuě tíngguo qī cì kè. **Zhè shì** duōme **lìng rén** jīngyà de shì. **Fàndezháo** zài dàrén dōu wúxū shàngbān de shíhou ràng háizi qù xuéxiào ma? Xiǎoxué de **lǎoshī** yě tài dǎoméi le ba?

Yúshì , měiféng dàxuě ér xiǎoxué bù **tíngkè** shí, dōu yǒu jiāzhǎng dǎ diànhuà qù mà. Miào de shì, měi gè dǎ diànhuà de rén, fǎnyìng quán yīyàng——xiān shì **nùqì-chōngchōng** de zéwèn, ránhòu mǎnkǒu dàoqiàn, zuìhòu xiàoróng mǎnmiàn de guà · shàng diànhuà. Yuányīn shì, xuéxiào gàosu jiāzhǎng:

Zài Niǔyuē yǒu xǔduō bǎiwàn **fùwēng**, dàn yě yǒu bùshǎo pínkùn de jiātíng. Hòuzhě báitiān kāibuqǐ nuǎnqì, **gōngbuqǐ** wǔcān, háizi de yíngyǎng quán kào xuéxiào · lǐ miǎnfèi de zhōngfàn, **shènzhì** kěyǐ duō ná xiē huíjiā **dàng** wǎncan. Xuéxiào **tíngkè** yī tiān, qióng háizi jiù shòu yī tiān dòng, **ái** yī tiān è, suǒyǐ **lǎoshīmen nìngyuàn** zìjǐ kǔ yī diǎnr, yě bù **néng tíng//kè**.

Huòxǔ yǒu jiāzhǎng huì shuō: Hé bù ràng fùyù de háizi zài jiā · lǐ, ràng pínqióng de háizi qù xuéxiào xiǎngshòu nuǎnqì hé yíngyǎng wǔcān ne?

Xuéxiào de dáfù shì: Wǒmen bùyuàn ràng nàxiē qióngkǔ de háizi gǎndào tāmen **shì zài** jiēshòu jiùjì, yīnwèi **shīshě** de zuìgāo yuánzé shì bǎochí **shòushīzhě** de zūnyán.

Jiéxuǎn zì(Táiwān) Liú Yōng《Kè Bùnéng Tíng》

作品 10 号

我打猎归来，沿着花园的林阴路走着。狗跑在我前边。

突然，狗放慢脚步，蹑足潜行，好像嗅到了前边有什么野物。

我顺着林阴路望去，看见了一只嘴边还带黄色、头上生着柔毛的小麻雀。风猛烈地吹打着林阴路上的白桦树，麻雀从巢里跌落下来，呆呆地伏在地上，孤立无援地张开两只羽毛还未丰满的小翅膀。

我的狗慢慢向它靠近。忽然，从附近一棵树上飞下一只黑胸脯的老麻雀，像一颗石子似的落到狗的跟前。老麻雀全身倒竖着羽毛，惊恐万状，发出绝望、凄惨的叫声，接着向露出牙齿、大张着的狗嘴扑去。

老麻雀是猛扑下来救护幼雀的。它用身体掩护着自己的幼儿……但它整个小小的身体因恐怖而战栗着，它小小的声音也变得粗暴嘶哑，它在牺牲自己!

在它看来，狗该是多么庞大的怪物啊!然而，它还是不能站在自己高高的、安全的树枝上……一种比它的理智更强烈的力量，使它从那儿扑下身来。

我的狗站住了，向后退了退……看来，它也感到了这种力量。

我赶紧唤住惊慌失措的狗，然后我怀着崇敬的心情，走开了。

是啊，请不要见笑。我崇敬那只小小的、英勇的鸟儿，我崇敬它那种爱的冲动和力量。

爱，我想，比//死和死的恐惧更强大。只有依靠它，依靠这种爱，生命才能维持下去，发展下去。

节选自[俄]屠格涅夫《麻雀》，巴金译

【朗读提示】

作品讲述了老麻雀奋不顾身地掩护小麻雀的故事，旨在引导读者体会母爱的巨大力量，理解作者所表达的同情、爱护弱小，藐视、不畏庞然大物的思想感情。朗读时气息饱满，语气平稳坚定，语调及节奏上注意高扬与低徊、紧张与舒缓的交替进行。

Zuòpǐn 10 hào

Wǒ dǎliè guīlái, yánzhe huāyuán de **línyīnlù zǒuzhe**. Gǒu pǎo zài wǒ qián · biān.

Tūrán, gǒu fàngmàn jiǎobù, **nièzú qiánxíng**, hǎoxiàng xiùdàole qián · biān yǒu shénme yěwù.

Wǒ **shùnzhe** línyīnlù wàng · qù, kànjiànle yī zhī zuǐ biān hái dài huángsè, tóushang **shēngzhe** róumáo de xiǎo máquè. Fēng **měngliè** de chuīdǎzhe línyīnlù shang de **báihuàshù**, máquè cóng cháo · lǐ **diēluò** xiàlai, dāidāi de fú zài dìshang, gūlì-wúyuán de zhāngkāi **liǎng zhī** yǔmáo hái wèi fēngmǎn de xiǎo chìbǎng.

Wǒ de gǒu mànmàn(mànmānr) xiàng tā kàojìn. Hūrán, cóng fùjìn yī kē shùshang fēi xià yī zhī hēi **xiōngpú** de lǎo máquè, xiàng yī kē **shízǐ shìde** luòdào gǒu de gēnqián. Lǎo máquè quánshēn **dàoshù**zhe yǔmáo, **jīngkǒng-wànzhuàng**, fāchū juéwàng、qīcǎn de jiàoshēng, jiēzhe xiàng **lòuchū** yáchǐ、dà zhāngzhe de gǒuzuǐ pū · qù.

Lǎo máquè shì měngpū xiàlai jiùhù yòuquè de. Tā yòng shēntǐ yǎnhùzhe zìjǐ de yòu'ér……Dàn tā **zhěnggè** xiǎoxiǎo de shēntǐ yīn kǒngbù ér **zhànlì**zhe, tā xiǎoxiǎo de **shēngyīn** yě biànde cūbào sīyǎ, tā zài **xīshēng** zìjǐ.

Zài tā kànlái, gǒu gāi shì duōme pángdà de guàiwu a! Rán'ér, tā háishì **bùnéng zhàn zài** zìjǐ gāogāo de、ānquán de **shùzhīshang**…… Yī zhǒng bǐ tā de lǐzhì **gèng qiángliè** de lì · liàng, **shǐ tā cóng nàr pū · xià shēn lai**.

Wǒ de gǒu **zhànzhù** le, xiàng hòu tuìle tuì……Kànlái, tā yě gǎndàole **zhè zhǒng** lì · liàng.

Wǒ gǎnjǐn huànzhù **jīnghuāng-shīcuò** de gǒu, ránhòu wǒ huáizhe **chóngjìng** de **xīnqíng**, zǒukāi le.

Shì a, qǐng bùyào jiànxiào. Wǒ **chóngjìng nà zhī** xiǎoxiǎo de、yīngyǒng de **niǎo' er**, wǒ **chóngjìng** tā **nà zhǒng** ài de chōngdòng hé lì · liàng.

Ài, wǒ xiǎng, bǐ//sǐ hé sǐ de kǒngjù gèng qiángdà. Zhǐyǒu yīkào tā, yīkào **zhè zhǒng** ài, **shēngmìng cái néng** wéichí xiàqu, fāzhǎn xiàqu.

Jiēxuǎn zì [É] Túgénièfū《Máquè》, Bā Jīn yì

作品 11 号

其实你在很久以前并不喜欢牡丹，因为它总被人作为富贵膜拜。后来你目睹了一次牡丹的落花，你相信所有的人都会为之感动：一阵清风徐来，娇艳鲜嫩的盛期牡丹忽然整朵整朵地坠落，铺撒一地绚丽的花瓣。那花瓣落地时依然鲜艳夺目，如同一只奉上祭坛的大鸟脱落的羽毛，低吟着壮烈的悲歌离去。

牡丹没有花谢花败之时，要么烁于枝头，要么归于泥土，它跨越委顿和衰老，由青春而死亡，由美丽而消遁。它虽美却不吝惜生命，即使告别也要展示给人最后一次的惊心动魄。

所以在这阴冷的四月里，奇迹不会发生。任凭游人扫兴和诅咒，牡丹依然安之若素。它不苟且、不俯就、不妥协、不媚俗，甘愿自己冷落自己。它遵循自己的花期自己的规律，它有权利为自己选择每年一度的盛大节日。它为什么不拒绝寒冷？

天南海北的看花人，依然络绎不绝地涌入洛阳城。人们不会因牡丹的拒绝而拒绝它的美。如果它再被贬谪十次，也许它就会繁衍出十个洛阳牡丹城。

于是你在无言的遗憾中感悟到，富贵与高贵只是一字之差。同人一样，花儿也是有灵性的，更有品位之高低。品位这东西为气为魂为//筋骨为神韵，只可意会。你叹服牡丹卓尔不群之姿，方知品位是多么容易被世人忽略或是漠视的美。

节选自张抗抗《牡丹的拒绝》

【朗读提示】

作品从盛期时、花谢花败时等方面介绍了牡丹的富贵之处，无不表现着作者对牡丹的赞美之情。朗读时语气舒缓、热情、赞扬，语调无大起大落，平实中不失柔和、肯定、宽容。

Zuòpǐn 11 Hào

Qíshí **nǐ zài** hěnjiǔ yǐqián bìng bù xǐhuan mǔ · dān, yīnwèi tā zǒng bèi rén zuòwéi fùguì **móbài**. Hòulái nǐ mùdǔle yī cì mǔ · dān de luòhuā, nǐ xiāngxìn suǒyǒu de rén dōu huì **wéi zhī** gǎndòng: **Yī zhèn qīngfēng xúlái**, jiāoyàn **xiānnèn** de shèngqī mǔ · dān hūrán **zhěng duǒ zhěng duǒ** de **zhuìluò**, pūsǎ yī dì **xuànlì** de huābàn. Nà huābàn luòdì shí yīrán xiānyàn duómù, rútóng yī zhī fèng · shàng jìtán de dàniǎo tuōluò de yǔmáo, dīyínzhe **zhuànglìè** de bēigē líqù.

Mǔ · dān méiyǒu huāxiè-huābài **zhī shí**, yàome **shuò** yú zhītóu, yàome guī yú nítǔ, tā kuàyuè **wěidùn** hé **shuāilǎo**, yóu **qīngchūn** ér sǐwáng, yóu měilì ér **xiāodùn**. Tā suī měi què bù **lìnxī shēngmìng** , jíshǐ gàobié yě yào gěi rén zuìhòu yī cì de **jīngxīn-dòngpò**.

Suǒyǐ **zài zhè yīnlěng** de sìyuè · lǐ, qíjì bù huì **fāshēng**. **Rènpíng** yóurén **sǎoxìng** hé **zǔzhòu**, mǔ · dān yīrán **ānzhī-ruòsù**. Tā bù gǒuqiě、bù fǔjiù、bù tuǒxié、bù **mèisú**, gānyuàn zìjǐ **lěngluò** zìjǐ. Tā zūnxún zìjǐ de huāqī zìjǐ de guīlǜ, tā yǒu quánlì wèi zìjǐ xuǎnzé měinián yī dù de **shèngdà** jiérì. Tā wèishénme bù jùjué **hánlěng**?

Tiānnán-hǎiběi de kàn huā rén, yīrán **luòyì-bùjué** de yǒngrù **Luòyáng Chéng**. Rénmen bù huì yīn mǔ · dān de jùjué ér jùjué tā de měi. Rúguǒ tā zài bèi **biǎnzhé shí cì**, yěxǔ tā jiùhuì **fányǎn** chū shí gè **Luòyáng** mǔ · dān **chéng**.

Yúshì nǐ zài wúyán de yíhàn zhōng gǎnwù dào, fùguì yǔ gāoguì **zhǐshì yī zì zhī chā**. Tóng rén yīyàng, huā'er yě shì yǒu **língxìng** de, gèng yǒu pǐnwèi zhī gāodī. Pǐnwèi zhè dōngxi **wéi qì wéi hún wéi//jīngǔ wéi shényùn**, zhǐ kě yìhuì. Nǐ tànfú mǔ · dān **zhuó'ěr-bùqún zhī zī**, fāng zhī pǐnwèi shì duōme róng · yì bèi **shìrén** hūlüè huò shì mòshì de měi.

Jiéxuǎn zì Zhāng Kàngkàng《Mǔ · dān de Jùjué》

作品 12 号

朋友即将远行。

暮春时节，又邀了几位朋友在家小聚。虽然都是极熟的朋友，却是终年难得一见，偶尔电话里相遇，也无非是几句寻常话。一锅小米稀饭，一碟大头菜，一盘自家酿制的泡菜，一只巷口买回的烤鸭，简简单单，不像请客，倒像家人团聚。

其实，友情也好，爱情也好，久而久之都会转化为亲情。

说也奇怪，和新朋友会谈文学、谈哲学、谈人生道理等等，和老朋友却只话家常，柴米油盐，细细碎碎，种种琐事。很多时候，心灵的契合已经不需要太多的言语来表达。

朋友新烫了个头，不敢回家见母亲，恐怕惊骇了老人家，却欢天喜地来见我们，老朋友颇能以一种趣味性的眼光欣赏这个改变。

年少的时候，我们差不多都在为别人而活，为苦口婆心的父母活，为循循善诱的师长活，为许多观念、许多传统的约束力而活。年岁逐增，渐渐挣脱外在的限制与束缚，开始懂得为自己活，照自己的方式做一些自己喜欢的事，不在乎别人的批评意见，不在乎别人的诋毁流言，只在乎那一份随心所欲的舒坦自然。偶尔，也能够纵容自己放浪一下，并且有一种恶作剧的窃喜。

就让生命顺其自然，水到渠成吧，犹如窗前的//乌柏，自生自落之间，自有一份圆融丰满的喜悦。春雨轻轻落着，没有诗，没有酒，有的只是一份相知相属的自在自得。

夜色在笑语中渐渐沉落，朋友起身告辞，没有挽留，没有送别，甚至也没有问归期。

已经过了大喜大悲的岁月，已经过了伤感流泪的年华，知道了聚散原来是这样的自然和顺理成章，懂得这点，便懂得珍惜每一次相聚的温馨，离别便也欢喜。

节选自（台湾）杏林子《朋友和其他》

【朗读提示】

作品由朋友之情引发对为人处世的看法与感慨，基调属凝重型。朗读时深情舒展，真挚深沉，气息饱满，声音较平实，注意把握好节奏，表现出自然、随意、从容不迫的生活态度及耐人寻味的意蕴，语势无大的起落。

Zuòpǐn 12 Hào

Péngyou jíjiāng yuǎnxíng.

Mùchūn shíjié, yòu yāole jǐ wèi péngyou zài jiā xiǎojù. Suīrán dōu shì jíshú de péngyou, què shì **zhōngnián nándé** yī jiàn, **ǒu'ěr** diànhuà · lǐ xiāngyù, yě wúfēi shì jǐ jù xúnchānghuà. Yī guō xiǎomǐ xīfàn, yī dié dàtóucài, yī pán **zìjiā niàngzhì** de pàocài, yī zhī xiàngkǒu mǎi huí de kǎoyā, jiǎnjiǎn dāndān, bù xiàng **qǐngkè**, **dào** xiàng jiārén tuánjù.

Qíshí, yǒuqíng yě hǎo, àiqíng yě hǎo, **jiǔ'érjiǔzhī** dōu huì zhuǎnhuà wéi **qīnqíng**.

Shuō yě qíguài, hé **xīn** péngyou huì tán wénxué、tán zhéxué、tán **rénshēng** dāolǐ **děngděng**, hé **lǎo** péngyou què zhǐ huà jiācháng, chái mǐ yōu yán, **xìxì suìsuì**, **zhǒngzhǒng suǒshì**. Hěn duō shíhou, **xīnlíng** de **qìhé** yǐjīng bù xūyào tài duō de yǎnyǔ lái biǎodá.

Péngyou xīn tàngle gè tóu, bùgǎn huíjiā jiàn mǔ · qīn, kǒngpà **jīnghài** le **lǎorénjia**, què huāntiān xǐdì lái jiàn wǒmen, **lǎo** péngyou **pō néng** yǐ yī zhǒng qùwèixìng de yǎnguāng **xīnshǎng** zhège gǎibiàn.

Niánshào de shíhou, wǒmen **chàbuduō** dōu zài wèi bié · rén **ér huó**, wèi kǔkǒu póxīn de fùmǔ huó, wèi **xúnxún-shànyòu** de **shīzhǎng** huó, wèi xǔ duō guānniàn xǔduō chuántǒng de **yuēshùlì ér huó**. **Niánsuì zhú zēng**, jiànjiàn **zhèngtuō** wàizài de xiànzhì yǔ shùfù, kāishǐ dǒng · dé wèi zìjǐ huó, zhào zìjǐ de fāngshì zuò yīxiē zìjǐ xǐhuan de shì, bù zàihu bié · rén de pīpíng yì · jiàn, bù zàihu bié · rén de **dǐhuǐ liúyán**, zhǐ zàihu nà yī fèn **suíxīn suǒyù** de shūtan **zìrán**. **ǒu'er**, yě nénggòu **zòngróng** zìjǐ fànglàng yīxià, bìngqiě yǒu yī zhǒng **èzuòjù** de qièxǐ.

Jiù ràng **shēngmìng shùn qí zìrán**, **shuǐdào-qúchéng** ba, yóurú chuāng qián de// **wūjiù**, **zìshēng-zìluò** zhījiān, zì yǒu yī fèn yuánróng fēngmǎn de xǐyuè. Chūnyǔ **qīngqīng luòzhe**, méi yǒu shī, méi yǒu jiǔ, yǒu de **zhǐshì** yī fèn **xiāngzhī-xiāngzhǔ** de **zìzài-zìdé**.

Yèsè zài xiǎoyǔ zhōng jiànjiàn **chénluò**, péngyou qǐshēn gàocí, méi yǒu wǎnliú, méi yǒu sòngbié, **shènzhì** yě méiyǒu wèn guīqī.

Yǐjīng guòle dàxǐ dàbēi de suìyuè, yǐjīng guòle shānggǎn **liúlèi** de niánhuá, zhīdaole jùsàn yuánlái shì zhèyàng de **zìrán** hé **shùnlǐ-chéngzhāng**, dǒng · dé zhè diǎn, biàn dǒng · dé zhēnxī měi yī cì xiāngjù de wēnxīn, líbié biàn yě huānxǐ.

Jiéxuǎn zì(Táiwān) Xìng Línzǐ《Péngyou hé Qítā》

作品 13 号

地球上是否真的存在“无底洞”?按说地球是圆的，由地壳、地幔和地核三层组成，真正的“无底洞”是不应存在的，我们所看到的各种山洞、裂口、裂缝，甚至火山口也都只是地壳浅部的一种现象。然而中国一些古籍却多次提到海外有个深奥莫测的无底洞。事实上地球上确实有这样一个“无底洞”。

它位于希腊亚各斯古城的海滨。由于濒临大海，大涨潮时，汹涌的海水便会排山倒海般地涌入洞中，形成一股湍湍的急流。据测，每天流入洞内的海水量达三万多吨。奇怪的是，如此大量的海水灌入洞中，却从来没有把洞灌满。曾有人怀疑，这个“无底洞”会不会就像石灰岩地区的漏斗、竖井、落水洞一类的地形。然而从 20 世纪 30 年代以来，人们就作了多种努力企图寻找它的出口，却都是枉费心机。

为了揭开这个秘密，1958 年美国地理学会派出一支考察队，他们把一种经久不变的带色染料溶解在海水中，观察染料是如何随着海水一起沉下去。接着又察看了附近海面以及岛上的各条河、湖，满怀希望地寻找这种带颜色的水，结果令人失望。难道是海水量太大把有色水稀释得太淡，以致无法发现?//

至今谁也不知道为什么这里的海水会没完没了地“漏”下去，这个“无底洞”的出口又在哪里，每天大量的海水究竟都流到哪里去了?

节选自罗伯特·罗威尔《神秘的无底洞》

【朗读提示】

作品介绍了科学家们为解开地球“无底洞”之谜而所做的科学探究。朗读时语气自然平稳，语速适中，语调轻快而随势起伏，声音明亮，以讲述的方式去调动人们的好奇感，带给人询疑解惑的感觉。

Zuòpǐn 13 Hào

Dìqiú shang shìfǒu zhēn de **cúnzài** "wúdǐdòng"? Ànshuō dìqiú shì yuán de, yóu **dìqiào**、**dìmàn** hé dìhé **sān céng zǔchéng**, **zhēnzhèng** de "wúdǐdòng" shì bù **yīng cúnzài** de, wǒmen suǒ kàndào de gè zhǒng shāndòng、lièkǒu、**lièfèng**, **shènzhì** huǒshānkǒu yě dōu **zhǐshì dìqiào** qiǎnbù de yī zhǒng xiànxiàng. **Rán'ér** zhōngguó yīxiē gǔjí què duō cì tídào hǎiwài yǒu gè **shēn'ào-mòcè** de wúdǐdòng. **Shìshí · shàng** dìqiú shang quèshí yǒu zhèyàng yī gè "wúdǐdòng".

Tā wèiyú Xīlà Yàgèsī gǔchéng de hǎibīn. Yóuyú **bīnlín** dàhǎi, dà zhǎngcháo shí, xiōngyǒng de hǎishuǐ biànhuì páishān-dǎohǎi bān de yǒngrù dòng zhōng, **xíngchéng** yī gǔ **tuāntuān** de jíliú. Jù cè, měi tiān liúrù dòng nèi de hǎishuǐliàng dá sānwàn duō dūn. Qíguài de shì, **rúcǐ** dàliàng de hǎishuǐ guànrù dòng zhōng, què **cónglái** méiyǒu bǎ dòng guànmǎn. Céng yǒu rén huáiyí, zhège "wúdǐdòng" huìbuhuì jiù xiàng shíhuīyán dìqū de lòudǒu、**shùjǐng**、**luòshuǐdòng** yīlèi de dìxíng. **Rán'ér cóng èrshí shìjì sānshí niándài yǐlái**, rénmen jiù zuòle duōzhǒng **nǔlì** qǐtú xúnzhǎo tā de chūkǒu, què dōu shì **wǎngfèi-xīnjī**.

Wèile jiěkāi zhège mìmì, 1958 nián Měiguó Dìlǐ Xuéhuì pàichū yī zhī kǎochádùi, tāmen bǎ yī zhǒng jīngjiǔ-bùbiàn de dài sè **rǎnliào** róngjiě zài hǎishuǐzhōng, guānchá **rǎnliào** shì rúhé suízhe hǎishuǐ yīqǐ chénxiaqu. Jiēzhe yòu chákànle fùjìn hǎimiàn yǐjí dǎoshang de gè tiáo hé、hú, mǎnhuái xīwàng de xúnzhǎo zhè zhǒng dài yánsè de shuǐ, jiéguǒ **lìng rén** shīwàng. Nándào shì hǎishuǐliàng tài dà bǎ yǒusèshuǐ xīshì de tài dàn, yǐzhì wúfǎ fāxiàn? //

Zhìjīn shéi yě bù zhīdao wèishénme zhèlǐ de hǎishuǐ huì **méiwán-méiliǎo** de "lòu" xiaqu, zhège "wúdǐdòng" de chūkǒu yòu zài **nǎlǐ**, měi tiān dàliàng de hǎishuǐ jiūjìng dōu liúdào **nǎlǐ** qù le?

Jiéxuǎn zì Luóbótè Luówēi'ěr《Shénmì de Wúdǐdòng》

作品 14 号

一位访美中国女作家，在纽约遇到一位卖花的老太太。老太太穿着破旧，身体虚弱，但脸上的神情却是那样祥和兴奋。女作家挑了一朵花说："看起来，你很高兴。"老太太面带微笑地说："是的，一切都这么美好，我为什么不高兴呢？""对烦恼，你倒真能看得开。"女作家又说了一句。没料到，老太太的回答更令女作家大吃一惊："耶稣在星期五被钉上十字架时，是全世界最糟糕的一天，可三天后就是复活节。所以，当我遇到不幸时，就会等待三天，这样一切就恢复正常了。"

"等待三天"，多么富于哲理的话语，多么乐观的生活方式。它把烦恼和痛苦抛下，全力去收获快乐。

沈从文在"文革"期间，陷入了非人的境地。可他毫不在意，他在咸宁时给他的表侄——画家黄永玉写信说："这里的荷花真好，你若来……"身陷苦难却仍为荷花的盛开欣喜赞叹不已，这是一种趋于澄明的境界，一种旷达洒脱的胸襟，一种面临磨难坦荡从容的气度，一种对生活童子般的热爱和对美好事物无限向往的生命情感。

由此可见，影响一个人快乐的，有时并不是困境及磨难，而是一个人的心态。如果把自己浸泡在积极、乐观、向上的心态中，快乐必然会//占据你的每一天。

节选自《态度创造快乐》

【朗读提示】

作品描写了一位在纽约卖花的乐观的老太太，从中学到：一个人的心态决定着这个人是否快乐，试着把自己浸泡在积极、乐观、向上的心态中，快乐就会永相随。朗读时深情舒展、真诚深沉、精神饱满，声音较平实，表现出积极、乐观、向上的状态。

Zuòpǐn 14 Hào

Yī wèi fǎng Měi Zhōngguó **nǚzuòjiā**, zài Niǔyuē yùdào yī wèi mài huā de lǎotàitai. Lǎotàitai **chuānzhuó** pòjiù, shēntǐ xūruò, dàn **liǎnshang** de **shénqíng** què shì nàyàng xiánghé-**xīngfèn**. **Nǚzuòjiā** tiāole yī duǒ huā shuō: "Kànqilai, nǐ hěn gāoxìng." Lǎotàitai miàn dài wēixiào de shuō: "Shìde, yīqiè dōu zhème měihǎo, wǒ wèishénme bù gāoxìng ne?" "Duì fánnǎo, nǐ **dào zhēn néng** kàndekāi." **Nǚzuòjiā** yòu shuōle yī jù. Méi liàodào, lǎotàitai de huídá **gèng lìng nǚzuòjiā dàchī-yījīng**: "Yēsū zài xīngqīwǔ bèi **dìng · shàng shízìjià** shí, shì quán shìjiè zuì zāogāo de yī tiān, kě sān tiān hòu jiùshì Fùhuójié. Suǒyǐ, dāng wǒ yùdào bùxìng shí, jiù huì děngdài sān tiān, zhèyàng yīqiè jiù huīfù **zhèngcháng** le."

"Děngdài sān tiān", duōme fùyú **zhélǐ** de huàyǔ, duōme lèguān de **shēnghuó fāngshì**. Tā bǎ fánnǎo hé tòngkǔ pāo · xià, quánlì qù **shōuhuò** kuàilè.

Shěn Cóngwén zài "wéngé" qījiān, xiànrùle fēirén de jìngdì. Kě tā háo bù zàiyì, tā zài **Xiánníng** shí gěi tā de biǎozhí——huàjiā Huáng Yǒngyù xiěxìn shuō: "**Zhèlǐ** de héhuā zhēn hǎo, **nǐ ruò lái**……" Shěn xiàn **kǔnàn** què réng wèi héhuā de shèngkāi xīnxǐ zàntàn bùyǐ, zhè shì yī zhǒng qūyú **chéngmíng** de jìngjiè, yī zhǒng kuàngdá **sǎtuō** de **xiōngjīn**, yī zhǒng **miànlín mónàn** tǎndàng-**cóngróng** de qìdù, yī zhǒng duì **shēnghuó tóngzǐ** bān de rè'ài hé duì měihǎo shìwù wúxiàn xiàngwǎng de **shēngmìng qínggǎn**.

Yóucǐ-kějiàn, yǐngxiǎng yī gè rén kuàilè de, yǒushí bìng bù shì kùnjìng jí mónàn, **ér shì** yī gè rén de xīntài. Rúguǒ bǎ zìjǐ **jìnpào** zài jījí、lèguān、xiàngshàng de xīntài zhōng, kuàilè bìrán huì//zhànjù nǐ de měi yī tiān.

Jiéxuǎn zì《Tài · dù Chuàngzào Kuàilè》

作品 15 号

育才小学校长陶行知在校园看到学生王友用泥块砸自己班上的同学，陶行知当即喝止了他，并令他放学后到校长室去。无疑，陶行知是要好好教育这个“顽皮”的学生。那么他是如何教育的呢？

放学后，陶行知来到校长室，王友已经等在门口准备挨训了。可一见面，陶行知却掏出一块糖果送给王友，并说：“这是奖给你的，因为你按时来到这里，而我却迟到了。”王友惊疑地接过糖果。

随后，陶行知又掏出一块糖果放到他手里，说：“这第二块糖果也是奖给你的，因为当我不让你再打人时，你立即就住手了，这说明你很尊重我，我应该奖你。”王友更惊疑了，他眼睛睁得大大的。

陶行知又掏出第三块糖果塞到王友手里，说：“我调查过了，你用泥块砸那些男生，是因为他们不守游戏规则，欺负女生；你砸他们，说明你很正直善良，且有批评不良行为的勇气，应该奖励你啊!”王友感动极了，他流着眼泪后悔地喊道：“陶……陶校长你打我两下吧!我砸的不是坏人，而是自己的同学啊……”

陶行知满意地笑了，他随即掏出第四块糖果递给王友，说：“为你正确地认识错误，我再奖给你一块糖果，只可惜我只有这一块糖果了。我的糖果//没有了，我看我们的谈话也该结束了吧!”说完，就走出了校长室。

节选自薛农基主编《教师博览·百期精华》中《陶行知的“四块糖果”》

【朗读提示】

作品描写了著名的教育家陶行知是如何用四块糖果教育学生的。朗读时深情舒展，真挚劝慰，稳健有力，声音亲切，音调不要太高，表现出教师对学生的特殊关爱。

Zuòpǐn 15 Hào

Yùcái xiǎoxué xiàozhǎng Táo **Xíngzhī** zài xiàoyuán kàndào xuésheng Wáng Yǒu yòng níkuài zá zìjǐ bānshang de tóngxué, Táo **Xíngzhī** dāngjí **hèzhǐ**le tā, **bìng lìng** tā fàngxué hòu dào **xiàozhǎngshì** qu. Wúyí, Táo **Xíngzhī** shì yào hǎohǎo(hǎohāor) jiàoyù zhège "wánpí" de xuésheng. Nàme tā shì rúhé jiàoyù de ne?

Fàngxué hòu, Táo **Xíngzhī** láidào **xiàozhǎngshì**, Wáng Yǒu yǐjīng **děng zài** ménkǒu zhǔnbèi **áixùn** le. Kě yī jiànmiàn, Táo **Xíngzhī** què tāochū yī kuài tángguǒ sònggěi Wáng Yǒu, **bìng shuō**: "**Zhè shì** jiǎng gěi nǐ de, yīnwèi nǐ ànshí láidào **zhèlǐ**, ér wǒ què chídào le." Wáng Yǒu jīngyí de jiēguò tángguǒ.

Suíhòu, Táo **Xíngzhī** yòu tāochū yī kuài tángguǒ fàngdào tā **shǒu · lǐ**, shuō: "Zhè dì'èr kuài tángguǒ yě shì jiǎng gěi nǐ de, yīnwèi dāng wǒ **bùràng nǐ zài dǎrén shí**, nǐ lìjí jiù **zhùshǒu** le, **zhè shuōmíng nǐ hěn zūnzhòng wǒ**, wǒ yīnggāi jiǎng nǐ." Wáng Yǒu **gèng jīngyí** Le, tā yǎnjing zhēng de dàdà de.

Táo **Xíngzhī** yòu tāochū dì sān kuài tángguǒ sāidào Wáng Yǒu **shǒu · lǐ**, shuō: "Wǒ diàocháguo le, nǐ yòng níkuài zá nàxiē **nánshēng**, shì yīnwèi tāmen bù shǒu yóuxì guīzé, qīfu **nǚshēng**; **nǐ zá** tāmen, **shuōmíng** nǐ hěn **zhèngzhí shànliáng**, qiě yǒu pīpíng bùliáng xíngwéi de yǒngqì, yīnggāi jiǎnglì nǐ a!" Wáng Yǒu gǎndòng jí Le, tā liú zhe yǎnlèi hòuhuǐ de hǎndào: "Táo……Táo xiàozhǎng nǐ dǎ wǒ liǎng xià ba! Wǒ zá de bù shì huàirén, **ér shì** zìjǐ de tóngxué a……"

Táo **Xíngzhī** mǎnyì de xiào le, tā suíjí tāochū dì sì kuài tángguǒ dìgěi Wáng Yǒu, shuō: "Wèi nǐ zhèngquè de **rènshí** cuò · wù, wǒ zài jiǎng gěi nǐ yī kuài tángguǒ, zhǐ kěxī wǒ zhǐyǒu zhè yī kuài tángguǒ le. Wǒ de tángguǒ //méiyǒu le, wǒ kàn wǒmen de tánhuà yě gāi jiéshù le ba!" Shuō wán, jiù **zǒuchū**le **xiàozhǎngshì**.

Jiéxuǎn zì Xuē Nóngjī zhǔbiān《Jiàoshī Bólǎn · Bǎiqī Jīnghuá》zhōng
《Táo Xíngzhī de "Sì Kuài Tángguǒ"》

作品 16 号

享受幸福是需要学习的，当它即将来临的时刻需要提醒。人可以自然而然地学会感官的享乐，却无法天生地掌握幸福的韵律。灵魂的快意同器官的舒适像一对孪生兄弟，时而相傍相依，时而南辕北辙。

幸福是一种心灵的震颤。它像会倾听音乐的耳朵一样，需要不断地训练。

简而言之，幸福就是没有痛苦的时刻。它出现的频率并不像我们想象的那样少。人们常常只是在幸福的金马车已经驶过去很远时，才拣起地上的金鬃毛说，原来我见过它。

人们喜爱回味幸福的标本，却忽略它披着露水散发清香的时刻。那时候我们往往步履匆匆，瞻前顾后不知在忙着什么。

世上有预报台风的，有预报蝗灾的，有预报瘟疫的，有预报地震的。没有人预报幸福。

其实幸福和世界万物一样，有它的征兆。

幸福常常是朦胧的，很有节制地向我们喷洒甘霖。你不要总希望轰轰烈烈的幸福，它多半只是悄悄地扑面而来。你也不要企图把水龙头拧得更大，那样它会很快地流失。你需要静静地以平和之心，体验它的真谛。

幸福绝大多数是朴素的。它不会像信号弹似的，在很高的天际闪烁红色的光芒。它披着本色的外//衣，亲切温暖地包裹起我们。

幸福不喜欢喧嚣浮华，它常常在暗淡中降临。贫困中相濡以沫的一块糕饼，患难中心心相印的一个眼神，父亲一次粗糙的抚摸，女友一张温馨的字条……这都是千金难买的幸福啊。像一粒粒缀在旧绸子上的红宝石，在凄凉中愈发熠熠夺目。

节选自毕淑敏《提醒幸福》

【朗读提示】

作品满怀激情，以表面无声实有声的哲理内涵，激励着人们始终保持一种健康、乐观、向上的心境，把握好自己的幸福。朗读时语气平和，感情真挚，诚挚劝慰，语调多扬少抑，声音有弹性，语速不宜一味地快或慢。

Zuòpǐn 16 Hào

Xiǎngshòu xìngfú shì xūyào xuéxí de, dāng tā jíjiāng **láilín** de shíkè xūyào tíxǐng. Rén kèyǐ **zìrán'érrán** de xuéhuì gǎnguān de xiǎnglè, què wúfǎ tiānshēng de zhǎngwò xìngfú de **yùnlǜ**. Línghún de kuàiyì tóng qìguān de **shūshì** xiàng yī duì **luánshēng** xiōngdì, **shí'ér** xiāngbàng-xiāngyī, **shí'ér nányuán-běizhé**.

Xìngfú shì yī zhǒng **xīnlíng** de **zhènchàn**, tā xiàng huì **qīngtīng** yīnyuè de ěrduo yīyàng, xūyào bùduàn de **xùnliàn**.

Jiǎn'éryánzhī, xìngfú jiùshì méiyǒu tòngkǔ de shíkè. Tā chūxiàn de **pínlǜ** bìng bù xiàng wǒmen xiǎngxiàng de nàyàng shǎo. Rénmen **chángcháng zhǐshì zài** xìngfú de jīn mǎchē yǐjīng shǐguoqu hěn yuán shí, cái jiǎnqǐ dìshang de jīn zōngmáo shuō, yuánlái wǒ jiànguo tā.

Rénmen xǐ'ài huíwèi xìngfú de biāoběn, què hūlüè tā pīzhe **lùshuǐ** sànfā qīngxiāng de shíké, nà shíhou wǒmēn wǎngwǎng **bùlǚ-cōngcōng**, **zhānqián-gùhòu bùzhī zài mángzhe** shénme.

Shìshang yǒu yùbào táifēng de, yǒu yùbào huángzāi de, yǒu yùbào wēnyì de, yǒu yùbào dìzhèn de. Méiyǒu rén yùbào xìngfú.

Qíshí xìngfú hé shìjiè wànwù yīyàng, yǒu tā de **zhēngzhào**.

Xìngfú chángcháng shì **ménglóng** de, hěn yǒu jiézhì de xiàng wǒmen **pēnsǎ gānlín**. Nǐ bùyào zǒng xīwàng hōnghōng-**lièliè** de xìngfú, tā duōbàn **zhǐshì** qiāoqiāo de pūmiàn **ér lái**. Nǐ yě bùyào qǐtú bǎ **shuǐlóngtóu nǐng** de gèng dà, nàyàng tā huì hěnkuài de **liúshī**. Nǐ xūyào **jìngjìng** de yǐ **pínghé zhī xīn**, tǐyàn tā de **zhēndì**.

Xìngfú jué dà duōshù shì pǔsù de. Tā bù huì xiàng xìnhàodàn shìde, zài hěn gāo de tiānjì **shǎnshuò** hóngsè de guāngmáng. Tā pīzhe běnsè de wài//yī, qīnqiè wēnnuǎn de bāoguǒqǐ wǒmen.

Xìngfú bù xǐhuan **xuānxiāo** fúhuá, tā **chángcháng zài** àndàn zhōng jiànglín. Pínkùn zhōng **xiāngrúyǐmò** de yí kuài gāobǐng, huànnàn zhōng **xīnxīn-xiāngyìn** de yī gè yǎnshén, fù · qīn yī cì **cūcāo** de fǔmō, nǚyǒu yì zhāng wēnxīn de zìtiáo……zhè dōu shì qiānjīn nán mǎi de xìngfú a. Xiàng yī **lìlì zhuì zài** jiù chóuzishang de hóngbǎoshí, zài qīliáng zhōng yùfā **yìyì** duómù.

Jiéxuǎn zì Bì Shūmǐn《Tíxǐng xìngfú》

作品 17 号

记得我十三岁时，和母亲住在法国东南部的耐斯城。母亲没有丈夫，也没有亲戚，够清苦的，但她经常能拿出令人吃惊的东西，摆在我面前。她从来不吃肉，一再说自己是素食者。然而有一天，我发现母亲正仔细地用一小块碎面包擦那给我煎牛排用的油锅。我明白了她称自己为素食者的真正原因。

我十六岁时，母亲成了耐斯市美蒙旅馆的女经理。这时，她更忙碌了。一天，她瘫在椅子上，脸色苍白，嘴唇发灰。马上找来医生，作出诊断：她摄取了过多的胰岛素。直到这时我才知道母亲多年一直对我隐瞒的疾痛——糖尿病。

她的头歪向枕头一边，痛苦地用手抓挠胸口。床架上方，则挂着一枚我 1932 年赢得耐斯市少年乒乓球冠军的银质奖章。

啊，是对我的美好前途的憧憬支撑着她活下去，为了给她那荒唐的梦至少加一点真实的色彩，我只能继续努力，与时间竞争，直至 1938 年我被征入空军。巴黎很快失陷，我辗转调到英国皇家空军。刚到英国就接到了母亲的来信。这些信是由在瑞士的一个朋友秘密地转到伦敦，送到我手中的。

现在我要回家了，胸前佩带着醒目的绿黑两色的解放十字绶//带，上面挂着五六枚我终生难忘的勋章，肩上还佩带着军官肩章。到达旅馆时，没有一个人跟我打招呼。原来，我母亲在三年半以前就已经离开人间了。

在她死前的几天中，她写了近二百五十封信，把这些信交给她在瑞士的朋友，请这个朋友定时寄给我。就这样，在母亲死后的三年半的时间里，我一直从她身上吸取着力量和勇气——这使我能够继续战斗到胜利那一天。

节选自[法]罗曼·加里《我的母亲独一无二》

【朗读提示】

作品回忆了一位母亲为了儿子的成长，以非凡的毅力和举措，带病拼搏到生命的最后，表现出了无私而伟大的母爱。朗读时，感情真挚，深情流露，语气平和而坚毅，声音稳定有力，节奏不宜过快。

Zuòpǐn 17 Hào

Jì · dé wǒ shísān suì shí, hé mǔ · qīn zhù zài Fǎguó dōngnán bù de Nàisī Chéng. Mǔ ·qīn méiyǒu zhàngfu , yě méiyǒu qīnqi, gòu qīngkǔ de, dàn tā jīngcháng néng náchū lìng rén chījīng de dōngxi, bǎi zài wǒ miànqián. Tā cónglái bù chī ròu, yī zài shuō zìjǐ shì sùshí zhě. Rán'ér yǒu yī tiān, wǒ fāxiàn mǔ · qīn zhèng zǐxì de yòng yī xiǎo kuài(kuàir) suì miànbāo cā nà gěi wǒ jiān niúpái yòng de yóuguō. Wǒ míngbai le tā chēng zìjǐ wéi sùshízhě de zhēnzhèng yuányīn.

Wǒ shíliù suì shí, mǔ · qīn chéng le Nàisī Shì Měiméng lǚguǎn de nǚ jīnglǐ. Zhèshí, tā gèng mánglù le. Yī tiān, tā tān zài yǐzishang, liǎnsè cāngbái, zuǐchún fā huī. Mǎshàng zhǎo · lái yīshēng, zuò chū zhěnduàn: Tā shèqǔ le guòduō de yídǎosù. Zhídào zhèshí wǒ cái zhīdao mǔ ·qīn duōnián yīzhí duì wǒ yǐnmán de jítòng——tángniàobìng.

Tā de tóu wāi xiàng zhěntou yī biān, tòngkǔ de yòng shǒu zhuānáo xiōngkǒu. Chuángjià shàngfāng, zé guàzhe yī méi wǒ 1932 nián yíngdé Nàisī Shì shàonián pīngpāngqiú guànjūn de yínzhì jiǎngzhāng.

Ā, shì duìwǒ de měihǎo qiántú de chōngjǐng zhīchēng zhe tā huóxiaqu, wèile gěi tā nà huāngtáng de mèng zhìshǎo jiā yīdiǎn(yīdiǎnr) zhēnshí de sècǎi, wǒ zhǐnéng jìxù nǔlì, yǔ shíjiān jìngzhēng, zhízhì 1938 nián wǒ bèi zhēng rù kōngjūn. Bālí hěn kuài shīxiàn, wǒ zhǎnzhuǎn diàodào Yīngguó Huángjiā Kōngjūn. Gāngdào Yīngguó jiù jiēdào le mǔ · qīn de láixìn. Zhè xiē xìn shì yóu zài Ruìshì de yī gè péngyou mìmì de zhuǎndào Lúndūn, sòngdào wǒ shǒu zhong de.

Xiànzài wǒ yào huíjiā le, xiōngqián pèidàizhe xǐngmù de lǜ-hēi liǎng sè de jiěfàng shízì shòu// dài, shàngmian guàzhe wǔ-liù méi wǒ zhōngshēng nánwàng de xūnzhāng, jiānshang hái pèidài zhe jūnguān jiānzhāng. Dàodá lǚguǎn shí, méiyǒu yī gè rén gēn wǒ dǎ zhāohu. Yuánlái, wǒ mǔ · qīn zài sān nián bàn yǐ qián jiù yǐjīng líkāi rénjiān le .

Zài tā sǐ qián de jǐ tiān zhōng, tā xiěle jìn èr-bǎi wǔshí fēng xìn, bǎ zhèxiē xìn jiāo gěi tā zài Ruìshì de péngyou, qǐng zhège péngyou dìngshí jì gěi wǒ. Jiù zhèyàng, zài mǔ · qīn sǐ hòu de sān nián bàn de shíjiān · lǐ, wǒ yīzhí cóng tā shēnshang xīqǔ zhe lì · liàng hé yǒngqì——zhè shǐ wǒ nénggòu jìxù zhàndòu dào shènglì nà yī tiān.

Jiéxuǎn zì [Fǎ] Luómàn Jiālǐ《Wǒ de Mǔ · qīn Dúyīwú'èr》

作品 18 号

我为什么非要教书不可?是因为我喜欢当教师的时间安排表和生活节奏。7、8、9三个月给我提供了进行回顾、研究、写作的良机，并将三者有机融合，而善于回顾、研究和总结正是优秀教师素质中不可缺少的成分。

干这行给了我多种多样的“甘泉”去品尝，找优秀的书籍去研读，到“象牙塔”和实际世界里去发现。教学工作给我提供了继续学习的时间保证，以及多种途径、机遇和挑战。

然而，我爱这一行的真正原因，是爱我的学生。学生们在我的眼前成长、变化。当教师意味着亲历“创造”过程的发生——恰似亲手赋予一团泥土以生命，没有什么比目睹它开始呼吸更激动人心的了。

权力我也有了：我有权力去启发诱导，去激发智慧的火花，去问费心思考的问题，去赞扬回答的尝试，去推荐书籍，去指点迷津。还有什么别的权力能与之相比呢?

而且，教书还给我金钱和权力之外的东西，那就是爱心。不仅有对学生的爱，对书籍的爱，对知识的爱，还有教师才能感受到的对“特别”学生的爱。这些学生，有如冥顽不灵的泥块，由于接受了老师的炽爱才勃发了生机。

所以，我爱教书，还因为，在那些勃发生机的“特别”学//生身上，我有时发现自己和他们呼吸相通，忧乐与共。

节选自[美]彼得·基·贝得勒《我为什么当教师》

【朗读提示】

作品描述了“我”喜欢当教师的原因，表达自己对学生的喜爱之情。朗读时语气平实自然，感情真挚，从容真诚，声音亲切而有亲和力，语速不宜太快或太慢。

Zuòpǐn 18 Hào

Wǒ wèishénme fēi yào jiāoshū bùkě? Shì yīnwèi wǒ xǐhuan dāng jiàoshī de shíjiān ānpáibiǎo hé **shēnghuó** jiézòu. Qī、bā、jiǔ sān gè yuè gěi wǒ **tígōngle jìnxíng** huígù、yánjiū、xiězuò de liángjī, bìng jiāng **sānzhě** yǒujī rónghé, ér shànyú huígù、yánjiū hé zǒngjié **zhèngshì** yōuxiù jiàoshī **sùzhì zhōng** bùkě quēshǎo de **chéngfèn**.

Gàn zhè háng gěile wǒ duōzhǒng-duōyàng de "gānquán" qù **pǐncháng**, zhǎo yōuxiù de shūjí qù yándú, dào "xiàngyátǎ" hé shíjì shìjiè · lǐ qù fāxiàn. Jiàoxué gōngzuò gěi wǒ **tígōng**le jìxù xuéxí de shíjiān **bǎozhèng**, yǐjí duōzhǒng tújìng、jīyù hé tiǎozhàn.

Rán'ér, wǒ ài zhè yī háng de zhēnzhèng yuányīn, shì ài wǒ de xuésheng. Xuéshengmen zài wǒ de yǎnqián **chéngzhǎng**、biànhuà. Dāng jiàoshī yìwèizhe **qīnlì** "**chuàngzào**" **guòchéng** de fāshēng—— qiàsì **qīnshǒu** fùyǔ yī tuán nítǔ yǐ **shēngmìng**, méiyǒu shénme bǐ mùdǔ tā kāishǐ hūxī gèng jīdòng **rénxīn** de le.

Quánlì wǒ yě yǒu le: Wǒ yǒu quánlì qù qǐfā yòudǎo, qù jīfā zhìhuì de huǒhuā, qù wèn fèixīn sīkǎo de wèntí, qù zànyáng huídá de **chángshì**, qù tuījiàn shūjí, qù **zhǐdiǎn míjīn**. Háiyǒu shénme bié de quánlì **néng** yǔ zhī xiāng bǐ ne?

érqiě, jiāoshū hái gěi wǒ jīnqián hé quánlì zhīwài de dōngxi, nà jiùshì àixīn. Bùjǐn yǒu duì **xuésheng** de ài, duì shūjí de ài, duì **zhīshi** de ài, háiyǒu jiàoshī **cáinéng** gǎnshòudào de duì "tèbié" **xuésheng** de ài. Zhèxiē **xuésheng**, yǒurú **míngwán-bùlíng** de níkuài, yóuyú jiēshòule **lǎoshī** de **chì'ài** cái bófāle shēngjī.

Suǒyǐ wǒ ài jiāoshū, hái yīnwèi, zài nàxiē bófā shēngjī de "tèbié" **xué//sheng shēnshang**, wǒ yǒushí fāxiàn zìjǐ hé tāmen hūxī xiāngtóng, yōulè yǔ gòng.

Jié xuǎn zì[Měi]Bǐdé Jī Bèidélè《Wǒ Wèishénme Dāng Jiàoshī》

作品 19 号

没有一片绿叶，没有一缕炊烟，没有一粒泥土，没有一丝花香，只有水的世界，云的海洋。

一阵台风袭过，一只孤单的小鸟无家可归，落到被卷到洋里的木板上，乘流而下，姗姗而来，近了，近了……

忽然，小鸟张开翅膀，在人们头顶盘旋了几圈儿，“噗啦”一声落到了船上。许是累了?还是发现了“新大陆”?水手撵它它不走，抓它，它乖乖地落在掌心。可爱的小鸟和善良的水手结成了朋友。

瞧，它多美丽，娇巧的小嘴，啄理着绿色的羽毛，鸭子样的扁脚，呈现出春草的鹅黄。水手们把它带到舱里，给它“搭铺”，让它在船上安家落户，每天，把分到的一塑料筒淡水匀给它喝，把从祖国带来的鲜美的鱼肉分给它吃，天长日久，小鸟和水手的感情日趋笃厚。清晨，当第一束阳光射进舷窗时，它便敞开美丽的歌喉，唱阿唱，嘤嘤有韵，宛如春水淙淙。人类给它以生命，它毫不悭吝地把自己的艺术青春奉献给了哺育它的人。可能都是这样?艺术家们的青春只会献给尊敬他们的人。

小鸟给远航生活蒙上了一层浪漫色调。返航时，人们爱不释手，恋恋不舍地想把它带到异乡。可小鸟憔悴了，给水，不喝!喂肉，不吃!油亮的羽毛失去了光泽。是啊，我//们有自己的祖国，小鸟也有它的归宿，人和动物都是一样啊，哪儿也不如故乡好!

慈爱的水手们决定放开它，让它回到大海的摇篮去，回到蓝色的故乡去。离别前，这个大自然的朋友与水手们留影纪念。它站在许多人的头上、肩上、掌上、胳膊上，与喂养过它的人们，一起融进那蓝色的画面……

节选自王文杰《可爱的小鸟》

【朗读提示】

作品讲述了一只水鸟与远洋水手之间一次美丽的“邂逅”，赞扬了小鸟与水手间真诚的感情，并借小鸟表达作者眷恋故乡之情。朗读时气息舒展，声音明亮，语调轻松活泼，扬多抑少，节奏上有自然的高低长短的交替变化。

Zuòpǐn 19 Hào

Méiyǒu yī piàn lǜyè, méiyǒu yī lǚ chuīyān, méi yǒu **yī lì nítǔ**, méiyǒu yī sī huāxiāng, zhǐyǒu shuǐ de shìjiè, yún de hǎiyáng.

Yī zhèn táifēng **xíguò**, yī zhī gūdān de xiǎoniǎo wújiā-kěguī, luòdào bèi juǎndào yáng · lǐ de mùbǎnshang, **chéng liú ér xià, shānshān ér lái** , jìn le, jìn le……

Hūrán, xiǎoniǎo zhāngkāi chìbǎng, zài rénmen tóudǐng pánxuánle jǐ quānr, "pūlā" yī shēng luòdàole chuánshang. Xǔ shì lèi le? Háishì fāxiànle "xīn dàlù"? **Shuǐshǒu niǎn** tā tā bù zǒu, zhuā tā, tā guāiguāi de **luò zài zhǎngxīn**. Kě'ài de xiǎoniǎo hé **shànliáng** de **shuǐshǒu** jiéchéngle péngyou.

Qiáo, tā duō měilì, jiāoqiǎo de xiǎozuǐ, **zhuólǐzhe lǜsè** de yǔmáo, yāzi yàng de biǎnjiǎo, **chéngxiàn chū chūncǎo** de éhuáng. Shuǐshǒumen bǎ tā dàidào cāng · lǐ gěi tā "**dā pù**", ràng tā **zài** chuánshang ānjiā-luòhù, měi tiān, bǎ fēndào de yī **sùliàotǒng** dànshuǐ yún gěi tā hē, bǎ **cóng zǔguó** dài · lái de xiānměi de yúròu fēn gěi tā chī, tiāncháng-rìjiǔ, xiǎoniǎo hé **shuǐshǒu** de gǎnqíng rìqū **dǔhòu**. **Qīngchén**, dāng dìyī shù yángguāng **shèjìn xiánchuāng shí**, tā biàn chǎngkāi měilì de gēhóu, chàng a chàng, **yīngyīngyǒuyùn**, wǎnrú **chūnshuǐ cóngcóng**. **Rénlèi** gěi tā yǐ **shēngmìng**, tā háobù **qiānlìn** de bǎ zìjǐ de yìshù **qīngchūn** fèngxiàn gěile **bǔyù** tā de rén. **Kěnéng** dōu shì zhèyàng? Yìshùjiāmen de **qīngchūn** zhǐ huì xiàngěi **zūnjìng** tāmen de rén.

Xiǎoniǎo gěi yuǎnháng **shēnghuó méng · shàng**le yī **céng** làngmàn sèdiào. Fǎnháng shí, rénmen **àibùshìshǒu, liànliàn-bùshě** de xiǎng bǎ tā dàidào yìxiāng. Kě xiǎoniǎo **qiáocuì** le, gěi shuǐ, bù hē! Wèi ròu, bù chī! Yóuliàng de yǔmáo shīqùle guāngzé. Shì a, wǒ//men yǒu zìjǐ de zǔguó, xiǎoniǎo yě yǒu tā de guīsù, rén hé dòng · wù dōu shì yīyàng a, nǎr yě bùrú gùxiāng hǎo!

Cí'ài de shuǐshǒumen juédìng fàngkāi tā , ràng tā huídào dàhǎi de yáolán qu, huídào **lánsè** de gùxiāng qu. Líbié qián, zhège **dàzìrán** de péngyou yǔ shuǐshǒumen **liúyǐng** jìniàn. Tā **zhàn zài** xǔduō rén de tóushang、jiānshang、zhǎngshang、gēboshang, yǔ wèiyǎngguo tā de rénmen , yīqǐ **róngjìn nà lánsè** de huàmiàn……

Jiéxuǎn zì Wáng Wénjié《Kě'ài de Xiǎoniǎo》

作品 20 号

小学的时候，有一次我们去海边远足，妈妈没有做便饭，给了我十块钱买午餐。好像走了很久，很久，终于到海边了，大家坐下来便吃饭。荒凉的海边没有商店，我一个人跑到防风林外面去，级任老师要大家把吃剩的饭菜分给我一点儿。有两三个男生留下一点儿给我，还有一个女生，她的米饭拌了酱油，很香。我吃完的时候，她笑眯眯地看着我，短头发，脸圆圆的。

她的名字叫翁香玉。

每天放学的时候，她走的是经过我们家的一条小路，带着一位比她小的男孩儿，可能是弟弟。小路边是一条清澈见底的小溪，两旁竹阴覆盖，我总是远远地跟在她后面，夏日的午后特别炎热，走到半路她会停下来，拿手帕在溪水里浸湿，为小男孩儿擦脸。我也在后面停下来，把肮脏的手帕弄湿了擦脸，再一路远远跟着她回家。

后来我们家搬到镇上去了，过几年我也上了中学。有一天放学回家，在火车上，看见斜对面一位短头发、圆圆脸的女孩儿，一身素净的白衣黑裙。我想她一定不认识我了。火车很快到站了，我随着人群挤向门口，她也走近了，叫我的名字。这是她第一次和我说话。

她笑眯眯的，和我一起走过月台。以后就没有再见过//她了。

这篇文章收在我出版的《少年心事》这本书里。

书出版后半年，有一天我忽然收到出版社转来的一封信，信封上是陌生的字迹，但清楚地写着我的本名。

信里面说她看到了这篇文章心里非常激动，没想到在离开家乡，漂泊异地这么久之后，会看见自己仍然在一个人的记忆里，她自己也深深记得这其中的每一幕，只是没想到越过遥远的时空，竟然另一个人也深深记得。

节选自苦伶《记过的记忆》

【朗读提示】

作品描述了“我”读小学的时候与同学翁香玉之间的几件小事儿，虽然过了很久但依然记得。朗读时语气平实，真情自然流露，语速适中，语调舒展，有小溪流水的感觉，清新而明快。

Zuòpǐn 20 Hào

Xiǎoxué de shíhou, yǒu yī cì wǒmen qù hǎibiān yuǎnzú, māma méiyǒu zuò biànfàn, gěile wǒ shí kuài qián mǎi wǔcān. Hǎoxiàng zǒule hěn jiǔ, hěnjiǔ, zhōngyú dào hǎibiān le, dàjiā zuòxialai biàn chīfàn. Huāngliáng de hǎibiān méi yǒu shāngdiàn, wǒ yī gè rén pǎodào **fángfēnglín** wàimian qu, jírèn **lǎoshī** yào dàjiā bǎ **chīshèng** de fàncài fēngěi wǒ yīdiǎnr. Yǒu **liǎng sān** gè **nánshēng** liú · xià yīdiǎnr gěi wǒ, hái yǒu yī gè **nǚshēng**, tā de mǐfàn bànle jiàngyóu, hěn xiāng. Wǒ chīwán de shíhou, tā xiāomīmī de kànzhe wǒ, duǎn tóufa, liǎn yuányuán de.

Tā de míngzi jiào **Wēng** Xiāngyù.

Měi tiān fàngxué de shíhou, tā zǒu de shì **jīngguò** wǒmen jiā de yī tiáo xiǎolù, dàizhe yī wèi bǐ tā xiǎo de **nánháir**, **kěnéng** shì dìdi. Xiǎolù biān shì yī tiáo **qīngchè** jiàndǐ de xiǎoxī, liǎngpáng **zhúyīn** fùgài, wǒ **zǒngshì** yuǎnyuǎn de **gēn zài** tā hòumian, xiàrì de wǔhòu tèbié yánrè, zǒudào bànlù tā huì tíngxialai, ná shǒupà zài xīshuǐ · lǐ jìnshī, wèi xiǎonánháir **cā liǎn**. Wǒ yě zài hòumian tíngxialai, bǎ **āngzāng** de shǒupà **nòngshī**le **cā liǎn**, zài yīlù yuǎnyuǎn gēnzhe tā huíjiā.

Hòulái wǒmen jiā bāndào **zhènshang** qù le, guò jǐ nián wǒ yě shàngle zhōngxué. Yǒu yī tiān fàngxué huíjiā, zài **huǒchēshang**, kànjiàn xiéduìmiàn yī wèi duǎn tóufa、yuányuán liǎn de nǚháir, yī shēn **sùjìng** de bái yī hēi qún. Wǒ xiǎng tā yī dìng bù **rènshi** wǒ le. **Huǒchē** hěn kuài dào zhàn le, wǒ suízhe rénqún jǐ xiàng ménkǒu, tā yě zǒu jìn le, jiào wǒ de míngzi. **Zhè shì** tā dìyī cì hé wǒ shuōhuà.

Tā xiào mīmī de, hé wǒ yīqǐ zǒuguò yuètái. Yǐhòu jiù méiyǒu zài jiànguo//tā le.

Zhè piān wénzhāng shōu zài wǒ chūbǎn de《**Shàonián Xīnshì**》**zhè běn** shū · lǐ.

Shū chūbǎn hòu bànnián, yǒu yī tiān wǒ hūrán shōudào **chūbǎnshè zhuǎn lái** de yī **fēng xìn**, xìnfēngshang shì mòshēng de zìjì, dàn qīngchu de xiězhe wǒ de **běnmíng**.

Xìn lǐmian shuō tā kàndàole zhè piān wénzhāng xīn lǐ fēicháng jīdòng, méi xiǎngdào zài líkāi jiāxiāng, piāobó yìdì zhème jiǔ zhīhòu, huì kànjiàn zìjǐ **réngrán zài** yī gè rén de jìyì · lǐ, tā zìjǐ yě **shēnshēn** jì · dé zhè qízhōng de měi yī mù, **zhǐshì** méi xiǎngdào yuèguo yǎoyuǎn de shíkōng, **jìngrán lìng** yī gè rén yě **shēnshēn** jì · dé.

Jiéxuǎn zì Kǔ Líng《Jìguò de Jìyì》

作品 21 号

在繁华的巴黎大街的路旁，站着一个衣衫褴褛、头发斑白、双目失明的老人。他不像其他乞丐那样伸手向过路行人乞讨，而是在身旁立一块木牌，上面写着："我什么也看不见!"街上过往的行人很多，看了木牌上的字都无动于衷，有的还淡淡一笑，便姗姗而去了。

这天中午，法国著名诗人让·彼浩勒也经过这里。他看看木牌上的字，问盲老人："老人家，今天上午有人给你钱吗?"

盲老人叹息着回答："我，我什么也没有得到。"说着，脸上的神情非常悲伤。

让·彼浩勒听了，拿起笔悄悄地在那行字的前面添上了"春天到了，可是"几个字，就匆匆地离开了。

晚上，让·彼浩勒又经过这里，问那个盲老人下午的情况。盲老人笑着回答说："先生，不知为什么，下午给我钱的人多极了!"让·彼浩勒听了，摸着胡子满意地笑了。

"春天到了，可是我什么也看不见!"这富有诗意的语言，产生这么大的作用，就在于它有非常浓厚的感情色彩。是的，春天是美好的，那蓝天白云，那绿树红花，那莺歌燕舞，那流水人家，怎么不叫人陶醉呢?但这良辰美景，对于一个双目失明的人来说，只是一片漆黑。当人们想到这个盲老人，一生中竟连万紫千红的春天//都不曾看到，怎能不对他产生同情之心呢?

节选自王大赫、郭全斌《语言的魅力》

【朗读提示】

作品以简洁生动的语言描述并评价了语言的魅力所在。朗读时语气平缓舒展，平实自然，语势无大起落，声音柔和、亲切。

Zuòpǐn 21 Hào

Zài Fánhuá de Bālí dàjiē de lùpáng, zhànzhe yī gè **yīshān lánlǚ**、tóufa bānbái、shuāngmù **shīmíng** de **lǎorén**. Tā bù xiàng qítā qǐgài nàyàng **shēnshǒu** xiàng guòlù **xíngrén** qǐtǎo, **ér shì zài shēnpáng** lì yī kuài mùpái, shàngmian xiězhe: "Wǒ shénme yě kànbujiàn!" Jiēshang guòwǎng de **xíngrén** hěn duō, kànle mùpáishang de zì dōu wúdòngyúzhōng, yǒude hái dàndàn yī xiào, biàn **shānshān ér qù** le.

Zhè tiān zhōngwǔ, Fǎguó **zhùmíng shīrén** Ràng • Bǐhàolè yě **jīngguò** **zhè • lǐ**. Tā kànkan mùpáishang de zì, wèn máng **lǎorén**: "**Lǎorénjia**, jīntiān shàngwǔ yǒu rén gěi nǐ qián ma?"

Máng **lǎorén** tànxīzhe huídá: "Wǒ shénme yě méiyǒu dédào." Shuōzhe, **liǎnshang** de **shénqíng** fēicháng bēishāng.

Ràng •Bǐhàolè tīngle, ná qǐ bǐ qiāoqiāo de zài nà háng zì de qiánmian tiān •shàngle "chūntiān dào le, kěshì" jǐ gè zì, jiù **cōngcōng** de líkāi le.

Wǎnshang, Ràng • Bǐhàolè yòu **jīngguò** **zhè • lǐ**, wèn nàge máng **lǎorén** xiàwǔ de qíngkuàng. Máng **lǎorén** xiàozhe huídá shuō: "**Xiānsheng**, bù zhī wèishénme, xiàwǔ gěi wǒ qián de rén duō jí Le!" Ràng • Bǐhàolè tīng le, mōzhe húzi mǎnyì de xiào le.

"Chūntiān dào le, kěshì wǒ shénme yě kànbujiàn!" Zhè fùyǒu shīyì de yǔyán, **chǎnshēng** zhème dà de zuòyòng, jiù zàiyú tā yǒu fēicháng nónghòu de gǎnqíng **sècǎi**. Shìde, chūntiān shì měihǎo de, nà lántiā báiyún, nà **lǜshù** hónghuā, nà yīnggē-yànwǔ, nà **liúshuǐ** rénjiā, zěnme bù jiào rén táozuì ne? Dàn zhè **liángchén-měijǐng**, duìyú yī gè shuāngmù **shīmíng** de **rén lái shuō**, **zhǐshì** yī piàn qīhēi. Dāng rénmen xiǎngdào zhège máng **lǎorén**, **yīshēng zhōng jìng lián** wànzǐ-qiānhóng de chūntiān//dōu **bùcéng** kàndào, **zěn néng** bù duì tā **chǎnshēng tóngqíng zhī xīn** ne?

Jiéxuǎn zì Wáng Dàhè、Guō Quánbīn《Yǔyán de Mèilì》

作品 22 号

有一次，苏东坡的朋友张鹗拿着一张宣纸来求他写一幅字，而且希望他写一点儿关于养生方面的内容。苏东坡思索了一会儿，点点头说："我得到了一个养生长寿古方，药只有四味，今天就赠给你吧。"于是，东坡的狼毫在纸上挥洒起来，上面写着："一曰无事以当贵，二曰早寝以当富，三曰安步以当车，四曰晚食以当肉。"

这哪里有药?张鹗一脸茫然地问。苏东坡笑着解释说，养生长寿的要诀，全在这四句里面。

所谓"无事以当贵"，是指人不要把功名利禄、荣辱过失考虑得太多，如能在情志上潇洒大度，随遇而安，无事以求，这比富贵更能使人终其天年。

"早寝以当富"，指吃好穿好、财货充足，并非就能使你长寿。对老年人来说，养成良好的起居习惯，尤其是早睡早起，比获得任何财富更加宝贵。

"安步以当车"，指人不要过于讲求安逸、肢体不劳，而应多以步行来替代骑马乘车，多运动才可以强健体魄，通畅气血。

"晚食以当肉"，意思是人应该用已饥方食、未饱先止代替对美味佳肴的贪吃无厌。他进一步解释，饿了以后才进食，虽然是粗茶淡饭，但其香甜可口会胜过山珍；如果饱了还要勉强吃，即使美味佳肴摆在眼前也难以//下咽。

苏东坡的四味"长寿药"，实际上是强调了情志、睡眠、运动、饮食四个方面对养生长寿的重要性，这种养生观点即使在今天仍然值得借鉴。

节选自蒲昭和《赠你四味长寿药》

【朗读提示】

作品写了苏东坡的四味"长寿药"，提出了在情志、睡眠、运动、饮食四个方面如何养生保健的观点。朗读时气息自然舒展，语气平实稳定，语速不宜过快。

Zuòpǐn 22 Hào

Yōu yī cì, Sū Dōngpō de péngyou Zhāng È **názhe** yī zhāng xuānzhǐ lái qiú tā xiě yī **fú** zì, érqiě xīwàng tā xiě yīdiǎnr guānyú **yǎngshēng** fāngmiàn de **nèiróng**. Sū Dōngpō **sīsuǒle** yīhuìr, diǎndiǎn tóu shuō: "wǒ dédàole yī gè **yǎngshēng chángshòu** gǔfāng, yào zhǐyǒu sì wèi, jīntiān jiù zènggěi nǐ ba." Yúshī, Dōngpō de lángháo **zài** zhǐshang **huīsǎ** qǐlai, shàngmian xiězhe: "yī yuē wú shì yǐ **dàng** guì, èr yuē **zǎo qǐn** yǐ **dàng** fù, sān yuē ān bù yǐ **dàng** chē, sì yuē wǎn shí yǐ **dàng** ròu."

Zhè nǎ · lǐ yǒu yào ? Zhāng È yī liǎn mángrán de wèn. Sū Dōngpō xiàozhe jiěshì shuō, **yǎngshēng chángshòu** de yàojué, quán **zài zhè** sì **jù** lǐmian.

Suǒwèi "wú shì yǐ **dàng** guì", **shì zhǐ** rén bùyào bǎ **gōngmíng** lìlù、**róngrǔ guòshī** kǎolǜ de tài duō, **rú néng zài** qíngzhì shang xiāosǎ dàdù, **suíyù'ér'ān**, wú shì yǐ qiú, zhè bǐ fùguì **gèng néng shǐ rén zhōng qí tiānnián**.

"**Zǎo qǐn** yǐ **dàng** fù", zhǐ chīhǎo chuānhǎo、**cáihuò chōngzú**, bìngfēi jiù néng shǐ nǐ **chángshòu**. Duì **lǎoniánrén lái shuō**, yǎngchéng liánghǎo de qǐjū xíguàn, yóuqí **shì zǎo shuì zǎo qǐ**, bǐ huòdé **rènhé** cáifù gèngjiā bǎoguì.

"Ān bù yǐ **dàng** chē", zhǐ rén bùyào guòyú jiǎngqiú ānyì、zhītǐ bù láo, ér yīng duō yǐ bùxíng lái tìdài qímǎ **chéngchē**, duō yùndòng cái kěyǐ qiángjiàn tǐpò, tōngchàng qìxuè.

"Wǎn shí yǐ **dàng** ròu", yìsi **shì** rén yīnggāi yòng yǐ jī fāng shí、wèi bǎo xiān zhǐ dàitì duì měiwèi **jiāyáo** de tānchī wú yàn. Tā jìnyībù jiěshì, èle yǐhòu **cái jìnshí**, **suīrán shì cūchá-dànfàn**, dàn qí xiāngtián kěkǒu huì shèngguò **shānzhēn**; rú guǒ bǎole háiyào **miǎnqiǎng** chī, jíshǐ měiwèi **jiāyáo** bǎi zài yǎnqián yě nányǐ //xiàyàn.

Sū Dōngpō de sì wèi "**chángshòu**yào", shíjì · shàng shì qiángdiàole **qíngzhì**、shuìmián、yùndòng、yǐnshí sì gè fāngmiàn duì **yǎngshēng chángshòu** de **zhōngyàoxìng**, **zhè zhǒng yǎngshēng** guāndiǎn jíshǐ zài jīntiān **réngrán** zhídé jièjiàn.

Jiéxuǎn zì Pú Zhāohé《Zèng Nǐ Sì Wèi Chángshòuyào》

作品 23 号

人活着，最要紧的是寻觅到那片代表着生命绿色和人类希望的丛林，然后选一高高的枝头站在那里观览人生，消化痛苦，孕育歌声，愉悦世界!

这可真是一种潇洒的人生态度，这可真是一种心境爽朗的情感风貌。

站在历史的枝头微笑，可以减免许多烦恼。在那里，你可以从众生相所包含的甜酸苦辣、百味人生中寻找你自己；你境遇中的那点儿苦痛，也许相比之下，再也难以占据一席之地；你会较容易地获得从不悦中解脱灵魂的力量，使之不致变得灰色。

人站得高些，不但能有幸早些领略到希望的曙光，还能有幸发现生命的立体的诗篇。每一个人的人生，都是这诗篇中的一个词、一个句子或者一个标点。你可能没有成为一个美丽的词，一个引人注目的句子，一个惊叹号，但你依然是这生命的立体诗篇中的一个音节、一个停顿、一个必不可少的组成部分。这足以使你放弃前嫌，萌生为人类孕育新的歌声的兴致，为世界带来更多的诗意。

最可怕的人生见解，是把多维的生存图景看成平面。因为那平面上刻下的大多是凝固了的历史——过去的遗迹；但活着的人们，活得却是充满着新生智慧的，由//不断逝去的“现在”组成的未来。人生不能像某些鱼类躺着游，人生也不能像某些兽类爬着走，而应该站着向前行，这才是人类应有的生存姿态。

节选自[美]本杰明·拉什《站在历史的枝头微笑》

【朗读提示】

作品热情洋溢，充满激情，蕴含哲理，鼓舞人心。朗读时语气坚定，态度鲜明，真诚劝慰，声音有弹性，语速不宜一味地快或慢，要有交替变化。

Zuòpǐn 23 Hào

Rén **huózhe**, **zuì yàojǐn** de shì xúnmì dào nà piàn dàibiǎozhe **shēngmìng lǜsè** hé **rénlèi** xīwàng de **cónglín**, ránhòu xuǎn yī gāogāo de zhītóu **zhàn zài** nà · lǐ guǎnlǎn **rénshēng**, xiāohuà tòngkǔ, **yùnyù gēshēng**, **yúyuè** shìjiè.

Zhè kě zhēn shì yī **zhǒng xiāosǎ de rénshēng** tài · dù, **zhè kě zhēn shì** yī **zhǒng xīnjìng shuǎnglǎng de qínggǎn fēngmào**.

Zhàn zài lìshǐ de zhītóu wēixiào, kěyǐ jiǎnmiǎn xǔduō fánnǎo. **Zài** nà · lǐ, nǐ kěyǐ **cóng zhòngshēngxiàng** suǒ bāohán de tián-suān-kǔ-là、bǎiwèi **rénshēng zhōng** xúnzhǎo nǐ zìjǐ; nǐ **jìngyù zhōng** de nà diǎnr kǔtòng, yěxǔ xiāngbǐ zhīxià, zài yě nányǐ zhànjù yī xí zhī dì; nǐ huì jiào róng · yì de huòdé cóng bùyuè zhōng jiětuō línghún de lì · liàng, **shǐ zhī bùzhì** biànde huīsè.

Rén zhàn de gāo xiē, bùdàn **néng yǒuxìng** zǎo xiē **lǐnglüè** dào xīwàng de shǔguāng, hái **néng yǒuxìng** fāxiàn **shēngmìng** de lìtǐ de shīpiān. Měi yī gè rén de **rénshēng**, dōushì zhè shīpiān zhōng de yī gè cí, yī gè jùzi huòzhě yī gè biāodiǎn. Nǐ **Kěnéng** méiyǒu chéngwéi yī gè měilì de cí, yī gè **yǐnrén zhùmù** de jùzi, yī gè jīngtànhào, dàn **nǐ yīrán shì zhè shēngmìng** de lìtǐ shīpiān zhōng de yī gè yīnjié、yī gè tíngdùn、yī gè bìbùkěshǎo de **zǔchéng** bùfen. **Zhè** zúyǐ **shǐ nǐ** fàngqì qiánxián, **méngshēng** wèi **rénlèi yùnyù** xīn de **gēshēng** de **xìngzhì**, wèi shìjiè dài · lái gèng duō de shīyì.

Zuì kěpà de **rénshēng** jiànjiě, shì bǎ duōwéi de **shēngcún tújǐng kànchéng píngmiàn**. Yīnwèi nà píngmiànshang kèxià de dàduō shì **nínggùle de lìshǐ**——guòqù de yíjì; dàn huózhe de rénmen, huó de què shì chōngmǎnzhe **xīnshēng** zhìhuì de, yóu// bùduàn shìqù de "xiànzài" **zǔchéng** de wèilái. **Rénshēng bùnéng** xiàng mǒu xiē **yúlèi** tǎngzhe yóu, **rénshēng** yě **bùnéng** xiàng mǒu xiē **shòulèi** pázhe zǒu, ér yīnggāi zhànzhe xiàngqián xíng, **zhè cái shì rénlèi** yīngyǒu de **shēngcún zītài**.

Jiěxuǎn zì [Měi] Běnjiémíng Lāshí《Zhàn Zài Lìshǐ de Zhītóu Wēixiào》

作品 24 号

中国的第一大岛、台湾省的主岛台湾，位于中国大陆架的东南方，地处东海和南海之间，隔着台湾海峡和大陆相望。天气晴朗的时候，站在福建沿海较高的地方，就可以隐隐约约地望见岛上的高山和云朵。

台湾岛形状狭长，从东到西，最宽处只有一百四十多公里；由南至北，最长的地方约有三百九十多公里。地形像一个纺织用的梭子。

台湾岛上的山脉纵贯南北，中间的中央山脉犹如全岛的脊梁。西部为海拔近四千米的玉山山脉，是中国东部的最高峰。全岛约有 1/3 的地方是平地，其余为山地。岛内有缎带般的瀑布，蓝宝石似的湖泊，四季常青的森林和果园，自然景色十分优美。西南部的阿里山和日月潭，台北市郊的大屯山风景区，都是闻名世界的游览胜地。

台湾岛地处热带和温带之间，四面环海，雨水充足，气温受到海洋的调剂，冬暖夏凉，四季如春，这给水稻和果木生长提供了优越的条件。水稻、甘蔗、樟脑是台湾的“三宝”。岛上还盛产鲜果和鱼虾。

台湾岛还是一个闻名世界的“蝴蝶王国"。岛上的蝴蝶共有四百多个品种，其中有不少是世界稀有的珍贵品种。岛上还有不少鸟语花香的蝴//蝶谷，岛上居民利用蝴蝶制作的标本和艺术品，远销许多国家。

节选自《中国的宝岛——台湾》

【朗读提示】

作品介绍并描述了宝岛台湾，抒发了作者的赞美之情。朗读时语气平实自然，语势起伏不大，节奏不快，声音柔和中显平实。

Zuòpǐn 24 hào

Zhōngguó de dì yī dàdǎo、Táiwān Shěng de zhǔdǎo Táiwān, wèiyú Zhōngguó dàlùjià de dōngnánfāng, dìchǔ Dōng Hǎi hé Nán Hǎi zhījiān, gézhe Táiwān Hǎixiá hé Dàlù xiāngwàng. Tiānqì **qínglǎng** de shíhou, **zhàn zài** Fújiàn yánhǎi jiào gāo de dìfang, jiù kěyǐ yǐnyǐn-yuēyuē de wàng jiàn dǎoshang de gāoshān hé yúnduǒ.

Táiwān Dǎo **xíngzhuàng** xiácháng, cóng dōng dào xī, zuì kuān chù zhǐyǒu yībǎi **sìshí** duō gōnglǐ; yóu nán zhì běi, **zuì cháng** de dìfang yuē yǒu sānbǎi jiǔshí duō gōnglǐ. Dìxíng xiàng yī gè fǎngzhī yòng de suōzi.

Táiwān Dǎo shang de shānmài zòngguàn nánběi, zhōngjiān de zhōngyāng shānmài yóurú quándǎo de jǐliang. Xībù wéi hǎibá jìn sìqiān mǐ de Yù Shān shānmài, shì Zhōngguó dōngbù de zuì gāo fēng. Quándǎo yuē yǒu sān fēn zhī yī de dìfang shì píngdì, qíyú wéi shāndì. Dǎonèi yǒu duàndài bān de pùbù, **lánbǎoshí** shìde **húpō**, **sìjì chángqīng** de **sēnlín** hé guǒyuán, **zìrán jǐngsè** shífēn yōuměi. Xīnánbù de **Ālǐ Shān** hé Rìyuè Tán, Táiběi shìjiāo de Dàtúnshān **fēngjǐngqū**, dōu shì wénmíng shìjiè de **yóulǎn shèngdì**.

Táiwān Dǎo **dìchǔ** rèdài hé wēndài zhījiān, sìmiàn huán hǎi, yǔshuǐ **chōngzú**, qìwēn shòudào hǎiyáng de tiáojì, **dōng nuǎn xià liáng**, **sìjì rú chūn**, zhè gěi shuǐdào hé guǒmù **shēngzhǎng tígōng**le yōuyuè de tiáojiàn. Shuǐdào、gānzhe、**zhāngnǎo** shì Táiwān de "sān bǎo". Dǎoshang hái **shèngchǎn** xiānguǒ hé yúxiā.

Táiwān Dǎo háishi yī gè wénmíng shìjiè de "húdié wángguó". Dǎoshang de húdié gòng yǒu sìbǎi duō gè **pǐnzhǒng**, qízhōng yǒu bùshǎo shì shìjiè xīyǒu de zhēnguì pǐnzhǒng. Dǎoshang háiyǒu bùshǎo **niǎoyǔ**-huāxiāng de hú//diégǔ, dǎoshang jūmín lìyòng húdié **zhìzuò** de biāoběn hé **yìshùpǐn**, yuǎnxiāo xǔduō guójiā.

Jiéxuǎn zì《Zhōngguó de Bǎodǎo——Táiwān》

作品 25 号

不管我的梦想能否成为事实，说出来总是好玩儿的：

春天，我将要住在杭州。二十年前，旧历的二月初，在西湖我看见了嫩柳与菜花，碧浪与翠竹。由我看到的那点儿春光，已经可以断定，杭州的春天必定会教人整天生活在诗与图画之中。所以，春天我的家应当是在杭州。

夏天，我想青城山应当算作最理想的地方。在那里，我虽然只住过十天，可是它的幽静已拴住了我的心灵。在我所看见过的山水中，只有这里没有使我失望。到处都是绿，目之所及，那片淡而光润的绿色都在轻轻地颤动，仿佛要流入空中与心中似的。这个绿色会像音乐，涤清了心中的万虑。

秋天一定要住北平。天堂是什么样子，我不知道，但是从我的生活经验去判断，北平之秋便是天堂。论天气，不冷不热。论吃的，苹果、梨、柿子、枣儿、葡萄，每样都有若干种。论花草，菊花种类之多，花式之奇，可以甲天下。西山有红叶可见，北海可以划船——虽然荷花已残，荷叶可还有一片清香。衣食住行，在北平的秋天，是没有一项不使人满意的。

冬天，我还没有打好主意，成都或者相当得合适，虽然并不怎样和暖，可是为了水仙，素心腊梅，各色的茶花，仿佛就受一点儿寒//冷，也颇值得去了。昆明的花也多，而且天气比成都好，可是旧书铺与精美而便宜的小吃远不及成都那么多。好吧，就暂这么规定：冬天不住成都便住昆明吧。

在抗战中，我没能发国难财。我想，抗战胜利以后，我必能阔起来。那时候，假若飞机减价，一二百元就能买一架的话，我就自备一架，择黄道吉日慢慢地飞行。

节选自老舍《住的梦》

【朗读提示】

作品借梦想来表达一位老人的生活追求，对美好生活的憧憬之情。朗读时语气喜悦明快，努力调动想象与视觉感受，声音平稳，间有跳跃感，语速不宜过快。

Zuòpǐn 25 Hào

Bùguǎn wǒ de **mèngxiǎng néngfǒu chéngwéi** shìshí, shuōchulai zǒngshì hǎowánr de:

Chūntiān, wǒ jiāng yào **zhù zài** Hángzhōu. Èrshí **nián** qián, jiùlì de **èryuè chū**, zài Xīhú wǒ kànjiànle **nènliǔ** yǔ càihuā, bìlàng yǔ **cuìzhú**. Yóu wǒ kàndào de nà diǎnr chūnguāng, yǐjīng kěyǐ duàndìng, Hángzhōu de chūntiān bìdìng huì jiào rén zhěngtiān **shēnghuó zài shī yǔ** túhuà **zhī zhōng**. Suǒyǐ, chūntiān wǒ de jiā **yīngdāng shì zài** Hángzhōu.

Xiàtiān, wǒ xiǎng **Qīngchéng Shān yīngdāng suànzuò** zuì lǐxiǎng **de** dìfang. **Zài nà·lǐ**, wǒ **suīrán zhǐ** zhùguo **shí tiān**, kěshì tā de yōujìng yǐ **shuānzhùle** wǒ de **xīnlíng**. Zài wǒ suǒ kàn·jiànguo de **shānshuǐ zhōng**, zhǐyǒu zhè·lǐ méiyǒu shǐ wǒ shīwàng. Dàochù dōu **shì lǜ**, **mù zhī suǒ jí**, nà piàn dàn ér guāngrùn de **lǜsè** dōu zài **qīngqīng** de **chàndòng**, fǎngfú yào **liúrù** kōngzhōng yǔ **xīnzhōng** shìde. Zhège **lǜsè** huì xiàng yīnyuè, **díqīngle xīnzhōng** de wàn lǜ.

Qiūtiān yīdìng yào zhù Běipíng. Tiāntáng shì shénme yàngzi, wǒ bù zhīdao, dànshì cóng wǒ de **shēnghuó jīngyàn** qù pànduàn, Běipíng zhī qiū biàn shì tiāntáng. Lùn tiānqì, **bù lěng bù rè**. Lùn chīde, píngguo、lí、shìzi、zǎor、pú·táo, měi yàng dōu yǒu ruògān zhǒng. Lùn huācǎo, júhuā **zhǒnglèi zhī duō**, huā shì zhī qí, kěyǐ jiǎ tiānxià. Xīshān yǒu hóngyè kě jiàn, Běihǎi kěyǐ huáchuán——**suīrán** héhuā yǐ cán, hé yè kě háiyǒu yī piàn qīngxiāng. Yī、shí、zhù、xíng, zài Běipíng de qiūtiān, shì méiyǒu yī xiàng bù **shǐ rén** mǎnyì de.

Dōngtiān, wǒ hái méiyǒu dǎhǎo zhǔyi, Chéngdū huòzhě xiāngdāng de héshì, **suīrán bìng bù zěnyàng hénuǎn**, kěshì wèile shuǐxiān, **sù xīn làméi**, gè sè de cháhuā, fǎngfú jiù shòu yīdiǎnr hán//lěng, yě **pō** zhídé qù le. Kūnmíng de huā yě duō, érqiě tiānqì bǐ Chéngdū hǎo, kěshì jiù shūpù yǔ jīngměi ér piányi de xiǎochī yuǎn bùjí Chéngdū nàme duō. Hǎo ba, jiù zàn zhème guīdìng: Dōngtiān bù zhù Chéngdū biàn zhù Kūnmíng ba.

Zài kàngzhàn zhōng, wǒ méi **néng** fā **guónàn cái**. Wǒ xiǎng, kàngzhàn **shènglì** yǐhòu, wǒ bì **néng** kuòqilai. Nà shíhou, jiǎruò fēijī jiǎnjià, yī-èrbǎi yuán jiù **néng** mǎi yī jià de huà, wǒ jiù zìbèi yī jià, zé huángdào-jírì mànmàn (mànmānr) de fēixíng.

Jiéxuǎn zì Lǎo Shě《Zhù de Mèng》

作品 26 号

夕阳落山不久，西方的天空，还燃烧着一片橘红色的晚霞。大海，也被这霞光染成了红色，而且比天空的景色更要壮观。因为它是活动的，每当一排排波浪涌起的时候，那映照在浪峰上的霞光，又红又亮，简直就像一片片霍霍燃烧着的火焰，闪烁着，消失了。而后面的一排，又闪烁着，滚动着，涌了过来。

天空的霞光渐渐地淡下去了，深红的颜色变成了绯红，绯红又变为浅红。最后，当这一切红光都消失了的时候，那突然显得高而远了的天空，则呈现出一片肃穆的神色。最早出现的启明星，在这蓝色的天幕上闪烁起来了。它是那么大，那么亮，整个广漠的天幕上只有它在那里放射着令人注目的光辉，活像一盏悬挂在高空的明灯。

夜色加浓，苍空中的“明灯”越来越多了。而城市各处的真的灯火也次第亮了起来，尤其是围绕在海港周围山坡上的那一片灯光，从半空倒映在乌蓝的海面上，随着波浪，晃动着，闪烁着，像一串流动着的珍珠，和那一片片密布在苍穹里的星斗互相辉映，煞是好看。

在这幽美的夜色中，我踏着软绵绵的沙滩，沿着海边，慢慢地向前走去。海水，轻轻地抚摸着细软的沙滩，发出温柔的//刷刷声。晚来的海风，清新而又凉爽。我的心里，有着说不出的兴奋和愉快。

节选自峻青《海滨仲夏夜》

【朗读提示】

作品描写了仲夏海滨晚霞、星空、灯火的优美景致，情景交融，表达出对自由美好生活的赞美和良好祝愿。朗读时气息舒展自如，语气轻松舒缓，声音柔和清亮，自然闲适，语调随势起伏但不宜过大，语速不宜过快。

Zuòpǐn 26 Hào

Xīyáng **luòshān** bùjiǔ, xīfāng de tiānkōng, hái **ránshāo**zhe yī piàn **júhóngsè** de wǎnxiá. Dàhǎi, yě bèi zhè xiáguāng **rǎnchéng**le hóngsè, érqiě bǐ tiānkōng de **jǐngsè** gèng yào zhuàngguān. Yīnwèi tā shì huódòng de, měidāng yī páipái bōlàng yǒngqǐ de shíhou, nà **yìngzhào zài làngfēng**shang de xiáguāng, yòu hóng yòu liàng, jiǎnzhí jiù xiàng yī piànpiàn **huòhuò ránshāo**zhe de huǒyàn, **shǎnhuǒ**zhe, xiāoshīle. Ér hòumian de yī pái, yòu **shǎnshuò**zhe, gǔndòngzhe, yǒngle guòlai.

Tiānkōng de xiáguāng jiànjiàn de dànxiaqu le, shēnhóng de yánsè biànchéngle **fēihóng**, **fēihóng** yòu biànwéi qiǎnhóng. Zuìhòu, dāng zhè yīqiè hóngguāng dōu xiāoshīle de shíhou, nà tūrán xiǎn・dé gāo ér yuǎn le de tiānkōng, **zé chéngxiàn chū** yī piàn sùmù de **shénsè**. **Zuìzǎo chūxiàn de qǐmíngxīng**, **zài zhè lánsè** de tiānmùshang **shǎnshuò**qilai le. Tā shì **nàme** dà, **nàme liàng**, **zhěnggè** guǎngmò de tiānmùshang zhǐyǒu tā **zài nà・lǐ** fàngshèzhe **lìng rén zhùmù** de guānghuī. Huóxiàng yì zhǎn xuánguà zài gāokāng de **míngdēng**.

Yèsè jiā nóng, cāngkōng zhōng de “**míngdēng**” yuèláiyuè duō le. Ér **chéngshì** gè chù de **zhēn de dēnghuǒ** yě cìdì liàngleqilai, yóuqí **shì wéirào zài** hǎigǎng zhōuwéi shānpōshang de nà yī piàn dēngguāng, cóng bànkōng **dàoyìng** zài wūlán de hǎimiànshang, **suízhe** bōlàng, huàngdòngzhe, shǎnshuòzhe, xiàng yī chuàn **liúdòngzhe** de **zhēnzhū**, hé nà yī piànpiàn mìbù zài cāngqióng・lǐ de **xīngdǒu** hùxiāng huīyìng, **shà** shì hǎokàn.

Zài zhè yōuměi de **yèsè zhōng**, wǒ tàzhe ruǎnmiánmián(miānmiān) de shātān, yánzhe hǎibiān, mànmàn(mànmānr) de xiàng qián zǒu・qù. Hǎishuǐ, **qīngqīng** de fǔmōzhe xìruǎn de shātān, fāchū wēnróu de// **shuāshuā shēng**. Wǎnlái de hǎifēng, **qīngxīn** ér yòu **liángshuǎng**. Wǒ de xīn・lǐ, yǒuzhe shuōbuchū de **xīngfèng** hé yúkuài.

Jiěxuǎn zì Jùn Qīng《Hǎibīn Zhòngxià Yè》

作品 27 号

自从传言有人在萨文河畔散步时无意发现了金子后，这里便常有来自四面八方的淘金者。他们都想成为富翁，于是寻遍了整个河床，还在河床上挖出很多大坑，希望借助它们找到更多的金子。的确，有一些人找到了，但另外一些人因为一无所得而只好扫兴归去。也有不甘心落空的，便驻扎在这里，继续寻找。彼得·弗雷特就是其中一员。他在河床附近买了一块没人要的土地，一个人默默地工作。他为了找金子，已把所有的钱都押在这块土地上。他埋头苦干了几个月，直到土地全变成了坑坑洼洼，他失望了——他翻遍了整块土地，但连一丁点儿金子都没看见。

六个月后，他连买面包的钱都没有了。于是他准备离开这儿到别处去谋生。

就在他即将离去的前一个晚上，天下起了倾盆大雨，并且一下就是三天三夜。雨终于停了，彼得走出小木屋，发现眼前的土地看上去好像和以前不一样：坑坑洼洼已被大水冲刷平整，松软的土地上长出一层绿茸茸的小草。

“这里没找到金子”，彼得忽有所悟地说，“但这土地很肥沃，我可以用来种花，并且拿到镇上去卖给那些富人，他们一定会买些花装扮他们华丽的客厅。//如果真是这样的话，那么我一定会赚许多钱，有朝一日我也会成为富人……”

于是他留了下来。彼得花了不少精力培育花苗，不久田地里长满了美丽娇艳的各色鲜花。

五年以后，彼得终于实现了他的梦想——成了一个富翁。“我是唯一的一个找到真金的人!”他时常不无骄傲地告诉别人：“别人在这儿找不到金子后便远远地离开，而我的‘金子’是在这块土地里，只有诚实的人用勤劳才能采集到。”

节选自陶猛译《金子》

【朗读提示】

作品讲述了一位“淘金者”通过转变实现梦想的方式，最终靠勤劳获得“真金”的故事，揭示了现实生活中寻常而又易被人们忽视的哲理，给人深刻的启示。朗读时气息舒展，语气平和肯定，语速适中，给人以缘事说理的感觉。

Zuòpǐn 27 Hào

Zìcóng chuányán yǒu **rén zài Sàwén hépàn** sànbù shí wúyì fāxiànle jīnzi hòu, zhè · lǐ biàn cháng yǒu **láizì** sìmiàn-bāfāng de **táojīnzhě**. Tāmen dōu xiǎng chéngwéi **fùwēng**, yúshì xúnbiànle **zhěnggè héchuáng**, hái zài **héchuáng**shang wāchū hěn duō dàkēng, xīwàng jièzhù tāmen zhǎodào gèng duō de jīnzi. Díquè, yǒu yīxiē rén zhǎodàole, dàn **lìngwài** yīxiē rén yīnwèi **yīwú-suǒdé** ér zhǐhǎo **sǎoxìng** guīqù.

Yě yǒu bù gānxīn luòkōng de, biàn **zhùzhā zài** zhè · lǐ, jìxù xúnzhǎo. Bǐdé · Fúléitè jiùshì qízhōng yī yuán. Tā **zài héchuáng** fùjìn mǎile yī kuài méi rén yào de tǔdì, yī gè rén mòmò de gōngzuò. Tā wèile zhǎo jīnzi , yǐ bǎ suǒyǒu de qián dōu yā **zài zhè** kuài tǔdìshang. Tā máitóu kǔgànle jǐ gè yuè, zhídào tǔdì quán biànchéngle kēngkeng-wāwā, tā shīwàngle——tā fānbiànle zhěng kuài tǔdì, dàn lián yīdīngdiǎnr jīnzi dōu méi kàn · jiàn.

Liù gè yuè hòu, tā lián mǎi miànbāo de qián dōu méiyǒu le. Yúshì tā zhǔnbèi líkāi zhèr dào biéchù qù **móushēng**.

Jiù zài tā jíjiāng líqù de qián yī gè wǎnshang, tiān xiàqǐle **qīngpén**-dàyǔ, bìngqiě yīxià jiùshì sān tiān sān yè. Yǔ zhōngyú tíngle, Bǐdé zǒuchū xiǎo mùwū, fāxiàn yǎnqián de tǔdì kànshangqu hǎoxiàng hé yǐqián bù yīyàng: Kēngkeng-wāwā yǐ bèi dàshuǐ **chōngshuā píngzhěng**, **sōngruǎn** de tǔdìshang **zhǎngchū** yī **céng lǜróngróng** (**rōngrōng**) de xiǎocǎo.

"Zhè · lǐ méi zhǎodào jīnzi," Bǐdé hū yǒu suǒ wù de shuō. "Dàn zhè tǔdì hěn féiwò, wǒ kěyǐ yònglái zhòng huā, bìngqiě nádào zhènshang qù màigěi nàxiē fùrén, tāmen yīdìng huì mǎi xiē huā zhuāngbàn tāmen huálì de **kètīng**. // Rúguǒ **zhēn shì** zhèyàng de huà, nàme wǒ yīdìng huì zhuàn xǔduō qián, yǒuzhāo-yīrì wǒ yě huì chéngwéi fùrén……"

Yúshì tā liúle xiàlai. Bǐdé huāle bùshǎo **jīnglì** péiyù huāmiáo, bùjiǔ tiándì-lǐ zhǎngmǎnle měilì jiāoyàn de gè sè xiānhuā.

Wǔ nián yǐhòu, Bǐdé zhōngyú shíxiànle tā de mèngxiǎng——chéngle yī gè **fùwēng**. "wǒ shì wéiyī de yī gè zhǎo dào **zhēnjīn** de rén!" Tā **shícháng** bùwú jiāo'ào de gàosu bié · rén, "Bié · rén **zài zhèr** zhǎobudào jīnzi hòu biàn yuǎnyuǎn de líkāi, ér wǒ de 'jīnzi' **shì zài** zhè kuài tǔdì · lǐ, zhǐyǒu **chéngshí** de rén yòng **qínláo cáinéng** cǎijí dào."

Jiéxuǎn zì Táo Měng yì《Jīnzi》

作品 28 号

我在加拿大学习期间遇到过两次募捐，那情景至今使我难以忘怀。

一天，我在渥太华的街上被两个男孩子拦住去路。他们十来岁，穿得整整齐齐，每人头上戴着个做工精巧、色彩鲜艳的纸帽，上面写着“为帮助患小儿麻痹的伙伴募捐。”其中的一个，不由分说就坐在小凳上给我擦起皮鞋来，另一个则彬彬有礼地发问：“小姐，您是哪国人？喜欢渥太华吗？”“小姐，在你们国家有没有小孩儿患小儿麻痹？谁给他们医疗费？”一连串的问题，使我这个有生以来头一次在众目睽睽之下让别人擦鞋的异乡人，从近乎狼狈的窘态中解脱出来。我们像朋友一样聊起天儿来……

几个月之后，也是在街上。一些十字路口处或车站坐着几位老人。他们满头银发，身穿各种老式军装，上面布满了大大小小形形色色的徽章、奖章，每人手捧一大束鲜花，有水仙、石竹、玫瑰及叫不出名字的，一色雪白。匆匆过往的行人纷纷止步，把钱投进这些老人身旁的白色木箱内，然后向他们微微鞠躬，从他们手中接过一朵花。我看了一会儿，有人投一两元，有人投几百元，还有人掏出支票填好后投进木箱。那些老军人毫不注意人们捐多少钱，一直不//停地向人们低声道谢。同行的朋友告诉我，这是为纪念二次大战中参战的勇士，募捐救济残废军人和烈士遗孀，每年一次；认捐的人可谓踊跃，而且秩序井然，气氛庄严。有些地方，人们还耐心地排着队。我想，这是因为他们都知道：正是这些老人们的流血牺牲换来了包括他们信仰自由在内的许许多多。

我两次把那微不足道的一点儿钱捧给他们，只想对他们说声“谢谢”。

节选自青白《捐诚》

【朗读提示】

作品讲述了我在加拿大学习期间遇到的两次使我难以忘怀的募捐。朗读时应怀着一种心灵被震撼后的虔诚心情来朗读，气息舒展而饱满，语气真挚沉缓，语速不宜过快。

Zuòpǐn 28 Hào

Wǒ zài Jiānádà xuéxí qījiān yùdàoguo **liǎng cì** mùjuān, nà **qíngjǐng zhìjīn** shǐ wǒ nányǐ-wànghuái.

Yī tiān, wǒ zài **Wòtàihuá** de jiēshang bèi liǎng gè nánháizi **lánzhù** qùlù. Tāmen **shí lái suì**, chuān de **zhěngzhěng-qíqí**, měi rén tóushang dàizhe gè **zuògōng jīngqiǎo**、**sècǎi** xiānyàn de zhǐ mào, shàngmian xiězhe "Wèi bāngzhù huàn **xiǎo'ér mábì** de huǒbàn mùjuān." Qízhōng de yī gè, bùyóu-fēnshuō jiù **zuò zài** xiǎodèngshang gěi wǒ cā qǐ píxié lai, **lìng** yī gè zé **bīnbīn-yǒulǐ** de fāwèn: "Xiǎo • jiě, **nín shì nǎ guó rén**? Xǐhuan Wòtàihuá ma?" "Xiǎo • jiě, zài nǐmen guójiā yǒuméiyǒu xiǎoháir huàn **xiǎo'ér mábì**? Shéi gěi tāmen **yīliáofèi**?" **Yīliánchuàn** de wèntí, shǐ wǒ zhège **yǒushēng-yǐlái** tóu yī **cì zài zhòngmù-kuíkuí** zhīxià ràng bié • rén cā xié de yìxiāngrén, cóng jìnhū lángbèi de **jiǒngtài** zhōng jiětuō chūlai. Wǒmen xiàng péngyou yīyàng liáoqi tiānr lai……

Jǐ gè yuè zhīhòu, yě **shì zài** jiēshang. Yīxiē **shízì lùkǒuchù** huò **chēzhàn zuòzhe** jǐ wèl **lǎorén**. Tāmen mǎntóu yínfà, **shēn chuān** gè zhǒng **lǎoshì** jūnzhuāng, shàngmian bùmǎnle dàdà-xiǎoxiǎo **xíngxíng-sèsè** de huīzhāng、jiǎngzhāng, měi rén **shǒu pěng** yī dà shù xiānhuā, yǒu shuǐxiān、shízhú、méi • guī jí jiàobuchū míngzi de, yīsè xuěbái. **Cōngcōng** guòwǎng de **xíngrén** fēnfēn zhǐbù, bǎ qián tóujìn zhèxiē **lǎorén** shēnpáng de báisè mùxiāng nèi, ránhòu xiàng tāmen wēiwēi jūgōng, cóng tāmen **shǒuzhōng** jiēguo yī duǒ huā. Wǒ kànle yīhuìr, yǒu rén tóu yī-liǎngyuán, yǒu rén tóu jǐbǎi yuán, hái yǒu rén tāochū zhīpiào tiánhǎo hòu tóu jìn mùxiāng. Nàxiē **lǎojūnrén** háobù zhùyì rénmen juān duō • shǎo qián, yīzhí bù // tíng de xiàng rénmen dīshēng dàoxiè. Tóngxíng de péngyou gàosu wǒ, **zhè shì** wèi jìniàn **Èr Cì Dàzhàn zhōng cānzhàn de yǒngshì**, mùjuān jiùjì cánfèi jūnrén hé **lièshì yíshuāng**, měi nián yīcì; rèn juān de rén kěwèi **yǒngyuè**, érqiě **zhìxù jǐngrán**, qì • fēn zhuāngyán. Yǒuxiē dìfang, rénmen hái **nàixīn** de páizhe duì. Wǒ xiǎng, **zhè shì** yīnwèi tāmen dōu zhīdao: **Zhèng shì** zhèxiē lǎorénmen de **liúxuè xīshēng** huànláile bāokuò tāmen xìnyǎng zìyóu **zài nèi** de xǔxǔ-duōduō.

Wǒ **liǎng cì** bǎ nà wēibùzúdào de yīdiǎnr qián pěnggěi tāmen, zhǐ xiǎng duì tāmen **shuō shēng** "xièxie".

Jiéxuǎn zì Qīng Bái《Juān Chéng》

作品 29 号

我们在田野散步：我，我的母亲，我的妻子和儿子。

母亲本不愿出来的。她老了，身体不好，走远一点儿就觉得很累。我说，正因为如此，才应该多走走。母亲信服地点点头，便去拿外套。她现在很听我的话，就像我小时候很听她的话一样。

这南方初春的田野，大块小块的新绿随意地铺着，有的浓，有的淡，树上的嫩芽也密了，田里的冬水也咕咕地起着水泡。这一切都使人想着一样东西——生命。

我和母亲走在前面，我的妻子和儿子走在后面。小家伙突然叫起来：“前面是妈妈和儿子，后面也是妈妈和儿子。”我们都笑了。

后来发生了分歧：母亲要走大路，大路平顺；我的儿子要走小路，小路有意思。不过，一切都取决于我。我的母亲老了，她早已习惯听从她强壮的儿子；我的儿子还小，他还习惯听从他高大的父亲；妻子呢，在外面，她总是听我的。一霎时我感到了责任的重大。我想找一个两全的办法，找不出；我想拆散一家人，分成两路，各得其所，终不愿意。我决定委屈儿子，因为我伴同他的时日还长。我说：“走大路。”

但是母亲摸摸孙儿的小脑瓜，变了主意：“还是走小路吧。”她的眼随小路望去：那里有金色的菜花，两行整齐的桑树，//尽头一口水波粼粼的鱼塘。“我走不过去的地方，你就背着我。”母亲对我说。

这样，我们在阳光下，向着那菜花、桑树和鱼塘走去。到了一处，我蹲下来，背起了母亲；妻子也蹲下来，背起了儿子。我和妻子都是慢慢地、稳稳地，走得很仔细，好像我背上的同她背上的加起来，就是整个世界。

节选自莫怀戚《散步》

【朗读提示】

作品以“散步”这生活的一角写出了三代人之间深沉的爱。朗读时要抓住欢愉、深沉的感情基调，突出家庭成员之间的真挚感情。语气舒缓，声音轻柔，给人以亲切的感觉，语速不宜过快。

Zuòpǐn 29 Hào

Wǒmen zài tiányě sànbù: Wǒ, wǒ de mǔ · qīn, wǒ de qīzi hé érzi.

Mǔ · qīn běn bùyuàn chūlai de. Tā lǎo le, shēntǐ bù hǎo, zǒu yuǎn yīdiǎnr jiù jué · dé hěn lèi. Wǒ shuō, **zhèng yīnwèi rúcǐ, cái yīnggāi duō zǒuzou**. Mǔ · qīn xìnfú de diǎndiǎn tóu, biàn qù ná wàitào. Tā xiànzài **hěn tīng** wǒ de huà, jiù xiàng wǒ xiǎoshíhou hěn tīng tā de huà yīyàng.

Zhè nánfāng **chūchūn** de tiányě, dàkuài xiǎokuài de **xīnlǜ** suíyì de pūzhe, yǒude nóng, yǒude dàn, **shùshang** de **nèn**yá yě mì le, tiánlǐ de dōngshuǐ yě gūgū de qǐzhe shuǐpào. Zhè yīqiè dōu **shǐ rén** xiǎngzhe yī yàng dōngxi——**shēngmìng**.

Wǒ hé mǔ · qīn **zǒu zài** qiánmian, wǒ de qīzi hé **érzi zǒu zài** hòumian. Xiǎojiāhuo tūrán jiàoqilai: "Qiánmian shì māma hé **érzi**, hòumian yě shì māma hé **érzi**." Wǒmen dōu xiàole.

Hòulái fāshēngle **fēnqí**: Mǔ · qīn yào zǒu dàlù, dàlù **píngshùn**; wǒ de **érzi** yào zǒu xiǎolù, xiǎolù yǒu yìsi. Bùguò, yīqiè dōu qǔjuéyú wǒ. Wǒ de mǔ · qīn lǎo le, tā zǎoyǐ xíguàn **tīngcóng** tā qiángzhuàng de **érzi**; wǒ de **érzi** hái xiǎo, tā hái xíguàn **tīngcóng** tā gāodà de fù · qīn; qīzi ne, zài wàimian, tā **zǒngshì** tīng wǒ de. **Yīshàshí** wǒ gǎndàole **zérèn** de zhòngdà. Wǒ xiǎng zhǎo yī gè liǎngquán de bànfǎ, **zhǎobuchū**; wǒ xiǎng **chāisàn** yī jiā rén, **fēnchéng liǎnglù**, gèdé-qísuǒ, zhōng bù yuàn · yì. Wǒ juédìng wěiqu **érzi**, yīnèi wǒ bàntóng tā de **shírì** hái cháng. **Wǒ shuō**: "Zǒu dàlù."

Dànshì mǔ · qīn mōmo **sūn'er** de xiǎo nǎogua(nǎoguar), biànle zhǔyì: "Háishì zǒu xiǎolù ba." Tā de yǎn suí xiǎolù wàng · qù: **Nà · lǐ** yǒu **jīnsè** de càihuā, liǎng háng zhěngqí de **sāngshù**, // jìntóu yī kǒu shuǐbō **línlín** de yútáng. "Wǒ zǒu bù guòqu de dìfang, nǐ jiù **bēi**zhe wǒ." Mǔ · qīn duì wǒ shuō.

Zhèyàng, wǒmen zài yángguāngxia, xiàngzhe nà càihuā、**sāngshù** hé yútáng zǒuqù. Dàole yī chù, wǒ dūnxialai, **bēiqǐle** mǔ · qīn; qīzi yě dūnxialai, **bēiqǐle** **érzi**. Wǒ hé qīzi dōu shì mànmàn(mànmānr) de, wěnwěn de, zǒu de hěn zǐxì, hǎoxiàng wǒ **bèishang** de tóng tā **bèishang** de jiāqilai, jiùshì **zhěnggè** shìjiè.

Jiéxuǎn zì Mò Huáiqī《Sànbù》

作品 30 号

纯朴的家乡村边有一条河，曲曲弯弯，河中架一弯石桥，弓样的小桥横跨两岸。

每天，不管是鸡鸣晓月，日丽中天，还是月华泻地，小桥都印下串串足迹，洒落串串汗珠。那是乡亲为了追求多棱的希望，兑现美好的遐想。弯弯小桥，不时荡过轻吟低唱，不时露出舒心的笑容。

因而，我稚小的心灵，曾将心声献给小桥：你是一弯银色的新月，给人间普照光辉；你是一把闪亮的镰刀，割刈着欢笑的花果；你是一根晃悠悠的扁担，挑起了彩色的明天!哦，小桥走进我的梦中。

我在飘泊他乡的岁月，心中总涌动着故乡的河水，梦中总看到弓样的小桥。当我访南疆探北国，眼帘闯进座座雄伟的长桥时，我的梦变得丰满了，增添了赤橙黄绿青蓝紫。

三十多年过去，我带着满头霜花回到故乡，第一紧要的便是去看望小桥。

啊!小桥呢?它躲起来了?河中一道长虹，浴着朝霞熠熠闪光。哦，雄浑的大桥敞开胸怀，汽车的呼啸、摩托的笛音、自行车的丁零，合奏着进行交响乐；南来的钢筋、花布，北往的柑橙、家禽，绘出交流欢悦图……

啊!蜕变的桥，传递了家乡进步的消息，透露了家乡富裕的声音。时代的春风，美好的追求，我蓦地记起儿时唱//给小桥的歌，哦，明艳艳的太阳照耀了，芳香甜蜜的花果捧来了，五彩斑斓的岁月拉开了!

我心中涌动的河水，激荡起甜美的浪花。我仰望一碧蓝天，心底轻声呼喊：家乡的桥啊，我梦中的桥!

节选自郑莹《家乡的桥》

【朗读提示】

这是一篇抒情散文，通过写家乡桥的变化歌颂了改革开放，表达出赤子对家乡的无限深情，基调属于舒缓型。朗读时感情激越从容，气息舒展自如，声音清亮柔和，语调多扬少抑，朴实自然。

Zuòpǐn 30 Hào

Chúnpǔ de jiāxiāng cūnbiān yǒu yī tiáo hé, **qūqū-wānwān**, hé zhōng jià yī wān shíqiáo, gōng yàng de xiǎoqiáo **héngkuà liǎng'àn**.

Měi tiān, bùguǎn shì jī míng xiǎo yuè, **rì lì zhōng tiān**, háishì yuèhuá xièdì, xiǎoqiáo dōu **yìnxià chuànchuàn zújì**, **sǎluò chuànchuàn hànzhū**. **Nà shì** xiāngqīn wèile zhuīqiú **duōléng** de xīwàng, duìxiàn měihǎo de xiáxiǎng. Wānwān xiǎoqiáo, bùshí dàngguo **qīngyín-dīchàng**, bùshí **lùchū shūxīn** de xiàoróng.

Yīn'ér, wǒ **zhìxiǎo** de **xīnlíng**, **céng** jiāng **xīnshēng** xiàngěi xiǎoqiáo: **Nǐ shì** yī wān **yínsè** de xīnyuè, gěi rénjiān pǔzhào guānghuī; **nǐ shì** yī bǎ **shǎnliàng** de liándāo, **gēyìzhe** huānxiào de huāguǒ; **nǐ shì** yī gēn huàngyōuyōu de biǎndan, tiāoqǐle **cǎisè** de míngtiān! Ò, xiǎoqiáo **zǒujìn** wǒ de **mèng zhōng**.

Wǒ zài piāobó tāxiāng de suìyuè, **xīnzhōng** zǒng yǒngdòngzhe gùxiāng de **héshuǐ**, **mèng zhōng zǒng** kàndào gōng yàng de xiǎoqiáo. Dāng wǒ fǎng nánjiāng tàn běiguó, yǎnlián **chuǎngjìn zuòzuò** xióngwěi de chángqiáo shí, wǒ de mèng biàn de fēngmǎn le, **zēngtiānle chì chéng** huáng **lǜ qīng lán zǐ**.

Sānshí duō nián guòqu, wǒ dàizhe mǎntóu shuānghuā huídào gùxiāng, dìyī jǐnyào de biànshì qù kànwàng xiǎoqiáo.

À! Xiǎoqiáo ne? Tā duǒqilai le? Hézhōng yī dào chánghóng, yùzhe zhāoxiá **yìyì** shǎnguāng. Ò, xiónghún de dàqiáo chǎngkāi xiōnghuái, qìchē de hūxiào、**mótuō** de dīyīn、**zìxíngchē** de **dīnglíng**, **hézòuzhe jìnxíng** jiāoxiǎngyuè; **nán lái** de gāngjīn、huābù, běi wǎng de **gānchéng**、jiāqín, huìchū jiāoliú huānyuètú……

À! Tuìbiān de qiáo, chuándìle jiāxiāng jìnbù de xiāoxi, **tòulùle** jiāxiāng fùyù de **shēngyīn**. Shídài de **chūnfēng**, měihǎo de zhuīqiú, wǒ **mòde** jìqǐ **érshí** chàng//gěi xiǎoqiáo de gē, ò, míngyànyàn de tài · yáng zhàoyào le, fāngxiāng tiánmì de huāguǒ **pěnglái** le, **wǔcǎi-bānlán** de suìyuè lākāi le!

Wǒ **xīnzhōng** yǒngdòng de **héshuǐ**, jīdàng qǐ tiánměi de lànghuā. Wǒ yǎngwàng yī bì lántiān, xīndǐ **qīngshēng** hūhǎn: Jiāxiāng de qiáo a, wǒ **mèng zhōng** de qiáo!

Jiéxuǎn zì Zhèng Yíng《Jiāxiāng de Qiáo》

作品 31 号

我在俄国见到的景物再没有比托尔斯泰墓更宏伟、更感人的。

完全按照托尔斯泰的愿望，他的坟墓成了世间最美的，给人印象最深刻的坟墓。它只是树林中的一个小小的长方形土丘，上面开满鲜花——没有十字架，没有墓碑，没有墓志铭，连托尔斯泰这个名字也没有。

这位比谁都感到受自己的声名所累的伟人，却像偶尔被发现的流浪汉，不为人知的士兵，不留名姓地被人埋葬了。谁都可以踏进他最后的安息地，围在四周稀疏的木栅栏是不关闭的——保护列夫·托尔斯泰得以安息的没有任何别的东西，唯有人们的敬意；而通常，人们却总是怀着好奇，去破坏伟人墓地的宁静。

这里，逼人的朴素禁锢住任何一种观赏的闲情，并且不容许你大声说话。风儿俯临，在这座无名者之墓的树木之间飒飒响着，和暖的阳光在坟头嬉戏；冬天，白雪温柔地覆盖这片幽暗的土地。无论你在夏天或冬天经过这儿，你都想象不到，这个小小的、隆起的长方体里安放着一位当代最伟大的人物。

然而，恰恰是这座不留姓名的坟墓，比所有挖空心思用大理石和奢华装饰建造的坟墓更扣人心弦。在今天这个特殊的日子//里，到他的安息地来的成百上千人中间，没有一个有勇气，哪怕仅仅从这幽暗的土丘上摘下一朵花留作纪念。人们重新感到，世界上再没有比托尔斯泰最后留下的、这座纪念碑式的朴素坟墓，更打动人心的了。

节选自[奥]茨威格《世间最美的坟墓》，张仁厚译

【朗读提示】

作品讲述了托尔斯泰最后给世人留下了这座纪念碑式的朴素坟墓所显现出的伟大人格和纯净心灵。朗读时基调凝重，气息饱满沉稳，语气肯定、坚实有力，语调热情赞扬，语速不宜过快，注意长句的停顿。

Zuòpǐn 31 Hào

Wǒ zài Éguó jiàndào de jǐngwù zài méiyǒu bǐ **Tuō'ěrsītài** mù gèng hóngwéi、gèng gǎnrěn de.

Wánquán ànzhào **Tuō'ěrsītài** de yuànwàng, tā de fénmù chéngle shìjiān zuì měi de, gěi rěn yìnxiàng zuì **shēnkè** de fénmù, tā **zhǐshì shùlín zhōng** de yī gè xiǎoxiǎo de **chángfāngxíng** tǔqiū, shàngmian kāimǎn xiānhuā——méyǒu **shízìjià**, méiyǒu mùbēi, méiyǒu **mùzhìmíng**, **lián** Tuō'ěrsītài zhège míngzì yě méiyǒu.

Zhè wèi bǐ shéi dōu gǎndào shòu zìjǐ de **shēngmíng suò lěi** de wěirén, què xiàng **ǒu'ěr** bèi fāxiàn de **liúlànghàn**, bù wéi rén zhī de **shìbīng**, bù liú **míngxìng** de bèi **rén máizàng** le. Shéi dōu kěyǐ tàjìn tā zuìhòu de ānxīdì, wéizài **sìzhōu** xīshū de **mùzhàlan** shì bù guānbì de——bǎohù **Lièfū · Tuō'ěrsītài** déyǐ ānxī de méiyǒu **rènhé** biéde dōngxi, wéiyǒu rénmen de jìngyì; ér tōngcháng, rénmen què **zǒngshì** huáizhe hàoqí, qù pòhuài wěirén mùdì de **níngjìng**.

Zhèlǐ, bīrén de pǔsù **jìngù** zhù **rènhé** yī zhǒng guānshǎng de xiánqíng, bìngqiě bù róngxǔ nǐ dàshēng shuōhuà. **Fēng'er fǔ lín, zài zhè zuò wúmíngzhě** zhī mù de shùmù zhījiān **sàsà** xiǎngzhe, hénuǎn de yángguāng zài féntóur **xīxì**; dōngtiān, báixuě wēnróu de fùgài zhè piàn yōu'àn de tǔdì. Wúlùn **nǐ zài** xiàtiān huò dōngtiān **jīngguò** zhèr, nǐ dōu xiǎngxiàng bù dào, zhège xiǎoxiǎo de、lóngqǐ de chángfāngtǐ · lǐ ānfàngzhe yī wèi dāngdài zuì wěidà de rénwù.

Rán'ér, qiàqià shì zhè zuò bùliú **xìngmíng** de fénmù, bǐ suǒyǒu wākōng xīnsi yòng **dàlǐshí** hé **shēhuá zhuāngshì** jiànzào de fénmù gèng **kòurénxīnxián**. Zài jīntiān zhège **tèshū** de rìzi// · lǐ, dào tāde ānxīdì lái de chéng bǎi shàng qiān rén zhōngjiān, méiyǒu yī gè yǒu yǒngqì, nǎpà **jǐnjǐn cóng zhè** yōu'àn de tǔqiūshang zhāixià yī duǒ huā **liúzuò jìniàn**. Rénmen **chóngxīn** gǎndào, shìjièshang zài méiyǒu bǐ **Tuō' ěrsītài** zuìhòu liúxià de、**zhè zuò jìniànbēi** shì de pǔsù fénmù, gèng dǎdòng **rénxīn** de le.

Jiéxuǎn zì [Ào]Cíwēigé《Shìjiān Zuì Měi de Fénmù》, Zhāng Rénhòu yì

作品 32 号

梅雨潭闪闪的绿色招引着我们，我们开始追捉她那离合的神光了。揪着草，攀着乱石，小心探身下去，又鞠躬过了一个石穹门，便到了汪汪一碧的潭边了。

瀑布在襟袖之间，但是我的心中已没有瀑布了。我的心随潭水的绿而摇荡。那醉人的绿呀!仿佛一张极大极大的荷叶铺着，满是奇异的绿呀。我想张开两臂抱住她，但这是怎样一个妄想啊。

站在水边，望到那面，居然觉着有些远呢!这平铺着，厚积着的绿，着实可爱。她松松地皱缬着，像少妇拖着的裙幅；她滑滑的明亮着，像涂了"明油"一般，有鸡蛋清那样软，那样嫩；她又不杂些尘滓，宛然一块温润的碧玉，只清清的一色——但你却看不透她!

我曾见过北京什刹海拂地的绿杨，脱不了鹅黄的底子，似乎太淡了。我又曾见过杭州虎跑寺近旁高峻而深密的"绿壁"，丛叠着无穷的碧草与绿叶的，那又似乎太浓了。其余呢，西湖的波太明了，秦淮河的也太暗了。可爱的，我将什么来比拟你呢?我怎么比拟得出呢?大约潭是很深的，故能蕴蓄着这样奇异的绿；仿佛蔚蓝的天融了一块在里面似的，这才这般的鲜润啊。

那醉人的绿呀!我若能裁你以为带，我将赠给那轻盈的//舞女，她必能临风飘举了。我若能挹你以为眼，我将赠给那善歌的盲妹，她必明眸善睐了。我舍不得你，我怎舍得你呢?我用手拍着你，抚摩着你，如同一个十二三岁的小姑娘。我又掬你入口，便是吻着她了。我送你一个名字，我从此叫你"女儿绿"，好吗?

第二次到仙岩的时候，我不禁惊诧于梅雨潭的绿了。

节选自朱自清《绿》

【朗读提示】

作品由梅雨潭闪闪的绿色勾勒出一幅仙境般的自然风光。朗读时情感饱满激越，气息轻松自如，声音明亮而富有弹性，语速不宜拖拉，语气明朗、欢畅、清晰。

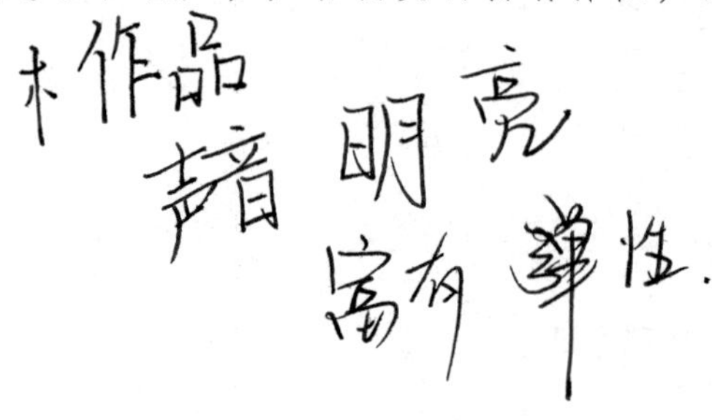

Zuòpǐn 32 Hào

Méiyǔ Tán **shǎnshǎn** de **lǜsè zhāoyǐn**zhe wǒmen, wǒmen kāishǐ **zhuīzhuō** tā nà líhé de shénguāng le. **Jiū**zhe cǎo, pānzhe **luànshí**, xiǎoxīn tànshēn xiàqu, yòu jūgōng guòle yī gè **shíqióngmén**, biàn dàole wāngwāng yī bì de tán biān le.

Pùbù zài **jīnxiù** zhījiān, dànshì wǒ de **xīnzhōng** yǐ méiyǒu pùbù le. Wǒ de xīn suí tánshuǐ de **lǜ** ér yáodàng. Nà **zuìrén** de **lǜ** ya! Fǎngfú yī zhāng jí dà jí dà de héyè pūzhe, mǎnshì qíyì de **lǜ** ya. Wǒ xiǎng zhāngkāi liǎngbì bàozhù tā, dàn **zhè shì zěnyàng** yī gè wàngxiǎng a.

Zhàn zài shuǐbiān, wàngdào nàmian, jūrán juézhe yǒu xiē yuǎn ne! Zhè píngpūzhe, **hòujī**zhe de **lǜ**, **zhuóshí** kě'ài. Tā **sōngsōng** de **zhòuxié**zhe, xiàng shàofù tuōzhe de **qúnfú**; tā huáhuá de **míngliàng**zhe, xiàng túle "míngyóu" yībān, yǒu jīdànqīng nàyàng ruǎn, nàyàng**nèn**; tā yòu bù zá xiē **chénzǐ**, wǎnrán yī kuài wēnrùn de bìyù, zhǐ **qīngqīng** de yī sè——dàn nǐ què kànbutòu tā!

Wǒ **céng** jiànguo Běijīng **Shíchàhǎi** fúdì de **lǜ**yáng, tuō bù**liǎo** éhuáng de dǐzi, sìhū tài dàn le. Wǒ yòu **céng** jiànguo Hángzhōu **Hǔpáo Sì** jìnpáng gāojùn ér shēnmì de "**lǜ**bì", cóng dié zhe wúqióng de bìcǎo yǔ **lǜ**yè de, nà yòu sìhū tài nóng le. Qíyú ne, Xīhú de bō tài míng le, Qínhuái Hé de yě tài àn le. Kě'ài de, wǒ jiāng shénme **lái bǐnǐ nǐ** ne? Wǒ **Zěnme bǐnǐ de chū ne**? Dàyuē tán shì **hěn shēn** de, gù **néng** yùnxùzhe zhèyàng qíyì de **lǜ**; fǎngfú wèilán de tiān róngle yī yuài **zài** lǐmian **shì**de, zhè **cái zhè**bān de xiānrùn a.

Nà **zuìrén** de **lǜ** ya! Wǒ **ruò néng cái nǐ** yǐ wéi dài, wǒ jiāng **zèng**gěi nà **qīngyíng** de//wǔnǚ, tā bì**néng línfēng** piāojǔ le. Wǒ **ruò néng yì** nǐ yǐ wéi yǎn, wǒ jiāng **zèng**gěi nà shàn gē de mángmèi, tā bì **míngmóu-shànlài** le. Wǒ shěbu · dé nǐ, wǒ **zěn shě · dé nǐ** ne? Wǒ yòng shǒu pāizhe nǐ, **fǔmó** zhe nǐ, rútóng yī gè **shí'èr-sān suì** de xiǎogūniang. Wǒ yòu **jū** nǐ rùkǒu, biànshì wěnzhe tā le. Wǒ sòng nǐ yī gè míngzi, wǒ **cóngcǐ** jiào nǐ "**nǚ 'érlǜ**", hǎoma?

Dì'èr cì dào Xiānyán de shíhou, wǒ **bùjīn jīngchà** yú Méiyǔ Tán de **lǜ** le.

Jiéxuǎn zì Zhū Zìqīng《Lǜ》

作品 33 号

在湾仔，香港最热闹的地方，有一棵榕树，它是最贵的一棵树，不光在香港，在全世界，都是最贵的。

树，活的树，又不卖何言其贵?只因它老，它粗，是香港百年沧桑的活见证，香港人不忍看着它被砍伐，或者被移走，便跟要占用这片山坡的建筑者谈条件：可以在这儿建大楼盖商厦，但一不准砍树，二不准挪树，必须把它原地精心养起来，成为香港闹市中的一景。太古大厦的建设者最后签了合同，占用这个大山坡建豪华商厦的先决条件是同意保护这棵老树。

树长在半山坡上，计划将树下面的成千上万吨山石全部掏空取走，腾出地方来盖楼，把树架在大楼上面，仿佛它原本是长在楼顶上似的。建设者就地造了一个直径十八米、深十米的大花盆，先固定好这棵老树，再在大花盆底下盖楼。光这一项就花了两千三百八十九万港币，堪称是最昂贵的保护措施了。

太古大厦落成之后，人们可以乘滚动扶梯一次到位，来到太古大厦的顶层，出后门，那儿是一片自然景色。一棵大树出现在人们面前，树干有一米半粗，树冠直径足有二十多米，独木成林，非常壮观，形成一座以它为中心的小公园，取名叫“榕圃”。树前面//插着铜牌，说明原由。此情此景，如不看铜牌的说明，绝对想不到巨树根底下还有一座宏伟的现代大楼。

节选自舒乙《香港：最贵的一棵树》

【朗读提示】

作品介绍了全世界最贵的一棵榕树“榕圃”，在香港的湾仔。朗读时语气平实自然，多扬少抑，多连少停，用叙述的语气来读。

Zuòpǐn 33 Hào

Zài Wānzǎi, Xiānggǎng **zuì** **rènao** de dìfang, yǒu yī kē **róngshù**, tā **shì zuì** guì de yī kē shù, bùguāng zài Xiānggǎng, zài quánshìjiè, dōu **shì zuì** guì de.

Shù, huó de shù, yòu bù mài hé yán qí guì? **Zhǐ yīn** tā lǎo, tā cū, shì Xiānggǎng bǎinián **cāngsāng** de **huó jiànzhèng**, Xiānggǎngrén bùrěn kànzhe tā bèi kǎnfá, **huòzhě** bèi yízǒu, biàn gēn yào zhànyòng zhè piàn shānpō de **jiànzhùzhě** tán tiáojiàn: kěyǐ **zài zhèr** jiàn dàlóu gài **shāngshà**, dàn yī bùzhǔn kǎnshù, èr bùzhǔn **nuó shù**, bìxū bǎ tā yuándì **jīngxīn** yǎngqilai, chéngwéi Xiānggǎng **nàoshì zhōng** de yì jǐng. Tàigǔ dàshà de **jiànshèzhě** zuìhòu qiānle hétong, zhànyòng zhège dà shānpō jiàn háohuá shāngshà de xiānjué tiáojiàn shì tóngyì bǎohù **zhè kē lǎoshù**.

Shù zhǎng zài bànshānpōshang, jìhuà jiāng shù xiàmian de **chéngqiān-shàngwàn dūn shānshí** quánbù tāokōng qǔzǒu, **téngchū** dìfang **lái gài lóu**, **bǎ shù jià zài dàlóu shàngmian**, fǎngfú tā yuánběn **shì zhǎng zài** **lóudǐngshang** **shìde**.

Jiànshèzhě jiùdì zàole yī gè **zhíjìng** shíbā mǐ, **shēn shí** mǐ de dà huāpén, xiān gùdìng hǎo **zhè kē lǎoshù**, **zài zài** dà huāpén dǐxia gài lóu. Guāng zhè yī xiàng jiù huāle **liǎngqiān sānbǎi bāshíjiǔ** wàn gǎngbì, **kānchēng shì zuì** ángguì de bǎohù **cuòshī** le.

Tàigǔ Dàshà **luòchéng** zhīhòu, rénmen kěyǐ chéng gǔndòng fútī yī cì dàowèi, láidào Tàigǔ Dàshà de **dǐngcéng**, chū hòumén, **nàr** shì yī piàn **zìrán jǐngsè**. Yì kē dà shù chūxiàn zài rénmen miànqián, shùgàn yǒu yī mǐ bàn cū, **shùguān zhíjìng** zú yǒu **èrshí** duo mǐ, dúmù-**chénglín**, fēicháng zhuàngguān, **xíngchéng** yī zuò yǐ tā wéi **zhōngxīn** de xiǎo gōngyuán, **qǔ míng** jiào "**Róngpǔ**". Shù qiánmian // **chāzhe** tóngpái, **shuōmíng** yuányóu. **Cǐqíng-cǐjǐng**, rú bù kàn tóngpái de **shuōmíng**, juéduì xiǎngbudào **jùshùgēn** dǐxia háiyǒu yī zuò hóngwěi de xiàndài dàlóu.

Jiěxuǎn zì Shū Yǐ《Xiānggǎng: Zuì guì de Yī Kē Shù》

作品 34 号

那是力争上游的一种树，笔直的干，笔直的枝。它的干呢，通常是丈把高，像是加以人工似的，一丈以内，绝无旁枝；它所有的丫枝呢，一律向上，而且紧紧靠拢，也像是加以人工似的，成为一束，绝无横斜逸出；它的宽大的叶子也是片片向上，几乎没有斜生的，更不用说倒垂了；它的皮，光滑而有银色的晕圈，微微泛出淡青色。这是虽在北方的风雪的压迫下却保持着倔强挺立的一种树！哪怕只有碗来粗细罢，它却努力向上发展，高到丈许，两丈，参天耸立，不折不挠，对抗着西北风。

这就是白杨树，西北极普通的一种树，然而绝不是平凡的树！

它没有婆娑的姿态，没有屈曲盘旋的虬枝，也许你要说它不美丽，——如果美是专指“婆娑”或“横斜逸出”之类而言，那么白杨树算不得树中的好女子；但是它却是伟岸，正直，朴质，严肃，也不缺乏温和，更不用提它的坚强不屈与挺拔，它是树中的伟丈夫！当你在积雪初融的高原上走过，看见平坦的大地上傲然挺立这么一株或一排白杨树，难道你就只觉得树只是树，难道你就不想到它的朴质，严肃，坚强不屈，至少也象征了北方的农民；难道你竟一点儿也不联想到，在敌后的广大土//地上，到处有坚强不屈，就像这白杨树一样傲然挺立的守卫他们家乡的哨兵！难道你又不更远一点想到这样枝枝叶叶靠紧团结，力求上进的白杨树，宛然象征了今天在华北平原纵横决荡用血写出新中国历史的那种精神和意志。

节选自茅盾《白杨礼赞》

【朗读提示】

文章表现了白杨树的内在美，它伟岸、正直、朴质、严肃，也不缺乏温和，继而揭示它的象征美：它不仅象征了北方的农民，而且象征了我们民族的朴质、坚强、力求上进的精神，处处渗透着高尚的审美情趣。朗读时，语气坚定、热情，语速可稍慢；但在朗读最后一个自然段的排比句时，语调高昂，气流强，语势向高峰步步推进。

Zuòpǐn 34 Hào

Nàshì **lìzhēng shàngyóu** de yīzhǒng shù, **bǐzhí** de gàn, **bǐzhí** de zhī. Tā de gàn ne, tōngcháng shì zhàng bǎ gāo, xiàng shì jiāyǐ **réngōng** shìde, yīzhàng yǐnèi, juéwú pángzhī; tā suǒyǒu de **yāzhī** ne, **yīlǜ** xiàngshàng, **érqiě** jǐnjǐn kàolǒng, yě xiàng shì jiāyǐ **réngōng** shìde, chéngwéi yīshù, juéwú **héngxié-yìchū**; tā de kuāndà de yèzi yě shì **piànpiàn** xiàngshàng, jīhū méiyǒu xiéshēng de, gèng búyòng shuō **dàochuí** le; tā de pí, **guānghuá** ér yǒu yínsè de **yùnquān**, wēiwēi fànchū **dànqīngsè**. Zhè shì suī zài běifāng de fēngxuě de yāpòxia què bǎochí zhe juéjiàng tǐnglì de yīzhǒng shù! Nǎpà zhǐyǒu wǎn lái cūxì ba, tā què **nǔlì** xiàngshàng fāzhǎn, **gāodào** zhàngxǔ, iiǎngzhàng, **cāntiān-sǒnglì**, **bùzhé-bùnáo**, duìkàng zhe **xīběifēng**.

Zhè jiùshì báiyángshù, xīběi jí pǔtōng de yīzhǒng shù, rán'ér jué búshì **píngfán** de shù!

Tā méiyǒu **pósuō** de zītài, méiyǒu qūqū **pánxuán** de qiúzhī, yěxǔ nǐ yào shuō tā bù měilì, ——rúguǒ měi shì zhuānzhǐ "pósuō" huò "héngxié-yìchū" zhīlèi; éryán, nàme báiyángshù suàn bùde shùzhōng de **hǎonǚzǐ**; dànshì tā quèshì wěi'àn, zhèngzhí, pǔzhì, yánsù, yě bù quēfá wēnhé, gèng búyòng tí tāde **jiānqiáng-bùqū** yǔ **tǐngbá**, tā shì shùzhōng de **wěizhàngfu**! Dāng nǐ zài jīxuě chūróng de gāoyuánshang zǒuguo, kànjiàn píngtǎn de dàdìshang **àorán** tǐnglì zhème yīzhū huò yīpái báiyángshù, nándào nǐ jiù zhǐ juéde shù zhǐshì shù, nándào nǐ jiù bù xiǎngdào tāde pǔzhì, yánsù, **jiānqiáng-bùqū**, zhìshǎo yě xiàngzhēngle běifāng de **nóngmín**; nándào nǐ jìng yīdiǎnr yě bù **liánxiǎng** dào, zài díhòu de guǎngdà tǔ//dìshang, dàochù yǒu **jiānqiáng-bùqū**, jiù xiàng zhè báiyángshù yīyàng **àorán tǐnglì** de shǒuwèi tāmen jiāxiāng de **shàobīng**! Nándào nǐ yòu bù **gèngyuǎn** yīdiǎn xiǎngdào zhèyàng zhīzhīyèyè kàojǐn tuánjié, lìqiúshàngjìn de báiyángshù, wǎnrán xiàngzhēngle jīntiān zài huábéi **píngyuán zònghéng-juédàng** yòng xuè xiěchū xīnzhōngguó lìshǐ de nàzhǒng jīng · shén hé yìzhì.

Jiéxuǎn zì Máo Dùn《Báiyáng Lǐzàn》

作品 35 号

读小学的时候，我的外祖母去世了。外祖母生前最疼爱我，我无法排除自己的忧伤，每天在学校的操场上一圈儿又一圈儿地跑着，跑得累倒在地上，扑在草坪上痛哭。

那哀痛的日子，断断续续地持续了很久，爸爸妈妈也不知道如何安慰我。他们知道与其骗我说外祖母睡着了，还不如对我说实话：外祖母永远不会回来了。

“什么是永远不会回来呢？”我问着。

“所有时间里的事物，都永远不会回来。你的昨天过去，它就永远变成昨天，你不能再回到昨天。爸爸以前也和你一样小，现在也不能回到你这么小的童年了；有一天你会长大，你会像外祖母一样老；有一天你度过了你的时间，就永远不会回来了。”爸爸说。

爸爸等于给我一个谜语，这谜语比课本上的“日历挂在墙壁，一天撕去一页”使我心里着急”和“一寸光阴一寸金，寸金难买寸光阴”还让我感到可怕；也比作文本上的“光阴似箭，日月如梭”更让我觉得有一种说不出的滋味。

时间过得那么飞快，使我的小心眼儿里不只是着急，还有悲伤。有一天我放学回家，看到太阳快落山了，就下决心说：“我要比太阳更快地回家。”我狂奔回去，站在庭院前喘气的时候，看到太阳//还露着半边脸，我高兴地跳跃起来，那一天我跑赢了太阳。以后我就时常做那样的游戏，有时和太阳赛跑，有时和西北风比快，有时一个暑假才能做完的作业，我十天就做完了；那时我三年级，常常把哥哥五年级的作业拿来做。每一次比赛胜过时间，我就快乐得不知道怎么形容。

如果将来我有什么要教给我的孩子，我会告诉他：假若你一直和时间比赛，你就可以成功！

节选自(台湾)林清玄《和时间赛跑》

【朗读提示】

作品用生动形象富有表现力的语言，写出了对时间的解读，表明自己要跟时间赛跑，走在时间前面的决心。朗读时语气深情、低沉，速度适中、平稳，感情丰富。

Zuòpǐn 35 Hào

Dú xiǎoxué de shíhou, wǒ de wàizǔmǔ qùshì le. Wàizǔmǔ shēngqián zuì téng'ài wǒ, wǒ wúfǎ páichú zìjǐ de yōushāng, měi tiān zài xuéxiào de cāochǎngshang yī quānr yòu yī quānr de pǎozhe, pǎode lèidǎo zài dìshang, pū zài cǎopíngshang tòngkū.

Nà āitòng de rìzi, duànduàn-xùxù de chíxùle hěn jiǔ, bàba māma yě bù zhīdao rúhé ānwèi wǒ. Tāmen zhīdao yǔqí piàn wǒ shuō wàizǔmǔ shuìzháole, hái bùrù duì wǒ shuō shíhuà: Wàizǔmǔ yǒngyuǎn bù huì huílai le.

"Shénme shì yǒngyuǎn bù huì huílai ne?" Wǒ wènzhe.

"Suǒyǒu shíjiān · lǐ de shìwù, dōu yǒngyuǎn bù huì huílai. Nǐ de zuótiān guòqu, tā jiù yǒngyuǎn biànchéng zuótiān, nǐ bùnéng zài huídào zuótiān. Bàba yǐqián yě hé nǐ yīyàng xiǎo, xiànzài yě bùnéng huídào nǐ zhème xiǎo de tóngnián le; yǒu yī tiān nǐ huì zhǎngdà, nǐ huì xiàng wàizǔmǔ yīyàng lǎo; yǒu yī tiān nǐ dùguole nǐ de shíjiān, jiù yǒngyuǎn bù huì huílai le." Bàba shuō.

Bàba děngyú gěi wǒ yī gè míyǔ, zhè míyǔ bǐ kèběnshang de "RìLì guà zài qiángbì, yī tiān sīqù yī yè" shǐ wǒ xīnlǐ zháojí hé "Yī cùn guāngyīn yī cùn jīn, cùn jīn nán mǎi cùn guāng yīn" hái ràng wǒ gǎndào kěpà; yě bǐ zuòwénběnshang de "Guāngyīn sì jiàn, rìyuè rú suō" gèng ràng wǒ jué · dé yǒu yī zhǒng shuōbuchū de zīwèi.

Shíjiān guò de nàme fēikuài, shǐ wǒ de xiǎo xīnyǎnr · lǐ bù zhǐshì zháojí, háiyǒu bēishāng. Yǒu yī tiān wǒ fàngxué huíjiā, kàndào tài · yáng kuài luòshān le, jiù xià juéxīn shuō: "Wǒ yào bǐ tài ·yáng gèng kuài de huíjiā." Wǒ kuángbēn huíqu, zhàn zài tíngyuàn qián chuǎnqì de shíhou, kàndào tài · yáng //hái lòuzhe bànbiān liǎn, wǒ gāoxìng de tiàoyuè qǐlai, nà yī tiān wǒ pǎoyíngle tài · yáng. Yǐhòu wǒ jiù shícháng zuò nàyàng de yóuxì, yǒushí hé tài · yáng sàipǎo, yǒushí hé xīběifēng bǐ kuài, yǒushí yī gè shǔjià cái néng zuòwán de zuòyè, wǒ shí tiān jiù zuòwán le; nà shí wǒ sān niánjí, chángcháng bǎ gēge wǔ niánjí de zuòyè ná · lái zuò. Měi yī cì bǐsài shèngguo shíjiān, wǒ jiù kuàilè de bù zhīdao zěnme xíngróng.

Rúguǒ jiānglái wǒ yǒu shénme yào jiāogěi wǒ de háizi, wǒ huì gàosu tā: Jiǎruò nǐ yīzhí hé shíjiān bǐsài, nǐ jiù kěyǐ chénggōng!

Jiéxuǎn zì(Táiwān) Lín Qīngxuán《Hé Shíjiān Sàipǎo》

作品 36 号

我们的终点是盘县，据说那地方属于六盘水地区。路上极尽无聊，于是就问他们这地方有何特产。朋友说："火腿，盘县的火腿与金华、宣威齐名。"我不自觉地哼了一声，这年头欺世盗名的勾当太多，看来盘县也不能免俗啊。此后几天在盘县参观游览，火腿的事也渐渐淡忘了。盘县之行接近尾声，当地朋友带大家进了家小吃排档。排档简陋，但食客熙熙攘攘，显然在当地颇有名气。进了门我便看到食摊后面的木架子上挂着几条板栗色的火腿，由于光线不太好，再加上我对盘县火腿已经有了偏见，所以根本就没看第二眼。酒至半酣，当地朋友谈兴高昂，说家父曾是村里腌制火腿的高手。之后他又谈到盘县火腿如何美味，说着说着几乎要流口水了。反驳的话即刻就要从我的嘴里跳出来了，此时服务生端上来一盘晶莹的火腿。我举起筷子，夹了片火腿问朋友："这就是盘县火腿？"朋友说："是，赶紧吃。"我轻蔑地将火腿丢入口中，准备现身说法教训他一番，但火腿在嘴里翻了个跟头，竟然消失于无形。我马上又夹了一片，仔细品味。果然是别有一番风味：火腿细腻//柔滑，鲜咸可口，入口即化。我接连又吃了几片，竟然是回味无穷，满口生津。火腿在盘县的制作历史至少有三百年了，但现在的老百姓已经不愿意亲手制作了。惆怅之余，我多少能感觉到当地日新月异的变化——生活的变化，人的变化。

节选自汪洋《品读盘县》

【朗读提示】

作者对盘县火腿先不以为然，品尝后却赞不绝口，从而表现了人们生活的变化。朗读时气息舒展，语气平实自然，语速适中。

Zuòpǐn 36 Hào

Wǒmen de zhōngdiǎn shì Pán Xiàn, jùshuō nà dìfang shǔyú Liùpángshuǐ dìqū. Lùshang jíjìn wúliáo, yúshì jiù wèn tāmen zhè dìfang yǒu hé tèchǎn. Péngyou shuō: "Huǒtuǐ, Pán Xiàn de huǒtuǐ yǔ Jīnhuá、Xuānwēi qímíng." Wǒ bù zìjué de hēng le yī shēng, zhè niántou qīshì-dàomíng de gòudang tàiduō, kànlái Pán Xiàn yě bùnéng miǎnsú a. Cǐhòu jǐ tiān zài Pán Xiàn cānguān yóulǎn, huǒtuǐ de shì yě jiànjiàn dànwàng le. Pán xiàn zhī xíng jiējìn wěishēng, dāngdì péngyou dài dàjiā jìn le jiā xiǎochī páidàng. Páidàng jiǎnlòu, dàn shíkè xīxī-rǎngrǎng, xiǎnrán zài dāngdì pō yǒu míngqì. Jìn le mén wǒ biàn kàn dào shítān hòumian de mùjiàzi shang guà zhe jǐ tiáo **bǎnlìsè** de huǒtuǐ, yóuyú guāngxiàn bú tàihǎo, zài jiāshàng wǒ duì Pán Xiàn huǒtuǐ yǐjīng yǒu le piānjiàn, suǒyǐ gēnběn jiù méi kàn **dì'èr** yǎn. Jiǔ zhì bànhān, dāngdì péngyou tánxìng gāo'áng, shuō jiāfù **céng shì** cūnli yānzhì huǒtuǐ de gāoshǒu. Zhīhòu tā yòu tán dào Pán xiàn huǒtuǐ rúhé měiwèi, shuō zhe shuō zhe jīhū yào liú kǒushuǐ le. Fǎnbó de huà jíkè jiù yào cóng wǒ de zuǐli tiào chulai le, **cǐshí** fúwùshēng duān shànglai yī pán **jīngyíng** de huǒtuǐ. Wǒ jǔ qǐ kuàizi, jiā le piàn huǒtuǐ wèn péngyou: "Zhè jiùshì Pán Xiàn huǒtuǐ?" Péngyou shuō: "Shì, gǎnjǐn chī." Wǒ **qīngmiè** de jiāng huǒtuǐ diū rù kǒu zhōng, zhǔnbèi **xiànshēn-shuōfǎ** jiàoxùn tā yīfān, dàn huǒtuǐ zài zuǐli fān le gè gēntou, jìngrán xiāoshī yú wúxíng. Wǒ mǎshàng yòu jiā le yī piàn, zǐxì pǐnwèi. Guǒrán shì bié yǒu yīfān fēngwèi: huǒtuǐ xìnì // róuhuá, xiān xián kě kǒu, rùkǒujíhuà. Wǒ jiēlián yòu chī le jǐ piàn, jìngrán shì huíwèi-wúqióng, **mǎnkǒushēngjīn**. Huǒtuǐ zài Pán Xiàn de **zhìzuò lìshǐ zhìshǎo** yǒu sānbǎi nián le, dàn xiànzài de **lǎobǎixìng** yǐjīng bú yuànyì **qīnshǒu zhìzuò** le. **Chóuchàng zhī yú**, wǒ **duōshǎo néng** gǎnjué dào dāngdì **rìxīn-yuèyì** de biànhuà——**shēnghuó** de biànhuà, rén de biànhuà.

Jiéxuǎn zì Wāng Yáng《Pǐndú Pán Xiàn》

作品 37 号

遵义比贵州“有名”。的确，只要读过完小的人，不可能不知道1935年在遵义召开的那场著名会议。这让遵义人有一种莫名的自豪感和优越感，谈起遵义之外的城市，哪怕是省会贵阳，也多少有些睥睨的意味。这便是遵义人普遍具有的“名城意识”。早在五六岁的时候，家里常年有四川农村的亲戚来访，由于我没上幼儿园，闲在家中无所事事，每当有亲戚过来，便由我领着去逛遵义会议会址、红军山。关于会址的种种轶闻也背得滚瓜烂熟，张嘴就来。因此，很小很小就知道自己生活在“历史文化名城”，名城是“红色”的。关于这“红”，并不仅是在概念上，我就曾数次与传说中的“红军”遭逢。那时我家居住在府后山下的地委大院，从我家后面绕上去，就是府后山。前往府后山的途中，高高的堡坎上，有一座围墙圈起来的小院，据说那是一个老红军的“官邸”。每次经过那座小院，我都很好奇，很想见见老红军长啥样，很是遗憾，老红军永远活在想象中，从不肯露真容。我们也总是叨念着道听途说的种种老红军有的没有的美德和传奇，凭空臆想，胡说八道//，直到他成为神一般的人物。

节选自汪洋《阅读遵义》

【朗读提示】

作品表现了作者对家乡、历史文化名城遵义的自豪感以及对老红军的崇拜之情。朗读时语调欢快，声音明亮活泼，多扬少抑。

Zuòpǐn 37 Hào

Zūnyì bǐ Guìzhōu “yǒumíng”. Díquè, zhǐyào dúguo wánxiào de rén, bù **kěnéng** bù zhīdao 1935 nián zài Zūnyì **zhàokāi** de nà chǎng **zhùmíng** huìyì. Zhè ràng Zūnyìrén yǒu yìzhǒng mòmíng de zìháogǎn hé yōuyuègǎn, tán qǐ Zūnyì zhī wài de **chéngshì**, nǎpà shì shěnghuì Guìyáng, yě duōshǎo yǒu xiē **pìnì** de yìwèi. Zhè biàn shì Zūnyìrén pǔbiàn jùyǒu de “**míngchéng** yìshí”. **Zǎo zài wǔ-liù suì** de shíhou, jiāli **chángnián** yǒu **Sìchuān nóngcūn** de qīnqi láifǎng, yóuyú wǒ méi shàng **yòu'éryuán**, xián zài jiāzhōng **wúsuǒshìshì**, měidāng yǒu qīnqi guòlai, biàn yóu wǒ lǐng zhe qù guàng Zūnyì-Huìyì huìzhǐ、Hóngjūn shān. Guānyú huìzhǐ de zhǒngzhǒng yìwén yě bèi de **gǔnguālànshú**, zhāngzuǐ jiù lái. Yīncǐ, hén xiǎo hén xiǎo jiù zhīdao zìjǐ **shēnghuó** zài “**lìshǐ** wénhuà **míngchéng**”, **míngchéng** shì “hóngsè” de. Guānyú zhè “hóng”, bìng bùjǐn shì zài gàiniàn shang, wǒ jiù **céng shùcì** yǔ chuánshuō zhōng de “hóngjūn” **zāofėng**. Nàshí wǒ jiā **jūzhù zài** Fǔhòu shān xià de dìwěi dàyuàn, cóng wǒ jiā hòumian **rào** shangqu, jiùshì Fǔhòu shān. Qiánwǎng Fǔhòu shān de túzhōng, gāogāo de bǎokǎn shang, yǒu yī zuò wéiqiáng quān qǐlai de Xiǎoyuàn, **jùshuō** nà shì yī gè lǎohóngjūn de “**guāndǐ**”. Měi cì **jīngguò nà zuò** xiǎoyuàn, wǒ dōu hěn **hàoqí**, hěn xiǎng jiànjian lǎohóngjūn zhǎng shá yàng, hěn shì yíhàn, lǎohóngjūn yǒngyuǎn huó zài xiǎngxiàng zhōng, cóng bùkěn **lù zhēngróng**. Wǒmen yě **zǒngshì dāoniàn** zhe **dàotīng-túshuō** de zhǒngzhǒng lǎohóngjūn yǒude méiyǒude měidé hé chuánqí, píngkōng **yìxiǎng**, húshuō-bādào//, zhí dào tā chéngwéi shén yībān de rénwù.

Jiéxuǎn zì Wāng Yáng《Yuèdú Zūnyì》

作品 38 号

在今天的贵州安顺，聚居着一支与众不同的汉族群体——屯堡人，他们的语音、服饰、民居建筑及娱乐方式与周围村寨截然迥异，这一独特的汉族文化现象被人们称为“屯堡文化”。这里的居民由于都是古时屯堡军户的后裔，所以人们把他们称为“屯堡人”。600 多年前，明洪武帝朱元璋为加强连疆地区的统治，在江浙招募士兵，让他们携妻带子进入贵州，居住在设置的卫所里，战时出征，闲时屯垦。当时卫所广布全省各地，军户达数万人之多。

沧海桑田，而今这些卫所的遗迹大多散落到了历史的时空中，但在“黔之腹，滇之喉”的安顺，至今还保存着一些卫所旧址及当时人们生活的遗风，云山屯就是其代表。屯堡人的服饰，主要表现在妇女身上，他们的装束通常是宽衣大袖，衣袍长及膝下。领口、袖口、前襟边沿皆镶有流绣花纹，腰间以两端垂于膝弯部的织锦丝带系扎。长发挽成圆髻罩于脑后，圆髻上插有玉簪、银链等首饰。妇女婚否的区别在于：未婚少女梳长独辫；已婚者则除了挽髻外，尚需剃额修眉。妇女装束中往往还配有耳坠、手镯、戒指、手笼、长圆裙以及用绣、补、镂、镶、滚等方法制作的高帮单//勾凤头布鞋。

摘自网络解说词——屯堡人

【朗读提示】

作品介绍了贵州安顺一带特有的历史遗存“屯堡文化”，着重介绍了屯堡妇女的装束。朗读时语气自然舒展，语速适中，语势起伏不大，声音平实，有讲解的意味。

Zuòpǐn 38 Hào

Zài jīntiān de Guìzhōu Ānshùn, **jùjū** zhe yī zhī yǔzhòngbùtóng de hànzú qúntǐ-**Túnbǔrén**, tāmen de yúyīn、fúshì、**mínjū** jiànzhù jí **yúlè** fāngshì yǔ zhōuwéi **cūnzhài** jiérán **jiǒngyì**, zhè yī dútè de hànzú wénhuà xiànxiàng bèi rénmen chēngwéi “**Túnbǔ** wénhuà”. Zhèlǐ de **jūmín** yóuyú dōu shì gǔshí **túnbǔ** jūnhù de **hòuyì**, suǒyǐ rénmen bǎ tāmen chēngwéi “**Túnbǔrén**”. 600 duō nián qián, míng Hóngwǔ Dì Zhū Yuánzhāng wèi jiāqiáng liánjiāng dìqū de tǒngzhì, zài jiāngzhè zhāomù **shìbīng**, ràng tāmen xiéqī-dàizǐ jìnrù Guìzhōu, **jūzhù zài shèzhì** de wèisuǒ li, **zhànshí chūzhēng**, xiánshí **túnkěn**. Dāngshí wèisuǒ guǎng bù quánshěng gèdì, jūnhù dá shù wàn rén zhī duō.

Cānghǎi-sāngtián, **érjīn** zhè xiē wèisuǒ de yíjì dàduō **sànluò** dào le **lìshǐ** de shíkōng zhōng, dàn zài “Qián zhī fù, Diān zhī hóu ”de Ānshùn, zhìjīn hái bǎocún zhe yīxiē wèisuǒ jiùzhǐ jí dāngshí rénmen **shēnghuó** de yífēng, Yúnshāntún jiùshì qí dàibiǎo. **Túnbǔrén** de fúshì, zhǔyào biǎoxiàn zài fùnǚ shēnshang, tāmen de zhuāngshù tōngcháng shì kuānyī dàxiù, yīpáo cháng jí xī xià. Lǐngkǒu、xiùkǒu、**qiánjīn** biānyuán jiē xiāng yǒu liúxiù huāwén, yāojiān yǐ liǎngduān chuí yú xī wān bù de **zhījǐn** sīdài **jìzā**. Chángfà wǎn chéng **yuánjì** zhào yú nǎo hòu, **yuánjì** shang chā yǒu **yùzān**、yínliàn děng shǒushi. Fùnǚ hūn fǒu de qūbié zàiyú: wèihūn **shàonǚ** shū cháng dú biàn; yǐhūnzhě zé chúle **wǎnjì** wài, shàng xū tì é xiū méi. Fùnǚ zhuāngshù zhōng wǎnwǎn hái pèi yǒu **ěrzhuì**、**shǒuzhuó**、jièzhi、shǒulóng、chángyuánqún yǐjí yòng xiù、bǔ、**lòu**、xiāng、gǔn děng fāngfǎ **zhìzuò** de gāobāng dān // gōu fèngtóu bùxié.

Zhāi zì wǎngluò jiěshuōcí——Túnbǔrén

作品 39 号

著名古楼阁甲秀楼矗立在贵阳南明河中的万鳌矶石上。从古到今，甲秀楼经历了六次大规模的修葺，经历四百多年的风吹雨打而仍旧屹立不倒，它是贵阳历史的见证，是贵阳文化发展史上的标志。

甲秀楼始建于明万历 26 年（1598 年），至今已有 400 多年历史。明万历年间，巡抚江东之在此筑堤联结南岸，并建一楼以培风水，名曰“甲秀”，取“科甲挺秀”之意，有浮玉桥衔接两岸。

该楼在天启元年（1621 年）焚毁，总督朱燮元重建，改名“来凤阁”。清代多次重修，清康熙二十八年，巡抚田雯重建，并恢复原名。现存建筑是宣统元年（1909 年）重建的。楼上下三层，白石为栏，层层收进，由桥面至楼顶高约 20 米。南明河从楼前流过，汇入涵碧潭。楼侧由石拱“浮玉桥”连接两岸，桥上有小亭一座，叫“涵碧亭”。甲秀楼朱梁碧瓦，四周水光山色，名实相符。甲秀楼是三层三檐四角攒尖顶，高 22.9 米，石柱托檐，护以白色雕花石栏。浮玉桥为九孔，称“九眼照沙洲”。解放后临河修公路填埋两孔，现能见七孔。楼基和桥虽经多次洪水冲击，历经四百年，仍然砥柱中流。

摘自网络解说词——甲秀楼

【朗读提示】

作品介绍了位于贵州贵阳南明河上甲秀楼的修建历史、名字“甲秀”的来源以及主体结构。朗读时语气自然流畅，语势起伏不大，语速适中，声音平实而稳定，有讲解的意味。

Zuòpǐn 39 Hào

Zhùmíng gǔlóugé Jiǎxiù Lóu **chùlì** zài Guìyáng Nánmíng Hé zhōng de **Wàn'áojī** shí shang. Cóng gǔ dào jīn, Jiǎxiù Lóu **jīnglì** le liù cì dà guīmó de **xiūqì**, **jīnglì** sìbǎi duō nián de **fēngchuī-yǔdǎ ér** réngjiù **yìlì** bù dǎo, tā shì Guìyáng **lìshǐ** de jiànzhèng, shì Guìyáng wénhuà fāzhǎnshǐ shang de biāozhì.

Jiǎxiù Lóu shǐ jiàn yú Míng Wànlì 26 nián(1598 nián), zhìjīn yǐ yǒu 400 duō nián **lìshǐ**, Míng Wànlì nián jiān, xúnfǔ Jiāng Dōngzhī zài cǐ **zhù dī** liánjié nán'àn, bìng jiàn yī lóu yǐ péi **fēngshuǐ**, míng yuē "Jiǎxiù", qǔ "kējiǎtǐngxiù" zhī yì, yǒu Fúyù Qiáo xiánjiē liǎng àn.

Gāi lóu zài Tiānqǐ yuánnián(1621 nián) fénhuǐ, zǒngdū Zhū Xièyuán chóngjiàn, gǎimíng "Láifèng Gé". Qīngdài duō cì chóngxiū, Qīng Kāngxī **èrshíbā** nián, xúnfǔ Tián Wén chóngjiàn, bìng huīfù yuánmíng. Xiàncún jiànzhù shì Xuāntǒng yuánnián(1909 nián) chóngjiàn de. Lóu shàng xià **sān céng**, bái shí wéi lán, **céngcéng shōujìn**, yóu qiáomiàn zhì lóudǐng gāo yuē 20 mǐ. Nánmíng Hé cóng lóu qián liú guò, huìrù Hánbì Tán. Lóu cè yóu shígǒng "Fúyù Qiáo" liánjiē liǎng àn, qiáo shang yǒu xiǎo tíng yī zuò, jiào "Hánbì Tíng". Jiǎxiù Lóu zhūliángbìwǎ, sì zhōu shuǐguāngshānsè, míngshíxiāng fú. Jiǎxiù Lóu shì **sān céng sān yán sì jiǎo cuán jiān dǐng**, gāo 22.9 mǐ, **shízhù** tuō yán, hù yǐ báisè diāohuā **shílán**. Fúyù Qiáo wéi jiǔ kǒng, chēng "jiǔ yǎn zhào shāzhōu". Jiěfàng hòu lín hé xiū gōnglù tiánmái liǎng kǒng, xiàn néng jiàn qī kǒng. Lóujī hé qiáo **suī jīng** duōcì hóngshuǐ chōngjī, **lìjīng** sìbǎi nián, **réngrán dǐzhù zhōngliú**.

Zhāi zì wǎngluò jiěshuōcí——Jiǎxiù lóu

作品 40 号

起初，我疑心自己到了人间仙境。这里是贵州黎平县平寨乡一个极为偏远的苗寨——展椅。乍一看去，村寨像骑在一只由山峦组成的巨龟背上，“巨龟”小心翼翼地托着这些人家，向前面的湖心划去。它划得那么稳当，那么专注，心无旁骛，目空一切。湖水幽幽，绿得沉静，像一块玉佩，被遗失在这白雪茫茫的世界里。

山峦是静的，湖水是静的，村子也是静的，没看到人影出没。偶有几声鸡啼传来，才叫人觉得这不是荒村，是正在居住着的人家。

突然有喊号子的声音从村子左边的山上传来。我们这才记起，此行的目的是来抗雪抢险。我们不得不撇下眼前的湖水和村落，向山上艰难进发。在山上，我看到了热火朝天的抢险场面，一根水泥电杆，从头到尾都被男男女女老老少少缠着，像一条巨大的百足虫，随着号子的起落，缓缓地向山上移动。老妇和孩子，在前面用柴刀把道路清宽，把路上的冰雪挖除。每一个人，都在使劲干着自己的活，没见谁偷懒。他们的不屈，他们的抗争，使银装披挂的山峦世界也有了几分羞愧。我终于明白了，村子之前为什么显得这么寂寥，那么落寞，原来是全村的男女老幼都聚集到了//这里。

我们被眼前的景象震撼了，纷纷跑上前去，从老人、妇女和孩子的肩上，接过抬杠，咬着牙，挺直了腰，一步一步，稳稳当当地向山上爬去。我们和村民们一起，连续奋战了近 4 个小时，终于把两根水泥电杆抬到了目的地，架起了电线。

节选自杨代富《雪里展椅》

【朗读提示】

作品记录了在黎平展椅的一次抢险经历，前半部写村寨美景，后半部写抢险场面。朗读时气息饱满，情感真挚，语调、节奏要体现出“前静后动”的区别变化。

Zuòpǐn 40 Hào

Qǐchū, wǒ yíxīn zìjǐ dàole **rénjiān xiānjìng**. **Zhè · lǐ** shì Guìzhōu Lípíng Xiàn Píngzhài Xiāng yī gè jíwéi piānyuǎn de miáozhài——Zhǎnyǐ. **Zhà** yī kàn · qù, **cūnzhài** xiàng qí zài yī zhī yóu **shānluán zǔchéng** de jù guī bèishang, "jù guī" **xiǎoxīn-yìyì** de tuōzhe zhèxiē **rénjiā**, xiàng qiánmian de húxīn huá · qù. Tā huá de nàme wěndang, nàme **zhuānzhù**, **xīnwúpángwù**, mùkōngyīqiè. Húshuǐ yōuyōu, **lǜ** de **chénjìng**, xiàng yī kuài yùpèi, bèi **yíshī zài zhè** báixuě-mángmáng de shìjìe · lǐ.

Shānluán shì jìng de, **húshuǐ shì** jìng de, **cūnzi yě shì** jìng de, méi kàndào **rényǐng** chūmò. ǒu yǒu **jīshēng jītí chuánlái**, cái jiàorén jué · dé zhè bùshì huāngcūn, shì **zhèngzài** jūzhùzhe de **rénjiā**.

Tūrán yǒu hǎn hàozi de shēng · yīn **cóng cūnzi** zuǒ · biān de **shānshang chuánlái**. Wǒmen **zhè cái** jì qǐ, **cǐ xíng** de **mùdì shì lái** kàng xuě qiǎng xiǎn. Wǒmen **bùdébù** piě · xià yǎnqián de húshuǐ hé **cūnluò**, xiàng **shānshang** jiānnán jìnfā. Zài **shānshang**, wǒ kàndào le rèhuǒ-cháotiān de qiǎngxiǎn chǎngmiàn, yī gēn **shuǐní** diàn**gān**, cóngtóu-dàowěi dōu bèi **nánnán-nǚnǚ lǎolǎo-shàoshào chánzhe**, xiàng yī tiáo jùdà de **bǎizúchóng**, **suízhe** hàozi de qǐluò, huǎnhuǎn de xiàng **shānshang** yídòng. Lǎofù hé háizi, zài qiánmian yòng cháidāo bǎ dàolù qīng kuān, bǎ lùshang de bīngxuě wāchú. Měi yī gè rén, dōu zài shíjìn gànzhe zìjǐ de huór, méi jiàn shéi tōulǎn, tāmen de bùqū, tamen de kàngzhēng, **shǐ yínzhuāng** pīguà de **shānluán** shìjiè yě yǒu le jǐfēn **xiūkuì**. Wǒ zhōngyú míngbaile, **cūnzi** zhīqián wèishénme xiǎn · dé zheme **jìliáo**, nàme **luòmò**, yuánlái shì quán cūn de **nánnǚ-lǎoyòu** dōu jùjí dào le//**zhè · lǐ**.

Wǒmen bèi yǎnqián de jǐngxiàng **zhènhàn** le, fēnfēn pǎo · shàngqiánqu, cóng **lǎorén**、fùnǚ hé háizi de jiānshang, jiēguò **táigàng**, yǎozhe yá, tǐng zhí le yāo, yī bù yī bù, **wěnwěn-dàngdàng** de xiàng shānshang pá · qù. Wǒmen hé cūnmínmen yīqǐ, liánxù fènzhàn le jìn 4 gè xiǎoshí, zhōngyú bǎ **liǎng gēn shuǐní diàngān** táidào le **mùdìdì**, jià qǐ le diànxiàn.

Jiéxuǎn zì Yáng Dàifù《Xuě · lǐ Zhǎnyǐ》

作品 41 号

娄山关亦称太平关，位于遵义、桐梓两县交界处，是川黔交通要道上的重要关口，原名娄关，后称太平关。关名的来历，源于古代对娄山山脉的称谓。它是大娄山脉的主峰，海拔 1576 米，南距遵义市 50 公里，北拒巴蜀，南扼黔桂，为黔北咽喉，兵家必争之地。古称天险。关上千峰万仞，重崖叠峰，峭壁绝立，若斧似戟，直刺苍穹，川黔公路盘旋而过。据《明史纪事本末》载，万历年间，总兵刘珽与播州土司杨朝栋曾激战于此，人称黔北第一险要，素有“一夫当关，万夫莫开”之说。

清咸丰、同治年间，黔北农民起义，都以全力占领此关。1935 年（乙亥年）2 月 25 日至 26 日，中国工农红军第一方面军与黔军大战娄山关前，曾反复争夺，歼灭黔军两个团，揭开了遵义战役的序幕。两次娄山关战役保证了遵义会议的顺利召开，是我国重要的“红色”基地。作为黔北第一要塞，娄山关景色秀丽，峭壁绝立，是众多游客的常去之地。

毛泽东填有《忆秦娥·娄山关》词一首，描写红军指战员英勇鏖战的壮烈情//景。现以行草手书体放大镌于高 14 米、宽 25 米的大理石碑上，益增雄关声色。

摘自网络解说词——娄山关

【朗读提示】

作品介绍了位于川黔交通要道、兵家必争之地的娄山关，其无论是在历史上还是在红军长征途中都是重要的天险。朗读时气息饱满，声音平和而坚实，隐含热情赞美，语势起伏不大，节奏适中。

Zuòpǐn 41 Hào

Lóushān Guān yì chēng Tàipíng Guān, wèi yú Zūnyì、**Tóngzǐ** liǎng xiàn jiāojiè chù, shì Chuān Qián jiāotōng yàodào shang de zhòngyào guānkǒu, yuánmíng Lóu Guān, hòu chēng Tàipíng Guān. Guān míng de **láilì**, yuán yú gǔdài duì **Lóushān**-shānmài de chēngwèi. Tā shì dàlóu-shānmài de **zhǔfēng**, hǎibá 1576 mǐ, nán jù Zūnyì Shì 50 gōnglǐ, běi jù Bā Shǔ, nán è Qián Guì, wéi Qiánběi **yānhóu**, **bīngjiā bìzhēng-zhīdì**. Gǔ chēng tiānxiǎn. Guānshang **qiānfēng-wànrèn**, **chóngyá-dié fēng**, qiāobì jué lì, ruò fǔ **sì jǐ**, **zhí cì cāngqióng**, Chuān-Qián gōnglù pánxuán **ér guò**. Jù 《**Míngshǐ** jìshì běnmò》**zǎi**, Wànlì nián jiān, **zǒngbīng Liú Tǐng** yǔ Bō Zhōu tǔsī Yáng Cháodòng **céng jīzhàn yú cǐ**. **Rén chēng** Qiánběi dìyī xiǎnyào, sù yǒu "yī fū dāng guān, wàn fū mò kāi" **zhī shuō**.

Qīng Xiánfēng、Tóngzhì nián jiān, Qiánběi **nóngmín** qǐyì, dōu yǐ quánlì **zhànlǐng** cǐ guān. 1935 nián (yǐ hài nián) 2 yuè 25 rì zhì 26 rì, Zhōngguó gōngnóng hóngjūn dìyī-fāngmiànjūn yǔ Qiánjūn dàzhàn **Lóushān** Guān qián, **céng fǎnfù zhēngduó**, **jiānmiè** Qiánjūn liǎng gè tuán, jiēkāi le **Zūnyì-zhànyì** de xùmù. **Liǎng cì Lóushān** Guān zhànyì bǎozhèng le Zūnyì huìyì de **shùnlì zhàokāi**, shì wǒ guó zhòngyào de "hóngsè" jīdì. Zuòwéi Qiánběi dìyī **yàosài**, **Lóushān** Guān **jǐngsè** xiùlì, qiàobì jué lì, **shì zhòngduō** yóukè de **cháng qù** zhī **dì**.

Máo Zédōng tián yǒu 《**Yì qín'é • Lóushān** Guān》cí yī shǒu, miáoxiě hóngjūn **zhǐzhànyuán yīngyǒng áozhàn** de **zhuànglìè qíng**//**jǐng**. Xiàn yǐ **xíngcǎo shǒushūtǐ** fàngdà **juān** yú gāo 14 mǐ、kuān 25 mǐ de **dàlǐshí** bēi shang, yì zēng xióngguān **shēngsè**.

Zhāi zì wǎngluò jiěshuōcí——Lóushān Guān

作品 42 号

全国的山水也不知道去了多少处，竟没有想到还有这么美丽的地方。确实，全国知道天星桥的人很少，它在贵州黄果树瀑布旁八公里之处，许多年来黄果树的名声太大，谁也没有注意。

天星桥的美就美在你突然发现世界上的风景还有这样一种美。只要你一走进这个景区，一步一吃惊，一步一回头，你总要问："这是真的吗？"一般的"真像""真美"之类的词在这里已经苍白无力。因为这景你从没见过，从没想过，就是在小说中，在电影上，在幻想时，在睡梦里也没有出现过。现在，突然从你的心灵深处抓出一种美，摆在你眼前。你心跳，你眼热，你奇怪自己心里什么时候还藏有这样的美。

天星桥景区不算很大，方圆 5.7 平方公里，三个半小时就可逛完，基本上是走平地，也不会让你很累。你可以从从容容地看，慢慢悠悠地品。整个景区前半部以山石之奇为主，后半部以水秀之美为主，而渗透在全过程的是绿色的树，绿色的风。所以当你从那个美梦中醒来，细细一想，其实这天星桥的美和其他地方一样，还是跑不了石美、水美、树美。但是它却硬能够化平淡为神奇，将几个最普通的音符谱成了一首天上的仙乐。//

石头哪里没有？但这里的石头总要变出个样，变出别一种形，别一种神，像一个曲子的变奏，熟悉中透着新鲜，叫你有一种感觉到却说不出的激动。比如石的表面经常会隆起一簇簇的皱褶。它本是个铜头铁脑、生硬冰凉的东西，却专向柔弱多情方面取貌摄形，如裙裾之褶，如秋水之纹，如美人蹙眉，如枯荷向空。这种强烈的反差，从你心里揉搓出一种从未有的美感，忍不住要叫，要喊。难怪国画专有一种表现法叫"皴法"。

节选自梁衡《梁衡散文选——桥那边有一个美丽的地方》

【朗读提示】

作品描写了天星桥让人"步步惊心，顾盼频频，回味无穷"的美景，写树、写石、写水、写尽生命，对天星桥极尽赞美之情。朗读时气息饱满，情感丰富，声音明亮而有弹性，凸显出"生命的力量和美感"，语速不宜拖拉。

Zuòpǐn 42 Hào

Quán guó de **shānshuǐ** yě bù zhīdao qùle duō · shǎo chù, jìng méiyǒu xiǎngdào háiyǒu zhème měilì de dìfang. Quèshí, quán guó zhīdao Tiānxīngqiáo de rén hěn shǎo, tā zài Guìzhōu Huángguǒshù Pùbù páng bā gōnglǐ zhī chù, xǔduō **nián lái** Huángguǒshù de **míngshēng** tài dà, shéi yě méiyǒu zhùyì.

Tiānxīngqiáo de měi jiù měi zài nǐ tūrán fāxiàn shìjièshang de **fēngjǐng** háiyǒu zhèyàng yī zhǒng měi. Zhǐ yào nǐ yī zǒu jìn zhège jǐngqū, yī bù yī chījīng, yī bù yī huítóu, nǐ zǒng yào wèn: "**Zhè shì zhēnde** ma?" yībān de "zhēn xiàng" "zhēn měi" **zhīlèi** de **cí zài** zhè · lǐ **yǐjīng cāngbái wúlì**. Yīnwèi **zhè jǐng nǐ cóng** méi jiànguo, cóng méi xiǎngguo, **jiùshì zài xiǎoshuō zhōng**, **zài** diànyǐngshang, **zài huànxiǎng shí**, **zài** shuìmèng · lǐ yě méiyǒu chūxiànguo. Xiànzài, tūrán **cóng nǐ** de **xīnlíng shēnchù zhuā chū yī zhǒng** měi, bǎi zài nǐ yǎnqián. Nǐ xīn tiào, nǐ yǎn rè, nǐ qíguài zìjǐ xīn · lǐ shénme shíhou hái cáng yǒu zhèyàng de měi.

Tiānxīngqiáo **jǐngqū** búsuàn hěn dà, fāngyuán 5.7 píngfāng gōnglǐ, sān gè bàn xiǎoshí jiù kě guàng wán, jīběn · shàng **shì zǒu** píngdì, yě bùhuì ràng nǐ hěn lèi. Nǐ kěyǐ cóngcóng-róngróng de kàn, mànman-yōuyōu de pǐn. **Zhěnggè jǐngqū** qián bàn bù yǐ **shānshí** zhī qí wéizhǔ, hòu bàn bù yǐ shuǐ xiù zhī měi wéizhǔ, ér **shèntòu** zài quán **guòchéng** de **shì lǜsè** de **shù**, **lǜsè** de **fēng**. Suǒyǐ dāng nǐ cóng nàge **měimèng zhōng** **xǐng · lái**, xìxì yī xiǎng, qíshí zhè Tiānxīngqiáo de měi hé qítā dìfang yīyàng, háishì pǎobuliǎo shí měi、shuǐ měi、shù měi. Dànshì tā què **nénggòu** huà píngdàn **wéi** shénqí, jiāng jǐ gè zuì pǔtōng de yīnfú pǔ chéng le yī shǒu tiānshang de xiān yuè.//

Shítou nǎ · lǐ méiyǒu? Dàn zhè · lǐ de shítou zǒng yào biàn chū gè yàng, biàn chū bié **yīzhǒng xíng**, bié **yīzhǒng shén**, xiàng yīgè qǔzi de biànzòu, shú · xī zhōng tòuzhe xīnxiān, jiào nǐ yǒu yīzhǒng gǎnjué dào què **shuōbuchū** de jīdòng. Bǐrú shí de biǎomiàn jīngcháng huì lóngqǐ yī **cùcù** de **zhòuzhě**. Tā běnshì gè tóngtóu-tiěnǎo, **shēnggěng-bīngliáng** de dōngxi, què zhuān xiàng **róuruò-duōqíng** fāngmiàn qǔmào **shèxíng**, rú **qúnjū** zhī **zhě**, rú qiūshuǐ zhī wén, rú měirén **cùméi**, rú **kūhé** xiàng kōng. Zhèzhǒng qiánglie de fǎnchā, **cóng nǐ** xīn · lǐ **róucuō chū** yīzhǒng cóngwèi yǒu de měigǎn, **rěnbuzhù** yào jiào, yào hǎn. Nánguài guóhuà zhuānyǒu yīzhǒng biǎoxiànfǎ jiào "**cūn** fǎ".

Jiéxuǎn zì Liáng Héng《Liáng Héng Sǎnwén Xuǎn
——Qiáo Nà · biān Yǒu Yī gè Měilì de Dìfang》

作品 43 号

青岩古镇位于贵州省贵阳市花溪区，是贵阳市首个国家级 5A 级旅游景区，是第二批中国历史文化名镇之一，至今已有 600 多年的历史，人文历史底蕴深厚，地域特色颇具魅力。

青岩古镇始建于明洪武十一年（公元 1378 年），因明朝屯兵而建，以青色的岩石而得名，是一座因军事城防演化而来的山地兵城，素有贵阳“南大门”之称。

古镇内设计精巧、工艺精湛的明清古建筑交错密布，寺庙、楼阁雕梁画栋、飞角重檐相间。

古镇人文荟萃，有历史名人周渔璜、清末状元赵以炯。镇内有近代史上震惊中外的青岩教案遗址、赵状元府第、平刚先生故居、红军长征作战指挥部等历史文物。周恩来的父亲、邓颖超的母亲、李克农等革命前辈及其家属均在青岩秘密居住过。青岩古镇还是抗战期间浙江大学的西迁办学点之一。

青岩古镇是有着深厚历史背景的建筑。爬上不算太高的城墙可以鸟瞰古镇的全景：古镇并不是建造在平面上而是建造在高低不平的坡面上，从高处望去，整个古镇的格局给人一种在别的古镇中难以看到的立体美感。青岩古镇中//除了众多的寺庙，竟然还保留着一座基督教堂和一座天主教堂，多种宗教和谐共处，形成其独特风格。

摘自网络解说词——青岩古镇

【朗读提示】

作品介绍了中国历史文化名镇青岩古镇的修建历史、人文底蕴及其建筑布局。朗读时气息平稳，语气和缓，语势起伏变化不大，语速不宜过快。

Zuòpǐn 43 Hào

Qīngyán-gǔzhèn wèi yú Guìzhōu Shěng Guìyáng Shì Huāxī Qū, shì Guìyáng Shì shǒu gè guójiā jí 5A jí **lǚyóu jǐngqū**, **shì dì'èr** pī Zhōngguó **lìshǐ** wénhuà **míng zhèn zhī** yī, **zhìjīn** yǐ yǒu 600 duō nián de **lìshǐ**, rénwén **lìshǐ** dǐyùn shēnhòu, dìyù **tèsè pō** jù mèilì.

Qīngyán-gǔzhèn shǐ jiàn yú Míng Hóngwǔ shíyī nián (gōngyuán 1378 nián), **yīn Míngcháo túnbīng ér** jiàn, yǐ **qīngsè** de yánshí **ér démíng**, shì yī zuò yīn jūnshì chéngfáng yǎnhuà **ér** lái de shāndì **bīngchéng**, sùyǒu Guìyáng "nán dàmén" zhī chēng.

Gǔzhènnèi shèjì jīngqiǎo、gōngyì **jīngzhàn** de **Míng Qīng** gǔ jiànzhù jiāocuò mìbù, sìmiào、**lóugé diāoliáng-huàdòng**、**fēijiǎo-chóngyán xiāngjiàn**.

Gǔzhèn rénwén **huìcuì**, yǒu **lìshǐ míngrén** Zhōu Yúhuáng、Qīng mò zhuàngyuan Zhào Yǐjiǒng. **Zhèn nèi** yǒu **jìndàishǐ** shang **zhènjīng-zhōngwài** de Qīngyán-jiào'àn yízhǐ、Zhào zhuàngyuan fǔdì、Pínggāng xiānsheng gùjū、hóngjūn **chángzhēng zuòzhàn zhǐhuībù děng lìshǐ** wénwù. Zhōu Ēnlái de fù • qīn、**Dèng Yǐngchāo** de mǔ • qīn、**Lǐ Kènóng děng gémìng** qiánbèi jíqí jiāshǔ jūn zài Qīngyán mìmì **jūzhù**guo. Qīngyán-gǔzhèn háishì kàngzhàn qījiān **Zhèjiāng-** Dàxué de xī qiān bànxuédiǎn zhī yī.

Qīngyán-gǔzhèn shì yǒu zhe shēnhòu **lìshǐ** bèijǐng de jiànzhù. Pá • shàng búsuàn tài gāo de chéngqiáng kěyǐ **niǎokàn** gǔzhèn de quánjǐng: gǔzhèn **bìng búshì** jiànzào zài píngmiàn shang **érshì** jiànzào zài gāodī-bùpíng de pōmiàn shang, cóng gāochù wàng • qù, **zhěnggè** gǔzhèn de **géjú** gěi rén yī zhǒng zài bié de gǔzhèn zhong nányǐ kàn dào de lìtǐ měigǎn. Qīngyán-gǔzhèn zhōng//chúle zhòngduō de sìmiào, **jìngrán** hái bǎoliú zhe yī zuò jīdū jiào-táng hé yī zuò tiānzhǔ jiàotáng, duō zhǒng zōngjiào héxié **gòngchǔ**, **xíngchéng** qí dú tè **fēng-gé**.

Zhāi zì wǎngluò jiěshuōcí——Qīngyán-gǔzhèn

作品 44 号

那时候，夜雨下起来了。一阵阵雨点从暗夜里斜过来，先打着四下里的包谷林，跟着就急促地打在瓦檐上。不久就变得缠绵起来，檐水一直淅沥作响。永远也不知道为什么，一听见雨声，人的心就禁不住彷徨。仿佛是一种亘古的诉说，有催人肝肠的力量。后来我就提起笔来，写下了《城市与孩子》……

那时我还在梨花屯乡场，现在我已经回到了这座故乡的城市。依旧是夜晚，夜雨也还是打在瓦楞上。你说怎么样呢？一切都会改变，只有这雨声，这夜深人静，却永远是不会改变的。仿佛注定了一般，不论我在哪儿，不论在故乡，还是远方，它都要追逐着人，搓揉着人的衷肠。

它沙沙地来了，在这夜深人静的时候，紧一阵，慢一阵。仿佛要轻敛下去，跟着又急切起来，依旧地诉说着，直截地诉说着，撇开人世间东零西碎的焦虑，撇开日子里光怪陆离的景象……

雨声还和当年一样，但院子里的梧桐却已经没有了。这之中，已过去了二十多年的时光。当年我曾经从这小楼上出发，去经受我的日子，但二十年过去，我还是回归到这小楼上。就像这巷口住着的那一位姑娘，数十年光阴过去了，她也还在原来的地方。她的家还在那//路灯下，电杆旁。

我知道她的时候，我还是一个孩子，她也还是一个小姑娘。大雨过后，静静的早晨，院子里零落着梧桐的绿叶，石板的小巷也空空荡荡。我轻轻地推开院子的大门去上学，想到不能在这样的早晨多睡一会，心里觉着委屈极了。我走着，但又突然警觉起来，一时间慌张了：会不会呢，在我的身后，正走着那位姑娘？

节选自何士光《雨霖霖》

【朗读提示】

作家以自然散淡、滋润丰盈的笔风，描摹琐细的生活和平凡的日子，叙写亲情与友情。朗读时气息平稳，语气和缓深沉，体现出明朗而沉重、忧伤而淡泊的情绪色彩，语速适中。

Zuòpǐn 44 Hào

Nà shíhou, yè yǔ xiàqilai le. Yī zhènzhèn yǔdiǎn cóng ànyè ·lǐ xiéguolai, xiān dǎzhe sìxià · lǐ de bāogǔlín, gēnzhe jiù jícù de dǎ zài **wǎyán**shang. Bùjiǔ jiù biàn de chánmián qǐlai, yán shuǐ yīzhí **xīlì**-zuòxiǎng. Yǒngyuǎn yě bù zhīdao wèishénme, yī tīngjiàn **yǔshēng**, rén de xīn jiù jīnbuzhù **pánghuáng**. Fǎngfú shì yī zhǒng **gèngǔ** de **sùshuō**, yǒu **cuīrén-gāncháng** de lì · liàng. Hòulái wǒ jiù tí · qǐbǐlai, xiě xià le《Chéngshì yǔ Háizi》……

Nàshí wǒ háizài Líhuā**tún** Xiāngchǎng, xiànzài wǒ yǐjīng huídào le **zhè zuò** gùxiāng de chéngshì. Yījiù shì yèwǎn, yè yǔ yě háishì dǎ zài **wǎléng**shang. **Nǐ shuō** zěnmeyàng ne? Yīqiè dōu huì gǎibiàn, **zhǐyǒu zhè yǔ shēng**, **zhè yèshēn-rénjìng**, què yǒngyuǎn shì bù huì gǎibiàn de. Fǎngfú **zhùdìng** le yībān, bùlùn wǒ **zài nǎr**, bùlùn zài gùxiāng, háishì yuǎnfāng, tā dōu yào **zhuīzhú zhe rén**, **cuōróu zhe rén** de **zhōngcháng**.

Tā shāshā de láile, **zài zhè yèshēn-rénjìng** de shíhou, jǐn yī zhèn, màn yī zhèn. Fǎngfú yào **qīng liǎn** xiàqu, gēnzhe yòu jíqiè qǐlai, yījiù de **sùshuō**zhe, zhíjié de **sùshuō**zhe, **piēkāi rénshìjiān dōnglíng-xīsuì** de **jiāolù**, **piēkāi** rìzi · lǐ **guāngguài-lùlí** de jǐngxiàng……

Yǔ shēng hái hé dāngnián yīyàng, dàn yuànzi · lǐ de **wútóng** què yǐjīng méiyǒu le. **Zhè zhīzhōng**, yǐ guòqu le **èrshí** duō nián de shíguāng. Dāngnián wǒ **céngjīng** cóng zhè xiǎo lóushang chūfā, qù **jīngshòu** wǒ de **rìzi**, dàn **èrshí nián** guòqu, wǒ háishì huíguī dào zhè xiǎo lóushang. Jiù xiàng zhè xiàngkǒu zhùzhe de nà yī wèi gūniang, **shù shí nián** guāngyīn guòqu le, tā yě háizài yuánlái de dìfang. Tā de jiā hái zài **nà** //**lùdēng** ·**xià**, **diàngān** páng.

Wǒ zhīdao tā de shíhou, wǒ háishì yī gè háizi, tā yě háishì yī gè xiǎogūniang. Dàyǔ guòhòu, **jìngjìng** de **zǎochén**, yuànzi · lǐ **língluò**zhe **wútóng** de **lùyè**, shíbǎn de **xiǎoxiàng** yě kōngkōng-dàngdàng. Wǒ **qīngqīng** de tuī kāi yuànzi de dàmén qù shàngxué, xiǎngdào **bùnéng zài** zhèyàng de **zǎochén** duō shuì yīhuì, xīn · lǐ juézhe wěiqu jí le. Wǒ **zǒuzhe**, dàn yòu tūrán **jǐngjué** qǐlai, yīshíjiān huāngzhāng le: Huìbuhuì ne, zài wǒ de shēnhòu, **zhèng zǒuzhe** nà wèi gūniang?

Jiéxuǎn zì Hé Shìguāng《Yǔ Línlín》

作品 45 号

三月间的贵州深山里，小小雨总是特别多，像快出嫁时乡下姑娘们的眼泪一样，用不着什么特殊机会，也常常可以见到。春雨落过后，大小路上烂泥如膏，远山近树全躲藏在烟里雾里，各处有崩坏的土坎，各处有挨饿太久全身黑区区的老鸦，许多小屋子里，都有面色憔悴的妇人，望到屋檐外的景致发愁。

官路上，这时节正有多少人在泥里雨里奔走。这些人中有作兵士打扮送递文件的公门中人，有向远亲奔差事的人，有骑了马回籍的小官，有行法事的男女巫师，别忘记，这种人有时是穿了鲜明红色缎袍，一边走路一边吹他手中所持镶银的牛角，招引到一群我们看不见的天兵天将鬼神走路的。单独地或结伴地走着。最多的是小商人，这些活动分子，似乎为了一种行路的义务，长年从不休息，在这官路上来往。他们从前一辈父兄传下的习惯，同样具备强健结实的身体，如云南小马一样，性格是忍劳耐苦的，耳目是聪明适用的；凭了并不有十分把握的命运，只按照那个时节的需要，三五成群地扛负了棉纱、水银、白蜡、棓子、官布、棉纸，以及其他两地所必需交换的物品，长年用这条长长有名无实的官路，折磨他们那两只脚，消磨到他们的每一个日子中每人的生命。

节选自沈从文《黔小景》

【朗读提示】

作品以散文的形式、写意的笔触，勾勒出 20 世纪 30 年代贵州三月深山一幅灰暗的水墨画卷，浸润着浓郁的悲情意味。朗读时气息平稳舒展，语气深沉凝重，起伏不大，声音略偏黯淡，节奏不宜过快。

Zuòpǐn 45 Hào

Sānyuè jiān de Guìzhōu shēnshān・lǐ, xiǎoxiǎo yǔ zǒngshì tèbié duō, xiàng kuài chūjià shí xiāngxia gūniangmen de yǎnlèi yīyàng, yòngbuzháo shénme tèshū jī・huì, yě chángcháng kěyǐ jiàndào. Chūnyǔ luòguo hòu, dà xiǎo lùshang lànní rú gāo, yuǎn shān jìn shù quán duǒcáng zài yān・lǐ wù・lǐ, gè chù yǒu bēnghuài de tǔkǎn, gèchù yǒu ái'è tài jiǔ quánshēn hēi qūqū de lǎoyā, xǔduō xiǎo wūzi・lǐ, dōu yǒu miànsè qiáocuì de fùrén, wàng dào wūyán wài de jǐngzhì fāchóu.

Guānlùshang, zhè shíjié zhèng yǒu duō・shǎo rén zài ní・lǐ yǔ・lǐ bēnzǒu. Zhèxiē rén zhōng yǒu zuò bīngshì dǎban sòngdì wénjiàn de gōngmén zhōng rén, yǒu xiàng yuǎnqīn bèn chāishì de rén, yǒu qíle mǎ huí jí de xiǎoguān, yǒu xíng fǎshì de nánnǚ wūshī, bié wàng・jì, zhè zhǒng rén yǒushí shì chuānle xiānmíng hóngsè duànpáo, yī biān zǒu lù yī biān chuī tā shǒuzhōng suǒ chí xiāngyín de niújiǎo, zhāoyǐn dào yī qún wǒmen kànbujiàn de tiānbīng-tiānjiàng guǐshén zǒu lù de. Dāndú de huò jiébàn de zǒu zhe. Zuì duō de shì xiǎo shāngrén, zhèxiē huódòng fènzǐ, sìhū wèile yīzhǒng xíng lù de yìwù, chángnián cóng bù xiūxi, zài zhè guānlùshang láiwǎng. Tāmen cóng qián yī bèi fù xiōng chuán xià de xíguàn, tóngyàng jùbèi qiángjiàn jiēshi de shēntǐ, rú Yúnnán xiǎo mǎ yīyàng, xìnggé shì rěn láo nài kǔ de, ěrmù shì cōngming shìyòng de; píng le bìng bù yǒu shífēn bǎwò de mìngyùn, zhǐ ànzhào nàge shíjié de xūyào, sānwǔchéngqún de kángfù le miánshā、shuǐyín、báilà、bèizǐ、guānbù、miánzhǐ, yǐjí qítā liǎng dì suǒ bìxū jiāohuàn de wùpǐn, chángnián yòng zhè tiáo chángcháng yǒumíng-wúshí de guān//lù, zhé・mó tāmen nà liǎng zhī jiǎo, xiāomó dào tāmen de měi yī gè rìzi zhōng měi rén de shēngmìng.

Jiéxuǎn zì Shěn Cóngwén《Qián Xiǎo Jǐng》

附录二　声母韵母拼合表

声母	韵母	音节	常用汉字
b	a	ba	芭捌扒叭吧笆八疤巴拔跋靶把耙坝霸罢爸
	o	bo	玻菠播拨钵波博勃搏铂箔伯帛舶脖膊渤泊驳
	ai	bai	白柏百摆佰败拜稗
	ei	bei	杯碑悲卑北辈背贝钡倍狈备惫焙被
	ao	bao	苞胞包褒剥薄雹保堡饱宝抱报暴豹鲍爆
	an	ban	斑班搬扳般颁板版扮拌伴瓣半办绊
	en	ben	奔苯本笨
	ang	bang	邦帮梆榜膀绑棒磅蚌镑傍谤
	eng	beng	崩绷甭泵蹦迸
	i	bi	逼鼻比鄙笔彼碧蓖蔽毕毙毖币庇痹闭敝弊必辟壁臂避陛
	ie	bie	鳖憋别瘪
	iao	biao	标彪膘表
	ian	bian	鞭边编贬扁便变卞辨辫辩遍
	in	bin	彬斌濒滨宾摈
	ing	bing	兵冰柄丙秉饼炳病并
	u	bu	捕哺补埠不布步簿部怖
p	a	pa	啪趴爬帕怕琶
	o	po	坡泼颇泊婆叵破魄迫粕
	ai	pai	拍排牌徘湃派
	ei	ei	呸胚培裴赔陪配佩沛
	ao	pao	抛咆刨炮袍跑泡
	ou	pou	剖
	an	pan	攀潘盘磐盼畔判叛
	en	pen	喷盆
	ang	pang	乓滂旁彷庞逄膀磅胖
	eng	peng	砰抨怦烹朋棚硼彭膨澎蓬篷鹏捧碰
	i	pi	坯砒霹批纰披劈琵毗啤脾疲皮匹痞僻屁譬
	ie	pie	撇瞥苤
	iao	piao	飘漂瓢票
	ian	pian	篇偏片骗翩
	in	pin	拼频贫品聘
	ing	ping	乒坪苹萍平凭瓶评屏
	u	pu	扑铺仆莆葡菩蒲埔朴圃普浦溥谱铺曝瀑

续表

声母	韵母	音节	常用汉字
m	a	ma	妈麻马玛码蚂骂嘛吗
	o	mo	摸摹蘑模膜磨摩魔抹末莫墨默沫漠寞陌
	e	me	么
	ai	mai	埋买麦卖迈脉
	ei	mei	玫枚梅酶霉煤没眉媒镁每美昧寐妹媚魅
	ao	mao	猫茅锚毛矛铆卯茂冒帽貌贸
	ou	mou	谋牟某
	an	man	瞒馒蛮满蔓曼慢漫谩
	en	men	门闷们
	ang	mang	芒茫盲氓忙莽
	eng	meng	萌蒙檬盟锰猛梦孟
	i	mi	眯醚靡糜迷谜弥米秘觅泌蜜密幂
	ie	mie	蔑灭
	iao	miao	苗描瞄藐秒渺庙妙
	iu	miu	谬
	ian	mian	棉眠绵冕免勉娩缅面
	in	min	民抿皿敏悯闽
	ing	ming	明茗冥鸣铭名命
	u	mu	姆牡亩母墓暮幕募慕木目睦牧穆
f	a	fa	发罚筏伐乏阀法珐
	o	fo	佛
	ei	fei	菲非啡飞肥匪诽吠肺废沸费
	ou	fou	否
	an	fan	藩帆番翻樊矾钒繁凡烦反返范贩犯饭泛
	en	fen	芬酚吩氛分纷坟焚汾粉奋份忿愤粪
	ang	fang	坊芳方肪房防妨仿访纺放
	eng	feng	丰封枫蜂峰锋风疯烽逢冯缝讽奉凤
	u	fu	夫敷肤孵扶拂辐幅氟符伏俘服浮涪福袱弗甫抚辅俯釜斧脯腑府腐赴副覆赋复傅付阜父腹负富讣附妇缚咐
d	a	da	搭达答瘩打大
	e	de	德得的
	ai	dai	呆歹傣戴带殆代贷袋待逮怠
	ei	dei	得
	ao	dao	刀捣蹈倒岛祷导到稻悼道盗
	ou	dou	兜抖斗陡豆逗痘
	an	dan	耽担丹单郸掸胆旦氮但惮淡诞弹蛋
	en	den	扽

续表

声母	韵母	音节	常用汉字
d	ang	dang	当挡党荡档
	eng	deng	蹬灯登等瞪凳邓
	i	di	堤低滴迪敌笛狄涤翟嫡抵底地蒂第帝弟递缔
	ie	die	跌爹碟蝶迭谍叠
	iao	diao	碉叼雕凋刁掉吊钓调
	iu	diu	丢
	ian	dian	颠掂滇碘点典靛垫电佃甸店惦奠淀殿
	ing	ding	丁盯叮钉顶鼎锭定订
	u	du	都督毒犊独读堵睹赌杜镀肚度渡妒
	uo	duo	掇多哆夺垛躲朵跺舵剁惰堕
	ui	dui	堆兑队对
	uan	duan	端短锻段断缎
	un	dun	墩吨蹲敦顿囤钝盾遁
	ong	dong	东冬董懂动栋侗恫冻洞
t	a	ta	塌他它她塔獭挞蹋踏
	e	te	特
	ai	tai	胎苔抬台泰酞太态汰
	ao	tao	掏涛滔绦萄桃逃淘陶讨套
	ou	tou	偷投头透
	an	tan	坍摊贪瘫滩坛檀痰潭谭谈坦毯袒碳探叹炭
	ang	tang	汤塘搪堂棠膛唐糖倘躺淌趟烫
	eng	teng	藤腾疼誊
	i	ti	梯剔踢锑提题蹄啼体替嚏惕涕剃屉
	ie	tie	贴铁帖
	iao	tiao	挑条迢笤眺跳
	ian	tian	天添填田甜恬舔腆
	ing	ting	厅听烃汀廷停亭庭挺艇
	u	tu	凸秃突图徒途涂屠土吐兔
	uo	tuo	拖托脱鸵陀驮驼椭妥拓唾
	ui	tui	推颓腿蜕褪退
	uan	tuan	湍团
	un	tun	吞屯臀囤
	ong	tong	通桐酮瞳同铜彤童桶捅筒统痛

续表

声母	韵母	音节	常用汉字
n	a	na	拿哪呐钠那娜纳
	e	ne	呢
	ai	nai	氖乃奶耐奈
	ei	nei	馁内
	ao	nao	挠脑恼闹淖
	ou	nou	耨
	an	nan	南男难
	en	nen	嫩
	ang	nang	囔囊馕
	ni	ni	妮霓倪泥尼拟你匿腻逆溺
	iao	niao	鸟尿
	ian	nian	蔫拈年碾撵捻念
	iang	niang	娘酿
	u	nu	奴努怒
	uan	nuan	暖
	ü	nü	女
	eng	neng	能
	ie	nie	捏聂镊蹑孽啮镍
	iu	niu	妞牛扭钮纽拗
	in	nin	您
	ing	ning	宁柠狞咛凝拧泞
	uo	nuo	挪懦糯诺
	ong	nong	脓浓农弄
	üe	nüe	虐疟
l	a	la	垃拉喇蜡腊辣啦
	e	le	勒乐
	ai	lai	莱来赖
	ei	lei	雷镭蕾磊累儡垒擂肋类泪
	ao	lao	捞劳牢老佬姥酪烙涝
	ou	lou	楼娄搂篓漏陋
	an	lan	篮婪栏拦蓝阑兰澜谰揽览懒缆烂滥
	ang	lang	琅榔狼廊郎朗浪
	eng	leng	棱冷愣
	i	li	厘狸离璃篱漓梨犁黎礼李里理鲤力历励历荔吏栗丽砾莉利俐痢傈例立粒沥隶哩

续表

声母	韵母	音节	常用汉字
l	ia	lia	俩
	ie	lie	咧裂列烈劣猎
	iao	liao	撩聊僚疗燎寥辽潦了撂镣廖料
	iu	liu	溜刘留榴馏瘤琉硫流柳六
	ian	lian	联莲连镰廉怜涟帘敛脸链恋炼练
	iang	liang	良粮凉粱梁两辆量晾亮谅
	in	lin	拎琳林磷霖临邻鳞淋凛赁吝
	ing	ling	玲菱零龄铃伶羚凌灵陵岭领另令
	u	lu	芦卢颅庐炉掳卤虏鲁麓碌露路赂鹿潞禄录陆
	uo	luo	萝螺罗逻锣箩骡裸落洛骆络
	uan	luan	峦孪挛滦卵乱
	un	lun	抡轮伦仑沦纶论
	ong	long	龙聋咙笼窿隆垄陇拢
	ü	lü	驴吕铝侣旅履屡缕虑氯律率滤绿
	üe	lüe	掠略
g	a	ga	嘎噶
	e	ge	哥歌搁戈鸽胳疙割革葛格蛤阁隔铬个各
	ai	gai	该改概钙盖溉
	ei	gei	给
	ao	gao	篙皋高膏羔糕搞镐稿告
	ou	gou	钩勾沟苟狗垢构购够
	an	gan	干甘杆柑竿肝赶感秆敢赣
	en	gen	根跟
	ang	gang	冈刚钢缸舡纲岗港杠
	eng	geng	耕更庚羹埂耿梗
	u	gu	辜菇咕箍估沽孤姑鼓古蛊骨谷股故顾固雇
	ua	gua	刮瓜剐寡挂褂
	uo	guo	锅郭国果裹过
	uai	guai	乖拐怪
	ui	gui	瑰规圭硅归龟闺轨鬼诡癸桂柜跪贵刽
	uan	guan	棺关官冠观管馆罐惯灌贯
	un	gun	辊滚棍
	uang	guang	光广逛
	ong	gong	工攻功恭龚供躬公宫弓巩汞拱贡共

续表

声母	韵母	音节	常用汉字
k	a	ka	喀咖卡咯
	e	ke	坷苛柯棵磕颗科壳咳可渴克刻客课
	ai	kai	开揩楷凯慨
	ei	kei	尅剋
	ao	kao	考拷烤靠
	ou	kou	抠口扣寇
	an	kan	刊堪勘坎砍看
	en	ken	肯啃垦恳
	ang	kang	康慷糠扛抗亢炕
	eng	keng	坑吭
	u	ku	枯哭窟苦酷库裤
	ua	kua	夸垮挎跨胯
	uo	kuo	括扩廓阔
	uai	kuai	块筷侩快
	ui	kui	亏盔岿窥葵奎魁傀馈愧溃
	uan	kuan	宽款
	un	kun	坤昆捆困
	uang	kuang	匡筐狂框矿眶旷况
	ong	kong	空恐孔控
h	a	ha	哈
	e	he	呵喝荷核禾和何合盒貉阂河涸赫褐鹤贺
	ai	hai	孩骸海氦亥害骇
	ei	hei	黑嘿
	ao	hao	壕嚎豪毫郝好耗号浩
	ou	hou	喉侯猴吼厚候后
	an	han	酣憨邯韩含涵寒函喊罕翰撼捍旱憾悍焊汗汉
	en	hen	痕很狠恨
	ang	hang	夯杭航
	eng	heng	哼亨横衡恒
	u	hu	呼乎忽瑚壶葫胡蝴狐糊湖弧虎唬护互沪户
	ua	hua	花哗华猾滑画划化话
	uo	huo	豁活伙火获或惑霍货祸
	uai	huai	槐徊怀淮坏
	ui	hui	灰挥辉徽恢蛔回毁悔慧卉惠晦贿秽会烩汇讳诲绘

续表

声母	韵母	音节	常用汉字
h	uan	huan	欢环恒还缓换患唤痪豢焕涣宦幻
	un	hun	荤昏婚魂浑混
	uang	huang	荒慌黄磺蝗簧皇凰惶煌晃幌恍谎
	ong	hong	轰哄烘虹鸿洪宏弘红
j	i	ji	击圾基机畸稽积箕肌饥激讥鸡姬缉吉极棘辑籍集及急疾汲即嫉级挤几脊己蓟技冀季伎祭迹剂悸济寄寂计记既忌际妓绩继纪
	ia	jia	嘉枷夹佳家加荚颊贾甲钾假稼价架驾嫁
	ie	jie	揭接皆秸街阶截劫节桔杰捷睫竭洁结解姐戒藉芥界借介疥诫届
	iao	jiao	椒蕉礁焦胶交郊浇骄娇嚼搅铰矫脚狡角饺缴绞剿教酵轿较叫窖
	iu	jiu	揪究纠玖韭久灸九酒厩救旧臼舅咎就疚
	ian	jian	歼监坚尖笺间煎兼肩艰奸缄茧检柬碱硷拣捡简俭剪减荐槛鉴践贱见键箭件健舰剑饯渐溅涧建
	in	jin	巾筋斤金今津襟紧锦仅谨进靳晋禁近烬浸尽劲
	iang	jiang	僵姜将浆江疆蒋桨奖讲匠酱降
	ing	jing	荆兢茎睛晶鲸京惊精粳经井警景颈静境敬镜径痉靖竟竞净
	u	ju	鞠拘狙疽居驹菊局咀矩举沮聚拒据巨具距踞锯俱句惧炬剧
	ue	jue	撅攫抉掘倔爵觉决诀绝
	uan	juan	捐鹃娟涓倦眷卷绢
	un	jun	均菌钧军君峻俊竣浚郡骏
	iong	jiong	冏炯窘
q	i	qi	期欺栖戚妻七凄漆柒沏其棋奇歧畦崎脐齐旗祈祁骑起岂乞企启契砌器气迄弃汽泣讫
	ia	qia	掐恰洽
	ie	qie	切茄且怯窃
	iao	qiao	橇锹敲悄桥瞧乔侨巧鞘撬翘峭俏窍
	iu	qiu	秋丘邱球求囚酋泅
	ian	qian	牵扦钎铅千迁签仟谦乾黔钱钳前潜遣浅谴堑嵌欠歉
	in	qin	钦侵亲秦琴勤芹擒禽寝沁
	iang	qiang	枪呛腔羌墙蔷强抢
	ing	qing	青轻氢倾卿清擎晴氰情顷请庆
	u	qu	趋区蛆曲躯屈驱渠取娶龋趣去
	ue	que	缺炔瘸却鹊榷确雀
	uan	quan	圈颧权醛泉全痊拳犬券劝
	un	qun	裙群
	iong	qiong	琼穷

续表

声母	韵母	音节	常用汉字
x	i	xi	昔熙析西硒矽晰嘻吸锡牺稀息希悉膝夕惜熄烯溪汐犀檄袭席习媳喜铣洗系隙戏细
	ia	xia	瞎虾匣霞辖暇峡侠狭下厦夏吓
	ie	xie	楔些歇蝎鞋协挟携邪斜胁谐写械卸蟹懈泄泻谢屑
	iao	xiao	萧硝霄削嚣销消宵淆晓小孝校肖哮啸笑效
	iu	xiu	休修羞朽嗅锈秀袖绣
	ian	xian	掀锨先仙鲜纤咸贤衔舷闲涎弦嫌显险现献县腺馅羡宪陷限线
	in	xin	薪芯锌欣辛新忻心信衅
	iang	xiang	相厢镶香箱襄湘乡翔祥详想响享项巷橡像向象
	ing	xing	星腥猩惺兴刑型形邢行醒幸杏性姓
	u	xu	墟戌需虚嘘须徐许蓄酗叙旭序畜恤絮婿绪续
	ue	xue	靴薛学穴雪血
	uan	xuan	轩喧宣悬旋玄选癣眩绚
	un	xun	勋熏循旬询寻巡殉汛训讯逊迅驯
	iong	xiong	兄凶胸匈汹雄熊
zh	i[ʅ]	zhi	芝枝支吱蜘知肢脂汁之织职直植殖执值侄址指止趾只旨纸志挚掷至致置帜峙制智秩稚质炙痔滞治窒
	a	zha	扎咋喳渣札轧铡闸眨栅榨乍炸诈
	e	zhe	遮折哲蛰辙者锗蔗这浙
	ai	zhai	摘斋宅窄债寨
	ei	zhei	这
	ao	zhao	招昭找沼赵照罩兆肇召
	ou	zhou	舟周州洲诌粥轴肘帚咒皱宙昼骤
	an	zhan	瞻毡詹粘沾盏斩辗崭展蘸栈占战站湛绽
	en	zhen	珍斟真甄砧臻贞帧针侦枕疹诊震振镇阵
	ang	zhang	樟章彰漳张掌涨杖丈帐仗胀瘴障
	eng	zheng	蒸挣睁征狰争怔整拯正政症郑证
	u	zhu	珠株蛛朱猪诸诛逐竹烛煮拄瞩嘱主著柱助蛀贮铸筑住注祝驻
	ua	zhua	抓爪
	uai	zhuai	拽
	uo	zhuo	捉拙桌琢茁酌卓啄着灼浊
	ui	zhui	椎锥追赘坠缀
	uan	zhuan	专砖转撰赚篆
	un	zhun	谆准
	ong	zhong	中盅忠钟衷终种肿重仲众
	uang	zhuang	桩庄装妆撞壮状

续表

声母	韵母	音节	常用汉字
ch	i[ʅ]	chi	吃痴持匙池迟弛驰耻齿侈尺赤翅斥炽
	a	cha	叉差插茬茶查碴搽察岔诧
	e	che	车扯撤掣彻澈
	ai	chai	拆柴豺
	ao	chao	超抄钞朝嘲潮巢吵炒
	ou	chou	抽酬畴踌稠愁筹仇绸瞅丑臭
	an	chan	搀掺蝉馋谗缠铲产阐颤
	en	chen	郴臣辰尘晨忱沉陈趁衬
	ang	chang	昌猖场尝常长偿肠厂敞畅唱倡
	eng	cheng	撑称城橙成呈乘程惩澄诚承逞骋秤
	u	chu	初出橱厨躇锄雏滁除楚础储矗搐触处
	ua	chua	欻
	uai	chuai	揣
	uo	chuo	戳绰
	ui	chui	吹炊捶锤垂
	uan	chuan	川穿椽传船喘串
	un	chun	春椿醇唇淳纯蠢
	uang	chuang	疮窗幢床闯创
	ong	chong	充冲虫崇宠
sh	i[ʅ]	shi	师失狮施湿诗尸虱十石拾时什食蚀实识史矢使屎驶始式示士世柿事拭誓逝势是嗜噬适仕侍释饰氏市恃室视试
	a	sha	莎砂杀刹沙纱啥傻煞
	e	she	奢赊蛇舌舍赦摄射慑涉社设
	ai	shai	筛晒
	ei	shei	谁
	ao	shao	梢捎稍烧芍勺韶少哨邵绍
	ou	shou	收手首守寿授售受瘦兽
	an	shan	珊苫杉山删煽衫闪陕擅赡膳善汕扇缮
	en	shen	砷申呻伸身深娠绅神沈审婶甚肾慎渗
	ang	shang	墒伤商赏晌上尚裳
	eng	sheng	声生甥牲升绳省盛剩胜圣
	u	shu	蔬枢梳殊抒输叔舒淑疏书赎孰熟薯暑曙署蜀黍鼠属术述树束戍竖墅庶数漱恕
	ua	shua	刷耍

续表

声母	韵母	音节	常用汉字
sh	uai	shuai	摔衰甩帅
	uo	shuo	说硕朔烁
	ui	shui	谁水睡税
	uan	shuan	栓拴
	un	shun	吮瞬顺舜
	uang	shuang	霜双爽
r	i[ʅ]	ri	日
	e	re	惹热
	ao	rao	饶扰绕
	ou	rou	揉柔肉
	an	ran	然燃冉染
	en	ren	壬仁人忍韧任认刃妊纫
	ang	rang	嚷瓤壤攘让
	eng	reng	扔仍
	u	ru	茹蠕儒孺如辱乳汝入褥
	uo	ruo	若弱
	ui	rui	蕊瑞锐
	uan	ruan	软阮
	un	run	闰润
	ong	rong	戎茸蓉荣融熔溶容绒冗
z	-i[ɿ]	zi	兹咨资姿滋淄孜紫仔籽滓子自渍字
	a	za	匝砸杂
	e	ze	责择则泽
	ai	zai	栽哉灾宰载再在
	ei	zei	贼
	ao	zao	遭糟凿藻枣早澡蚤躁噪造皂灶燥
	ou	zou	邹走奏揍
	an	zan	咱攒暂赞
	en	zen	怎
	ang	zang	赃脏葬
	eng	zeng	增憎曾赠
	u	zu	租足卒族祖诅阻组

续表

声母	韵母	音节	常用汉字
z	uo	zuo	昨左佐柞做作坐座
	ui	zui	嘴醉最罪
	uan	zuan	钻纂
	un	zun	尊遵
	ong	zong	鬃棕踪宗综总纵
c	i[ɿ]	ci	疵茨磁雌辞慈瓷词此刺赐次
	a	ca	擦
	e	ce	厕策侧册测
	ai	cai	猜裁材才财睬踩采彩菜蔡
	ao	cao	操糙槽曹草
	ou	cou	凑
	an	can	餐参蚕残惭惨灿
	en	cen	岑涔
	ang	cang	苍舱仓沧藏
	eng	ceng	层蹭
	u	cu	粗醋簇促
	uo	cuo	磋蹉撮搓措挫错
	ui	cui	摧崔催脆瘁粹淬翠
	uan	cuan	蹿篡窜
	un	cun	村存寸
	ong	cong	聪葱囱匆从丛
s	-i[ɿ]	si	斯撕嘶思私司丝死肆寺嗣四伺似饲巳
	a	sa	撒洒萨
	e	se	瑟色涩
	ai	sai	腮鳃塞赛
	ao	sao	搔骚扫嫂
	ou	sou	搜艘擞嗽
	an	san	三叁伞散
	en	sen	森
	ang	sang	桑嗓丧
	eng	seng	僧
	u	su	苏酥俗素速粟僳塑溯宿诉肃
	uo	suo	蓑梭唆缩琐索锁所

续表

声母	韵母	音节	常用汉字
s	ui	sui	虽隋随绥髓碎岁穗遂隧祟
	uan	suan	酸蒜算
	un	sun	孙损笋
	ong	song	松耸怂颂送宋讼诵
ø	a	a	啊阿
	ai	ai	埃挨哎唉哀皑癌蔼矮艾碍爱隘
	an	an	鞍氨安俺按暗岸胺案
	ang	ang	肮昂盎
	ao	ao	凹敖熬翱袄傲敖懊澳
ø	e	e	娥峨鹅俄额讹娥恶厄扼遏鄂饿
	en	en	恩
	er	er	而儿耳尔饵耳二贰
	o	o	哦
	ou	ou	欧鸥殴藕呕偶沤
	ua	wa	挖哇蛙洼娃瓦袜
	uai	wai	歪外
	uan	wan	豌弯湾玩顽丸烷完碗挽晚皖惋宛婉万腕
	uang	wang	汪王亡枉网往旺望忘妄
	uei	wei	威巍微危韦违桅围唯惟为潍维苇萎委伟伪尾纬未蔚味畏胃喂魏位渭谓尉慰卫
	uen	wen	瘟温蚊文闻纹吻稳紊问
	ueng	weng	嗡翁瓮
	uo	wo	挝蜗涡窝我斡卧握沃
	u	wu	巫呜钨乌污诬屋无芜梧吾吴毋武五捂午舞伍侮坞戊雾晤物勿务悟误
	ia	ya	压押鸦鸭呀丫芽牙蚜崖衙涯雅哑亚讶
	ian	yan	焉咽阉烟淹盐严研蜒岩延言颜阎炎沿奄掩眼衍演艳堰燕厌砚雁唁彦焰宴谚验
	iang	yang	殃央鸯秧杨扬佯疡羊洋阳氧仰痒养样漾
	iao	yao	邀腰妖瑶摇尧遥窑谣姚咬舀药要耀
	ie	ye	椰噎耶爷野冶也页掖业叶曳腋夜液
	i	yi	一壹医揖铱依伊衣颐夷遗移仪胰疑沂宜姨彝椅已乙矣以艺抑易邑屹亿役臆逸肄疫亦裔意毅忆义益溢诣议谊译异翼翌绎

续表

声母	韵母	音节	常用汉字
ø	in	yin	茵因殷音阴姻吟银淫寅饮尹引隐荫印
	ing	ying	英樱婴鹰应缨莹萤营荧蝇迎赢盈影颖硬映
	io	yo	哟
	iong	yong	拥佣臃痈庸雍踊蛹咏泳涌永恿勇用
	iou	you	幽优悠忧尤由邮铀游酉有友右佑釉诱又幼
	ü	yu	迂淤于盂榆虞愚舆余俞逾鱼隅予娱雨与屿禹宇语羽玉域芋郁吁遇喻峪御愈欲狱育誉浴寓裕预豫驭
	üan	yuan	鸳渊冤元垣袁原援辕园员圆猿源缘远苑愿怨院
	üe	yue	曰约越跃钥岳粤月悦阅
	ün	yun	耘云郧匀陨允蕴酝晕韵孕

注：此表为了简洁，同声韵母字按阴平、阳平、上声、去声顺序排列，故不再标出声调。

附录三 普通话常用多音字表

字	读音	词例
称	chèn	称心；对称；称愿；称职
	chēng	称号；名称；职称；统称
臭	chòu	臭骂；臭虫；臭氧；狐臭
	xiù	乳臭；铜臭
处	chǔ	处置；处方；处女地
	chù	处所；到处；深处；出处
畜	chù	畜家；牧畜；畜肥；畜力
	xù	畜产品；畜牧
揣	chuāi	怀揣
	chuǎi	揣测；揣摩
创	chuāng	创痕；创面；创伤；重创
	chuàng	创办；创立；创造；创见
答	dā	答应；答茬儿；答理；答腔
	dá	答案；答辨；答复；答卷
逮	dǎi	逮老鼠
	dài	逮捕
当	dāng	当代；当心；担当；当今
	dàng	当做；恰当；适当；当铺
得	dé	不见得；得病；得意；必得
	děi	得一小时；必得
	de	打得好
勾	gōu	勾结；勾拱；勾画；勾通
	gòu	勾当
冠	guān	桂冠；树冠；王冠；羽冠
	guàn	冠军
号	háo	哀号；号哭；号啕；呼号
	hào	编号；号称；暗号；号兵
喝	hē	喝水
的	dí	的确；的确良
	dì	目的
	de	别的；是的
提	dī	提防
	tí	提包；提拔；提倡；提成
斗	dǒu	笆斗；斗胆；斗篷；斗室
	dòu	斗争；斗志；奋斗；斗智
度	dù	度过；幅度；温度；大度
	duó	猜度；忖度
恶	è	恶毒；恶劣；凶恶；恶习
	wù	可恶；厌恶；痛恶；嫌恶
	ě	恶心
脯	fǔ	果脯
	pú	胸脯
佛	fó	佛教
	fú	仿佛
岗	gāng	花岗岩
	gǎng	岗位；站岗；岗楼；岗哨
咯	gē	咯噔；咯吱
	kǎ	咯血
给	gěi	给以
	jǐ	供给；给予；补给；给养
供	gōng	供给；供销；供应；提供
	gòng	供词；供奉；供认；供职
禁	jīn	禁不起；禁不住
	jìn	禁止；监禁；禁闭；禁地
尽	jǐn	尽管；尽快；尽先
	jìn	尽力；竭尽；尽情；尽头

字	读音及词例
	hè　喝彩；喝令
荷	hé　荷花；荷包；荷包蛋；藕荷
	hè　负荷　；荷重；载荷
和	hé　饱和；和平；和气；和谈
	hè　附和；唱和；应和
	huó　和面
	huò　和泥
	hú　和牌
	huo　暖和；搀和；搅和；热和
吓	hè　恫吓；恐吓；威吓
	xià　吓唬；惊吓
横	héng　一横；横行；横幅；横贯
	hèng　蛮横；横财；横祸；骄横
哄	hōng　哄然；哄抬；哄堂；乱哄哄
	hǒng　哄骗
	hòng　起哄
豁	huō　豁口；豁出去
	huò　豁达；豁亮；豁免；豁然
几	jī　几乎；茶几；条几
	jǐ　几何；几时；无几
奇	jī　奇数
	qí　好奇；惊奇；传奇；奇异
济	jǐ　人才济济；济南
	jì　经济；救济；不济；接济
间	jiān　车间；房间；空间；人间
	jiàn　间隔；间断；间苗；间隙
强	jiàng　强嘴；倔强
	qiáng　富强；强大；强度；强健
	qiǎng　勉强；强迫；牵强；强求
嚼	jiáo　嚼舌
	jué　咀嚼
角	jiǎo　角度；角落；对角；视角

字	读音及词例
劲	jìn　干劲；劲头；起劲；使劲
	jìng　苍劲；刚劲；劲敌；劲旅
卡	kǎ　卡车；卡片；大卡；卡尺
	qiǎ　边卡；关卡；卡脖子；卡具
看	kān　看管；看护；看家；看守
	kàn　观看；看待；看做；查看
壳	ké　贝壳；弹壳；卡壳
	qiào　地壳；甲壳；躯壳
落	là　落下（落在后面）
	luò　堕落；降落；角落；落后
勒	lè　勒令；勒索
	lēi　勒紧
累	léi　果实累累
	lěi　积累；累次；累积；累及
	lèi　累了；劳累；受累
俩	liǎ　咱俩
	liǎng　伎俩
溜	liū　溜冰；光溜溜；灰溜溜
	liù　随大溜；一溜儿
笼	lóng　笼子；出笼；樊笼；回笼
	lǒng　笼罩；笼络；笼统
露	lòu　露面；泄露；露脸；露马脚
	lù　暴露；揭露；流露；败露
抹	mā　抹布
	mǒ　抹杀；抹黑；涂抹
埋	mái　埋没；埋头；埋藏；埋伏
	mán　埋怨
蔓	màn　蔓延；枝蔓
	wàn　垂蔓
蒙	mēng　白蒙蒙；发蒙；灰蒙蒙
	méng　承蒙；蒙蔽；蒙混；蒙受
模	mó　规模；模范；模仿；模糊

	jué 丑角；旦角儿；角斗；角色
校	jiào 参校；校订；校对；校改
	xiào 校园；学校；大校；校风
结	jiē 结实；结巴
	jié 勾结；结构；结合；结算
片	piān 唱片儿；相片儿；影片儿
	piàn 片刻；图片；影片；照片
漂	piāo 漂泊；漂浮；漂流；漂移
	piǎo 漂白；漂白粉；漂染
	piào 漂亮；漂亮话
撇	piē 撇开
	piě 撇嘴
悄	qiāo 静悄悄；悄悄
	qiǎo 悄然
翘	qiáo 翘首
	qiào 翘尾巴
曲	qū 曲线；曲折；曲尺；曲解
	qǔ 歌曲；曲子；乐曲；插曲
塞	sāi 耳塞；塞子
	sài 边塞；塞外；要塞
	sè 闭塞；堵塞；充塞；梗塞
丧	sāng 报丧；奔丧；吊丧；丧家；
	sàng 丧失；沮丧；沦
臊	sāo 腥臊
	sào 害臊
扫	sǎo 打扫；清扫；洒扫；扫地
	sào 扫帚；扫帚星
色	sè 彩色；脸色；色彩；色觉
	shǎi 本色儿；掉色；捎色；套色
上	shǎng 上声
	shàng 上级；上进；上课；上午
稍	shāo 稍微；稍稍

	mú 模样；冲模；模子；铜模
泥	ní 泥土；水泥；烂泥；泥浆
	nì 拘泥
宁	níng 安宁；宁静；宁日
	nìng 宁可；宁肯；宁愿
炮	páo 炮制
	pào 鞭炮；炮弹；放炮；炮击
踏	tā 踏实
	tà 践踏；踏步；踏歌；踏青
拓	tà 拓本；拓片
	tuò 开拓；拓荒
苔	tāi 舌苔
	tái 青苔
帖	tiē 服贴；妥贴
	tiě 请贴；贴子
	tiè 碑贴；字帖
吐	tǔ 谈吐；吐蕃；吐口；吐露
	tù 呕吐；吐沫；吐血；吐泻
为	wéi 成为；认为；为难；为首
	wèi 为何；为了；为什么；因为
削	xiāo 削铅笔；切削
	xuē 剥削；削减；削弱；瘦削
肖	xiāo 肖（姓）
	xiào 肖像；不肖；生肖
血	xiě 咯血；吐血；血淋淋；血晕
	xuè 鲜血；心血；出血；流血
吁	xū 喘吁吁
	yù 呼吁
旋	xuán 凯旋；旋律；施转；回旋
	xuàn 旋风
咽	yan 咽喉；咽头
	yàn 咽气

	shào　稍息
折	shé　折本
	zhē　折腾
	zhé　挫折；曲折；折磨；转折
什	shén　没什么；什么；什么的
	shí　什锦
省	shěng　节省；省会；省略；省份
	xǐng　反省；内省；省亲；省悟
似	shì　似的
	sì　近似；类似；似乎；相似
宿	sù　宿舍；归宿；宿疾；宿营
	xiǔ　通宿，一宿
宿	xiù　星宿
遂	suí　半身不遂
	suì　遂心；遂愿；未遂；不遂
脏	zāng　肮脏；脏土；脏字
	zàng　内脏；心脏
择	zé　选择；抉择；择交
	zhái　择不开；择菜
占	zhān　占卜；占卦
	zhàn　霸占；侵占；占领；占有
着	zhāo　高着；着数
	zháo　着急；着凉；着慌；着火
	zhe　本着；接着；闹着玩儿
	zhuó　沉着；着手；着想；着重
爪	zhǎo　魔爪；爪牙
	zhuǎ　爪子；爪儿

	yè　呜咽；哽咽
殷	yān　殷红
	yīn　殷切；殷勤；殷实
应	yīng　应当；应该；一应；应届
	yìng　对应；反应；适应；呼应
佣	yōng　雇佣；佣工
	yòng　佣金
与	yǔ　与其；施与
	yù　参与；与会
晕	yūn　晕倒
	yùn　红晕；日晕；眩晕；眼晕
扎	zā　包扎；结扎；扎裤脚
扎	zhā　扎实；驻扎；扎根；扎手
	zhá　挣扎
载	zǎi　记载；登载；刊载；连载
	zài　载重；超载；运载；载荷
挣	zhēng　挣扎
	zhèng　挣钱；挣命
正	zhēng　正月
	zhèng　端正；更正；正面；正气
症	zhēng　症结
	zhèng　症状；病症；绝症
轴	zhóu　车轴；线轴儿；轴承；轴心
	zhòu　压轴子
著	zhù　显著；著名；著作；名著
	zhuó　执著
作	zuō　作坊
	zuò　作业；作客

附录四　容易读错的成语

fēng chí diàn chè
风驰电掣

zuò jiǎn zì fù
作茧自缚

gōng chóu jiāo cuò
觥筹交错

bìng rù gāo huāng
病入膏肓

wán kù zǐ dì
纨绔子弟

niān huā rě cǎo
拈花惹草

xiū qī yǔ gòng
休戚与共

yǒu shì wú kǒng
有恃无恐

rú huǒ rú tú
如火如荼

rǎn rǎn shēng qǐ
冉冉升起

hù è bù quān
怙恶不悛

nú yán bì xī
奴颜婢膝

bài guān yě shǐ
稗官野史

chéng qián bì hòu
惩前毖后

jǔ jǔ dú xíng
踽踽独行

hǔ shì dān dān
虎视眈眈

yōu xīn chōng chōng
忧心忡忡

yán jiǎn yì gāi
言简意赅

yí cù ér jiù
一蹴而就

huì rén bú juàn
诲人不倦

lì bīng mò mǎ
厉兵秣马

páo dīng jiě niú
庖丁解牛

qián yí mò huà
潜移默化

guǐ guǐ suì suì
鬼鬼祟祟

chuí xián sān chǐ
垂涎三尺

wú jī zhī tán
无稽之谈

jiǎo wǎng guò zhèng
矫枉过正

shū shēng láng láng
书声琅琅

sè lì nèi rěn
色厉内荏

chī xīn wàng xiǎng
痴心妄想

xiāng xíng jiàn chù
相形见绌

sì wú jì dàn
肆无忌惮

jīng hún fǔ dìng
惊魂甫定

bǎi gě zhēng liú
百舸争流

dān jīng jié lǜ
殚精竭虑

tóng chóu dí kài
同仇敌忾

bù qū bù náo
不屈不挠

yī pù shí hán
一曝十寒

miàn miàn xiāng qù
面面相觑

tián bù zhī chǐ
恬不知耻

liáng yǒu bù qí
良莠不齐

yī qiū zhī hé
一丘之貉

bìng xíng bù bèi
并行不悖

zòng héng bǎi hé
纵横捭阖

chēng mù jié shé
瞠目结舌

chì chà fēng yún
叱咤风云

bù bēi bù kàng
不卑不亢

gāng bì zì yòng
刚愎自用

guā shú dì luò　fū yǎn sè zè　suí shēng fù hè
瓜 熟 蒂 落　敷 衍 塞 责　随 声 附 和

gōng bù yìng qiú　yǐn háng gāo ge　huì jí jì yī
供 不 应 求　引 吭 高 歌　讳 疾 忌 医

hàng xiè yī qì　yī jué bù zhèn　fēi lái hèng huò
沆 瀣 一 气　一 蹶 不 振　飞 来 横 祸

yī hōng ér sàn　hú lún tūn zǎo　diū sān là sì
一 哄 而 散　囫 囵 吞 枣　丢 三 落 四

hún shuǐ mō yú　fàng dàng bù jī　dà shì xuàn rǎn
浑 水 摸 鱼　放 荡 不 羁　大 事 渲 染

jí è rú chóu　yī chù jí fā　rén cái jǐ jǐ
嫉 恶 如 仇　一 触 即 发　人 才 济 济

cāo jiān rén mìng　jǐ jǐ yī táng　qíng bù zì jīn
草 菅 人 命　济 济 一 堂　情 不 自 禁

shā yī jǐng bǎi　jì wǎng bù jiù　xún guī dǎo jù
杀 一 儆 百　既 往 不 咎　循 规 蹈 矩

qián jù hòu gōng　mù fēng zhì yǔ　zuì xíng lěi lěi
前 倨 后 恭　沐 风 栉 雨　罪 行 累 累

mēn xīn zì wèn　mēng tóu zhuàn xàng　wěi mǐ bù zhèn
扪 心 自 问　蒙 头 转 向　萎 靡 不 振

nú nú bù xiū　bù wú bì yì　nìng sǐ bù qū
呶 呶 不 休　不 无 裨 益　宁 死 不 屈

wéi hǔ zuò chāng　xīn guǎng tǐ pán　pǐ jí tài lái
为 虎 作 伥　心 广 体 胖　否 极 泰 来

dà fù pián pián　jū xīn pǒ cè　qián pū hòu jì
大 腹 便 便　居 心 叵 测　前 仆 后 继

fēng chén pú pú　qiān qiǎng fù huì　tí gāng qiè lǐng
风 尘 仆 仆　牵 强 附 会　提 纲 挈 领

shuǐ dào qú chéng　tōng qú guǎng mò　shān rán lèi xià
水 到 渠 成　通 衢 广 陌　潸 然 泪 下

tuì bì sān shè　hǎi shì shèn lóu　shì dǔ zhī qíng
退 避 三 舍　海 市 蜃 楼　舐 犊 之 情

shùn xī wàn biàn　tián bù zhī chǐ　shēn wù tòng jué
瞬 息 万 变　恬 不 知 耻　深 恶 痛 绝

mào tiān xià zhī dà bù wéi
冒 天 下 之 大 不 韪

lǚ jiàn bù xiān　hàn liú jiā bèi　cháng xū duǎn tàn
屡 见 不 鲜　汗 流 浃 背　长 吁 短 叹

xún sī wǔ bì
徇私舞弊

yǎn yǎn yī xī
奄奄一息

yǎo wú yīn xìn
杳无音信

gān zhī rú yí
甘之如饴

luò yì bù jué
络绎不绝

xiàng yú ér qì
向隅而泣

jiā yù hù xiǎo
家喻户晓

mài guān yù jué
卖官鬻爵

yuàn shēng zài dào
怨声载道

bó wén qiáng zhì
博闻强识

dāo gēng huǒ zhòng
刀耕火种

bào tiǎn tiān wù
暴殄天物

dà mú dà yàng
大模大样

zhuó yǒu chéng xiào
卓有成效

hé zé ér yú
涸泽而渔

yà miáo zhù zhǎng
揠苗助长

yàng yàng bù lè
怏怏不乐

yào wú yáng wēi
耀武扬威

zì yuàn zì yì
自怨自艾

guāng cǎi yì yì
光彩熠熠

shǐ zhōng bù yú
始终不渝

yù qíng yú jǐng
寓情于景

duàn wǎ cán yuán
断瓦残垣

dòng zhé dé jiù
动辄得咎

kuài zhì rén kǒu
脍炙人口

yīng tí niǎo zhuàn
莺啼鸟转

ān bù dàng chē
安步当车

yī jǐn huán xiāng
衣锦还乡

tuò shǒu kě dé
唾手可得

lú lín hǎo hàn
绿林好汉

yǎn qí xī gǔ
偃旗息鼓

ān rán wú yàng
安然无恙

yīn yē fèi shí
因噎废食

qí wén yì shì
奇闻轶事

yī wàng wú yín
一望无垠

ěr yú wǒ zhà
尔虞我诈

yù bàng xiāng zhēng
鹬蚌相争

liǔ yìn zā dì
柳荫匝地

rì zhēn wán shàn
日臻完善

lín cì zhì bǐ
鳞次栉比

nòng qiǎo chéng zhuō
弄巧成拙

nì gǔ bù huà
泥古不化

rú fǎ páo zhì
如法炮制

xùn qíng wǎng fǎ
徇情枉法

附录五　计算机辅助普通话水平测试流程

一、佩戴耳机

1. 应试人就座后戴上耳机（麦克风应在脸颊左侧），并将麦克风置于距离嘴巴 2～3 厘米的位置。

2. 戴好耳机后点击“下一步”按钮。

二、应试人登录

1. 屏幕出现登录界面后，考生填入自己的准考证号。准考证号的前几位系统会自动显示，考生只需填写最后四位数字。输入后，点击“进入”按钮登录。

2. 如果输入有误，单击“修改”按钮重新输入。

三、核对信息

1. 考生登录成功后，考试机屏幕上会显示考生个人信息，应试人请仔细核对所显示信息是否与自己相符。

2. 核对无误后，请单击“确认”按钮继续。

3. 核对时若发现错误，请点击“返回”按钮重新登录。

四、应试人试音

1. 进入试音页面后，考生会听到系统的提示语，提示语结束后，请以适中的音量和语速朗读页面呈现的句子，进行试音。

2. 如试音顺利，系统会出现“试音结束”的对话框。请点击“确认”按钮，进入下一程序。

3. 若试音失败，请提高朗读音量并根据系统提示重新进行试音。

五、开始测试

特别提示：

1. 普通话水平测试共有 4 个测试项，每个测试项开始时都有一段语言提示，语言提示结束会发出“嘟”的结束提示音，这时，应试人才可以开始测试。

2. 测试过程中，应试人应做到吐字清晰，语速适中，音量与试音时保持一致。

3. 测试过程中，应试人应根据屏幕下方时间提示条的提示，注意掌握时间。

4. 如某项测试结束，应试人可单击屏幕右下方“下一题”按钮，进入下一项测试。如某项测试规定的时间用完，系统会自动进入下一项试题。

5. 测试过程中，应试人不能说该测试项之外的其他内容，以免影响评分。

6. 测试过程中，如有问题，应试人应举手示意，请工作人员予以解决。

第一项 读单音节字词

1. 请应试人横向依次朗读单字。

2. 100 个单字以黑色字体和蓝色字体隔行显示，以便于应试人识别，应试人应逐行朗读，避免漏字、漏行。

3. 该项测试结束，应试人可单击屏幕右下方“下一题”按钮，进入下一项测试。

第二项 读多音节词语

1. 请应试人横向依次朗读词语，避免漏读。

2. 该项测试结束，应试人可单击屏幕右下方“下一题”按钮，进入下一项测试。

第三项 朗读短文

1. 请应试人注意语音清晰、语义连贯，防止添字、漏字、改字。

2. 该项测试结束，应试人可单击屏幕右下方“下一题”按钮，进入下一项测试。

第四项 命题说话

1. 该项测试开始后，应试人应先说所选的话题。如：我说的话题是“我喜欢的节日”。应试人的说话内容不得同时包括试卷提供的两个话题。

2. 命题说话部分满 3 分钟后，该项测试自动结束，不需要点击“提交试卷”按钮，系统会自动提交试卷。

3. 命题说话必须说满 3 分钟，应试人应根据屏幕下方的时间提示条把握时间。

六、结束考试

1. 试卷提交后，请应试人点击屏幕中央的“确定”按钮，结束测试。

2. 应试人摘下耳机放在桌上，经工作人员确认后请及时离开测试室。

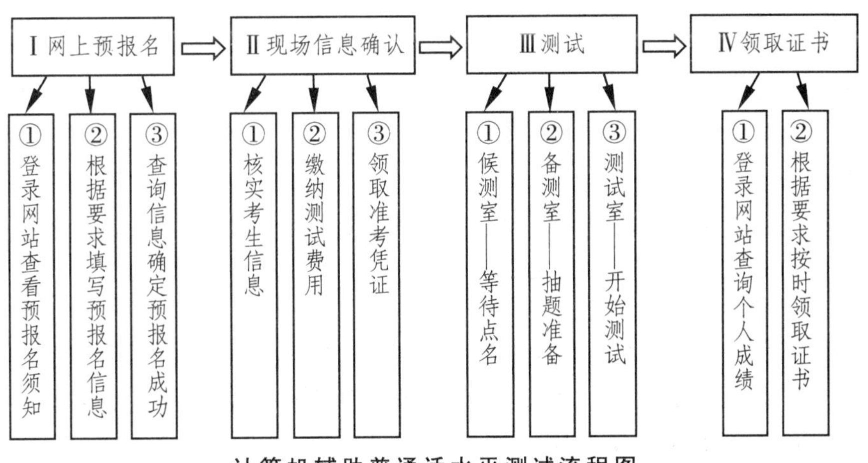

计算机辅助普通话水平测试流程图

附录六　计算机辅助普通话水平测试考生注意事项

一、考前纪律

1. 考生应携带第二代身份证、准考证，在规定测试时间前 30 分钟到候测室报到、验证，迟到 15 分钟以上者，将取消其测试资格。

2. 测试时间前 15 分钟，考生在工作人员指引下按编号进入备测室，领试题备考。

3. 考生应安静备考，务必关闭手机，不得与他人交谈。

4. 考生离开准备室时，不得带走试卷。

5. 考生进入测试室，不能携带任何资料。

二、应试要领

1. 耳麦操作

测试正式开始前，考生需正确戴耳麦，将麦克风调节到离嘴 2 ~ 3 厘米的距离，并根据提示音进行试音；测试过程中，手不要触摸麦克风；测试结束离开座位时，注意摘下耳麦。

2. 音量把握

测试试音时，要以正常适中音量朗读试音文字，不宜过大或过小；正式测试的时候，朗读音量要与试音时保持一致。

3. 语速把握

测试时，每题的时间安排都比较宽裕，考生应根据测试内容的要求，保持适当语速，做到吐字清晰完整，从容不迫。

4. 避免漏读

测试试题为横向排列，考生朗读时注意横着读，不要错行漏行；朗读短文时要注意语义连贯，不漏行，同时要防止添字、漏字、改字。

5. 重复读现象的处理

第一、第二项测试时，考生因个别字词读错而重复读，计算机评分时会自动识别，不会因为一个字的重读而影响整体评分；朗读短文时不能出现重复读的情况，否则，计算机评分时会根据评分标准扣分。

6. 命题说话的把握

第四题说话部分由人工评分，考生应注意对 30 个话题都事先准备。测试时，考生应注意屏幕下方的时间提示条，必须说满 3 分钟，说话时间少于或等于 30 秒，说话项成绩计为 0 分；如有背稿、离题、简单重复、胡言乱语等现象，将按评分标准予以扣分；说话满 3 分钟后，即可停止答题，单击“确定”按钮结束测试。

7. 时间的把握

录音过程中，请注意屏幕下方的时间提示，确保在规定的时间内完成每项考试内容；前三项试题每读完一题后，应及时点击右下方的“下一题”按钮继续测试，以免录入太多的空白杂音影响测试成绩；命题说话项必须说满 3 分钟。

8. 其他

除测试过程中必要的操作外，考生不得随意操作电脑，考试过程中如发生异常现象，应举手示意考务人员处理；因考生随意操作造成的录音质量不好、死机、重启等，后果自负：测试结束后，考生应立即离开测试室，并注意保持安静，以免影响其他考生测试。

三、机测的心理调节

1. 克服缺少“对象感”状态

测试过程中，部分考生面对计算机会有缺乏交流对象的不适感。要学会自我调整心态，可假设测试时有一位交流对象与自己进行交流，帮助克服这种不适感。

2. 克服环境影响

如果测试室是常规教室或机房，通常会有多名考生，考生应集中精神，专注于自己的测试，不要刻意去听别人的声音，以免影响发挥。

如果测试室是独立成间的，考生应专注于完成测试，不要四处打量；独立测试室一般都不会太大，如有考生对封闭环境有不适应感，应及时与考务人员联系。

参考文献

[1] 贵州省语言文字工作委员会办公室，贵州省普通话培训测试中心.贵州省普通话培训测试用书[M].贵州：贵州教育出版社，2015.

[2] 林焘，王理嘉. 语音学教程[M]. 北京：北京大学出版社，1992.

[3] 黄伯荣，廖序东. 现代汉语[M]. 增订 4 版. 北京：高等教育出版社，2007.

[4] 陈中林. 普通话测试培训教程[M]. 北京：清华大学出版社，2010.

[5] 张颂. 中国播音学[M]. 北京：中国传媒大学出版社，2007.

[6] 任崇芬. 普通话训练教程[M]. 重庆：西南师范大学出版社，2008.

[7] 段卞霞. 普通话发音与发声[M]. 郑州：郑州大学出版社，2008.

[8] 赖华强，杨国强. 教师口才艺术[M]. 广州：暨南大学出版社，2003.

[9] 季森岭. 普通话语音训练教程[M]. 北京：北京大学出版社，2002.

[10] 卢凤鹏. 普通话教程[M]. 北京：高等教育出版社，2011.

[11] 贵州省地方志编纂委员会. 贵州省志 ·汉语方言志[M]. 北京:方志出版社,1998.

[12] 袁家骅. 汉语方言概要[M]. 2 版. 北京: 语文出版社，2001.

[13] 北京大学中国语言文学系语言学教研室. 汉语方音字汇[M]. 北京:语文出版社，2003.

[14] 明生荣. 毕节方言研究[M]. 北京: 中国社会科学出版社，2007.

[15] 贵州省语言文字工作委员会办公室. 贵州省普通话培训测试指南[M]. 贵阳: 贵州人民出版社，2009.

[16] 国家语言文字工作委员会. 普通话水平测试实施纲要[M]. 北京: 商务印书馆，2004.

[17] 国家语言文字工作委员会. 普通话水平测试的理论与实践[M]. 北京: 商务印书馆，1998.

[18] 刘照雄. 普通话水平测试大纲[M]. 长春: 吉林人民出版社，1994.

[19] 宋欣桥. 普通话水平测试评分中的几个问题[J]. 语言文字应用，1997（3）.

[20] 程肇基等. 师范生普通话水平测试项难易程度比较研究[J]. 教师教育研究，2008（5）.

[21] 文静. 普通话学习的障碍及应对策略[J]. 贵州师范大学学报，2003（123）.

[22] 文静. 民族地区高师院校普通话教学面临的问题及改革思路[J]. 三峡论坛:理论版，2011（5）.

[23] 刘婷婷. 浅谈普通话水平测试及其培训策略[J]. 黔南民族师范学院学报，2004（5）.

[24] 刘婷婷. 浅谈平、翘舌音和鼻、边音声母的教学[J]. 遵义师范学院学报，2008（3）.

[25] 李筠. 试论听力训练在普通话教学中的重要作用[J]. 黔南民族师专学报，1997（1）.

[26] 周艳. 民族地区普通话学习的声调问题及对策——以贵州省黔南布依族苗族自治州为例[J]. 铜仁师范学院学报，2009（4）.

[27] 周艳. 民族杂居地区布依族习得普通话的语音偏误研究[J]. 贵州民族研究,2010（8）.

[28] 周艳. “黔式普通话”剖析[J]. 贵州教育学院学报，2007（5）.

[29] 郑江义. 贵州人学普通话部分难点音分析与练读方法[J]. 黔南民族师专学报，2000（2）.

[30] http://wenku.baidu.com/view/cdd7e2c55ff7ba0d4a7302768e9951e79b89693f.

[31] http://www.gkstk.com/article/wk-78500001147857.html.

[32] http://kaoshi.yjbys.com/putonghua/176146.html.

[33] http://www.pthxx.com/a_news/02_ceshi/0019.html.

[34] http://jwc.hzu.edu.cn/n1621c61.shtml.